리얼팩토리
Real Factory

리얼팩토리
Real Factory

ⓒ 김광호, 2017

초판 1쇄 발행 2016년 6월 30일
2쇄 발행 2017년 12월 22일

지은이   김광호
펴낸이   이기봉
편집   좋은땅 편집팀
펴낸곳   도서출판 좋은땅
주소   경기도 고양시 덕양구 통일로 140 B동 442호(동산동, 삼송테크노밸리)
전화   02)374-8616~7
팩스   02)374-8614
이메일   so20s@naver.com
홈페이지   www.g-world.co.kr

ISBN   979-11-5982-198-1 (03320)

이 도서의 국립중앙도서관 출판시 도서목록(CIP)은 서지정보유통지원시스템 홈페이지(http://seoji.nl.go.kr)와 국가자료공동목록시스템
(http://www.nl.go.kr/kolisnet)에서 이용하실 수 있습니다. (CIP제어번호 : CIP2016015260)

리얼팩토리

작지만 강한 기업으로 **살아남는** 법

김 광 호 지음

좋은땅

추천의 글

　저자를 처음 만난 건 2009년 5월이었다. 예의 바르고 도전적이면서 속내가 깊은 사람이었던 것으로 기억된다. 대기업의 품질경영본부에서 경력을 쌓고 뜻하는 바가 있어 기업을 지원하는 컨설턴트가 되어 있었다. 그로부터 약 2년 뒤 저자와 함께 일본의 품질전문가들을 포함하여 지금의 에코피에스코리아(주)를 설립하였다. 저자는 고객 기업의 경쟁력 향상을 위해 항상 귀 기울이며 사람과 사람 사이의 신뢰를 철학으로 여기는 멋진 후배 중의 한 사람이다. 우직한 성실함과 솔선수범하는 정신, 그리고 항상 고객 기업에 대한 지원을 우선으로 하는 실력과 노력을 겸비한 컨설턴트이다.

　이 책은 일반적인 품질관리 이론이나 지식이 아니라, 저자가 지금까지 유수의 기업체를 컨설팅하면서 체험하고 경험하고 절실하게 느낀 땀의 결정체이다. 책의 곳곳에서 저자의 땀 냄새가 물씬 풍긴다. 저자가 강조하는 것처럼 중소기업이 강한 나라가 되기 위해서는 어떤 기업이든 혁신해야 하고, 체질을 개선해야 하고, 품질에 대한 엄격함과 절실함이 몸에 배어야 한다.

이 책을 제조업에 종사하는 경영자에게 권하고 싶다. 현장의 관리자, 실무자에게도 읽어보기를 권한다. 품질의식 제고에서 실천하는 방안까지 저자는 우리 기업에게 꼭 필요한 방법론을 제시하고 있다. 대학에서 산업경영, 품질관리를 전공하는 학생들에게도 이 책은 좋은 실무 지침서가 될 것이다. 실제 기업에서 무엇을 어떻게 수행해야 하는지 간접적으로 체험할 수 있기 때문이다.

한 권의 책으로 모든 것이 해결될 수 있다고는 생각하지 않지만, 이를 토대로 향후 저자의 경험은 2권, 3권, 4권을 내놓으리라 의심치 않는다. 우리 기업이, 특히 중소기업이 강해지고 고객의 품질 요구 사항을 만족시키는 것을 넘어서 고객의 니즈를 리드할 수 있는 조직이 되는 데 마중물이 될 것으로 기대한다. 품질관리에 대한 의식이 실종되어 가는 요즈음 기업을 오가며 바쁜 일상을 쪼개어 좋은 책을 집필해준 저자에게 감사할 따름이다.

정장우
에코피에스코리아(주) 대표이사
명지대학교 객원교수

프롤로그

　세상이 바뀌어도 기업의 본질은 바뀌지 않는다. 고객에게 감동을 줄 수 있는 제품만이 경쟁에서 살아남는다. 일등이 아니면 생존하기 힘든 세상이다. 어떻게 하면 일등이 될 수 있을까? 일등이 되려면 일등 제품을 만들어야 한다. 일등 제품은 좋은 품질의 제품을 만들 수 있어야 가능하다. 좋은 품질의 제품을 만들 수 있으려면 일하는 방식에서 일등이 되면 된다.

　일하는 방식에서 일등이 된다는 의미는 단편적, 일회성 활동에서 벗어나 사상이나 원칙을 가지고 전원이 참여하여 가치를 만들어 가는 것을 말한다. 사상이나 원칙을 가지고 일한다는 것은 직원들이 중요한 일을 중요한 시기에 현명하게 의사결정 할 수 있도록 도와준다. 원칙이 없으면 부서 간에 갈등이 생기고, 직원들이 하는 일에 방향성을 잃는다. 원칙은 직원들이 스스로 세워야 하며, 한번 세웠으면 반드시 지키는 문화가 필요하다. 비가 오나 눈이 오나 이것만은 지킨다는 것이 있는 기업이 강소기업이다.

　글로벌 경기 침체와 과다 경쟁, 저성장 시대에 맞물려 기업의 생존이 어느 때보다 강하게 위협받고 있다. 2014년 중소기업청에서 발표한 통계에 따르면 창업 후 5년 이상 생존 확률은 약 24%에 불과하다. 4개 중 3개는 5년 내에 문을 닫는다는 이야기다. 대한민국은 대기업이 먹여 살린다고 하지만, 중소기업이 없으면 대기업도 없다. 중소기업이 QCD 측면에서 우수한 제품을 공급하지 못하면 대기업의 생존도 보장할 수 없기 때문이다. 산술적으로 우리나라 100개 기업 중 99개는 중소기업이고, 10개 중소기업 중에서 9개는 50인 이하의 소기업이다. 제조업 종사자는 약 368만 명이고 이 중에서 80.4%, 다시 말해 100명 중 80명은 중소기업 종사자다(2012년 기준). 그만큼 규모가 작고 열악한 환경에서 일하는 중소기업 종사자들이 많다는 말이다. 필자는 중소기업이 강한 나라를 만들고 싶다. 지금보다 더 많은 중소기업 종사자들이 행복한 직장 생활과 일하는 보람을 맛보며 살아가는 모습을 진정으로 보고 싶다.

　중소기업이 경쟁에서 이기는 방법, 생존하는 방법을 알아야 한다. 생존을 넘어서 지속적으로 성장하는 방법을 알아야 한다. 좋은 품질을 만들기 위해 기본에 철저하면서도 원칙을 중시하는 문화, 일하는 방식의 개선을 통해 혁신하는 방법을 터득해야 한다. 작더라도 강한 기업은 살아남을 수 있다. 살아남기 위해서는 조직의 체질을 근본적으로 개선하고, 끊임없는 혁신을 통해 좋은 품질의 제품을 만들 수 있어야 한다. 품질 결함을 용서하는 고객은 없기 때문이다.

어느 나라든, 고객이 누구든, 무엇을 만들든, 제조업이라면 품질의 본질에 대한 상념은 크게 다르지 않을 것이다. 다만 좋은 품질을 만드는 방법을 모를 뿐이며, 안다고 해도 실력이 안 돼서 못 하는 것뿐이다. 품질은 기본이다. 기본이지만 어렵다고들 말한다. 어렵다고 포기하는 것은 생존을 포기하는 것과 같다. 품질을 포기한다면 생존은 꿈꾸지도 말아야 한다.

품질수준을 향상시키기 위한 방법에 정답은 없다. 세상에 알려진 툴들도 너무 많아 어떤 것을 도입해야 할지 헷갈릴 정도로 넘쳐난다. 툴이나 방법론이 중요한 것이 아니라, 품질에 있어서의 핵심 키워드는 품질에 대한 '엄격함', '절실함'이다. 검사게이트^{GATE}를 운영해도 빠져나가는 불량을 '파렴치 불량'이라고 부른다. 이는 무엇보다도 품질에 대한 엄격함, 절실함이 없어서 생긴 일이다.

아무리 사소한 품질 또는 서비스 결함도 고객은 브랜드로 인식한다. 한번 고객에게 인식된 품질 이미지를 바꾸는 데는 시간과 비용이 의외로 많이 든다. 품질이 뒷받침되지 않는 제품의 가치는 모래 위에 지은 집과 마찬가지다. 품질 결함은 근인을 찾아 뿌리를 뽑지 않으면 반드시 반복해서 발생한다. 품질은 제품을 만드는 사람의 마음에서 나오고, 고객의 눈에 의해 평가되는 속성이 있다.

제조업에 있는 중소기업이 작지만 강한 기업으로 살아남는 방법, 좋은 품질의 물건을 만드는 생존 비법을 알려주고자 하는 것이 이 책을 쓴 목적이다. 중소기업의 현실과 관리 수준을 말하는 과정에서 다소 부정적인 측면이 많이 언급될 것이다. 하지만 이러한 언급이 결코 중소기업과 중소기업에서 일하는 사람을 비난하거나 폄하하려는 의도가 아니라는 것을 독자들이 이해해줬으면 좋겠다. 잘하는 중소기업, 모범이 되는 중소기업도 많이 있겠지만, '암담하다' 싶을 정도로 열악하고 미래가 보이지 않는 중소기업이 부지기수로 더 많기 때문이다.

필자는 공장 경영 컨설턴트로서 15년간 다양한 제조업종의 생산성 향상, 품질 향상 프로젝트를 수행했다. 더불어 제조업체의 '품질 혁신'과 '좋은 물건 만들기'를 주제로 수없이 많은 교육을 진행해 왔다. 이 책은 필자가 지도했던 그간의 프로젝트 경험과 기업체 강의를 바탕으로 하였다. 다양한 프로젝트를 진행하면서 깨닫게 된 기업의 현실과 변화를 위한 고민, 성공담과 실패담을 반영하였다. 좋은 품질을 만들기 위한 실행력을 갖추기 위해 도움이 되는 배경 지식과 더불어 관련 사례를 제시함으로써 이해를 돕도록 하였다. 또한 현장의 생생한 Best Practice를 가능한 많이 수록하여 따라 하기 쉽도록 하였다.

1부에서는 '생존할 수 있는가?'를 주제로 기업의 변화와 혁신에 대해 다룬다. 혁신의 필요성과 혁신에 임하는 마음가짐, 특히 현장감독자의 역할과 요구되는 태도를 설명한다. 좋은 품질이 회사의 경영에 어떻게 기여하는지 명확히 이해할 수 있을 것이다. 2부에서는 '품질의식 제고'를 주제로 품질의 의미와 좋은 품질을 만들기 위해 필요한 현장의 품질의식을 다룬다. 품질의 본질을 이해하고 현장 품질의 기본 원칙을 이해하는 데 도움을 줄 것이다. 또한 공정에서 품질을 만든다는 사상의 자공정 품질보증(Built in Quality, 이하 BiQ로 부른다)에 대해 설명하고, 필자가 정립한

BiQ의 프레임워크에 대해 알아본다. 다음 3부와 4부에서는 '실천안 갖추기'를 주제로 BiQ 프레임워크에서 구축해야 할 실천안들을 기본편, 확산편으로 구분하여 총 9개의 핵심 활동을 소개한다. 완벽 품질의 제품 생산을 위한 구체적인 실천안과 그 핵심 콘텐츠를 습득할 수 있도록 사례를 포함하여 적용방법론을 제시하였다.

기본편에서는 BiQ 체계를 구축하는 데 있어서 말 그대로 기본적으로 실천해야 할 활동들을 다룬다. 확산편에서는 기본 실천안을 바탕으로 자공정 품질보증 활동의 성과를 높이고 공장 전체로 확산, 유지할 수 있는 방안을 제시하고 있다. 기본적으로 9개의 실천안은 서로서로 연계되어 통합된 모습으로 실행될 때 가장 효과가 크다. 조직에 따라 어느 정도 구축되어 실행되고 있는 실천안이 있는 반면에, 취약하거나 개념조차 잘 모르고 있는 실천안도 있을 수 있다. 조직의 상황에 맞게 각각의 실천안을 개별적으로 선택하여 단기간에 중점적으로 실행이 가능하도록 구분해서 설명하였다. 무엇보다 강조하고 싶은 것은 장기적으로 플랜을 가지고 이 책에서 제시하고 있는 9개의 실천안을 모두 조직에 도입하는 것이다. 그렇게 추진되어야만 '좋은 품질'이라는, 기업이 원하는 소기의 성과를 얻을 수 있을 것이다.

이 책은 제조업과 관련된 일에 종사하는 사람이면 누구에게나 권하고 싶다. 특히 물건을 만드는 공장을 운영하는 경영자, 중간관리자에게는 어떻게 하면 혁신할 수 있는지 도움을 줄 것이다. 직·간접적으로 생산 활동과 관련된 업무를 하는 사람과 현장감독자에게 일독을 권한다.

지금은 아니지만 앞으로 리더로서 공장을 운영하고자 하는 사람, 경영 컨설턴트를 꿈꾸는 사람에게는 기초 지식과 간접 경험은 물론, 자신감과 용기를 줄 것이다. 이 책에서 말하는 품질에 대한 혁신 활동이 기업체에 조금이라도 실행되어 조직의 성공과 발전으로 이어질 수 있다면 더 이상 바랄 나위가 없겠다.

저자 김광호

Contents

리얼팩토리
Real Factory

1부

리얼팩토리

생존할 수 있는가?

01

왜 혁신해야 하는가?

이 세상에 영원한 일등은 없다. 일등이 아닌 사업은 일등을 하기 위해, 일등을 하는 사업은 지키기 위해 지속적으로 혁신을 해 나가야만 한다. 요즘 기업하기 어렵다는 말을 종종 듣는다. 불황이라고 다들 아우성들이다. "경기가 꽁꽁 얼었다", "이제 무엇을 하며 먹고 살아야 하나" 등 여기저기서 곡소리가 들린다. 제조업의 위기를 우려하는 목소리가 높다. 날로 격화되어 가는 글로벌 경쟁 구도 안에서 환율 리스크, 금융 불안 등 대외 여건마저 악화되면서 대한민국의 제조업이 성장 한계에 봉착한 것이 아니냐는 지적도 나온다. 더 이상 가격경쟁력과 적시 공급만으로는 중국, 인도 등 신흥 강자와의 경쟁에서 우위를 장담하기 힘든 상황이다.

중국 기업의 성장과 저력이 무섭다. 특히 샤오미, 화웨이, 하이얼 같은 중국 기업이 한국 기업을 위협하고 있다는 말은 이미 옛이야기가 된 지 오래다. 한국의 5대 수출 주력 산업은 자동차, 철강, 섬유화학, 조선,

반도체이다. 현대경제연구원이 2015년 1월에 발표한 보고서에 따르면, 이 중 자동차를 제외한 대부분의 산업 분야에서 수출 시장 점유율이 이미 중국에 추월당했다고 한다. 서울대 한종훈 교수는 이런 상황을 두고 "우리 산업계가 목에 칼이 들어오는 상태"라고까지 말하며 경고한다.

과거에는 중국의 짝퉁이 가장 무섭다고 할 만큼 중국은 짝퉁의 천국이었다. 허나 지금의 중국 기업이 무서운 진짜 이유는 따로 있다. 그들은 값싼 노동력에 더해 기술과 품질 경쟁력까지 갖추었을 뿐만 아니라, 저부가 제조품에서 고부가가치 상품으로의 전환을 위해 엄청난 R&D·M&A 투자를 하고 있으며, 무엇보다 사람을 중시하는 수평적·개방적인 글로벌 기업문화를 만들어 가면서 종업원들과 소비자의 마음을 파고들고 있기 때문이다.

"중소기업에는 세 가지가 없다(3無)"는 말이 있다. 일거리가 없고, 돈이 없고, 마지막으로 일할 사람이 없다는 것이다. 불경기 탓에 수주량이나 고객 주문은 떨어져 일거리가 없고, 일거리가 없으니 당연히 설비 투자에 대한 여력이나 직원 복리후생을 위해 쓸 돈이 없다는 것이고, 청년 실업은 심각한 수준을 넘어 위험한 지경이라고 하나 정작 쓸 만한 직원은 없다는 것이다. 공무원 시험이나 대기업에만 우수 인력이 몰리기 때문이다.

또한, 우리 사회는 어떠한가? 비정규직의 증가, 고실업 상황의 지속, 소득격차 확대, 노령인구 증가 등과 같은 요인이 이미 우리 삶을 팍팍하게 만들고 있다. '경기가 좋아지겠지', '설마 지금보다 더 나빠지겠어?' 하는 낙관론은 금물이다. 무작정 낙관과 행운에 기대기보다는 예상되는 위험을 체계적인 노력으로 대비해야 한다. 우리 목숨을 남에게 맡길 수는 없지 않는가?

우리는 생존할 수 있는가?

흔히들 소위 '기업한다'는 것을 외줄타기 인생에 비유한다. 기업을 운영한다는 것이 외줄타기처럼 아슬아슬한 순간이 너무나 많음을 은유적으로 표현한 말이다. 외줄에서는 계속 전진해야(페달을 굴려야) 떨어지지 않는다. 기업도 계속해서 부가가치를 창출하지 못하면 경쟁에서 밀리게 되어 있다. 품질과 생산성을 향상시켜 원가를 조금이라도 줄여보고자 온갖 고민 끝에 이런저런 변화를 시도해도 그리 오래가지 못한다. 조직 내부적으로 아무리 발버둥 쳐도 기업을 둘러싼 외부 환경이 예상치 못한 장애가 되는 경우도 많다.

대기업의 진입장벽, 각종 기업 규제, 유가 급등, 환율 불안, 심지어는 2015년 초여름 우리나라를 휩쓸고 간 메르스(중동호흡기증후군)와 같은 예상치 못한 질병 핵폭탄을 맞을 수도 있다. 필자도 메르스 여파로 그때 당시 진행하고 있던 중국 프로젝트를 1개월 이상 중단할 수밖에 없었다. 중국에서 한동안 한국인 입국을 거부했는데, 일하고 싶어도 못 하는 상황이라 발만 동동 굴렀던 기억이 있다.

우리나라에서 창업 100년이 넘는 장수 기업은 7개에 불과하며, 약 320만 개에 달하는 중소기업의 평균수명은 12.3년이다. 창업 후 5년 이상 생존 확률은 약 24%에 불과하며, 이는 바로 4개 중 3개는 5년 내에 문을 닫는다는 이야기다. 생명이 탄생하기 위해서는 1개의 난자와 1개의 정자가 만나야 한다. 실제 난자를 만나기 위해 돌격하는 정자의 수는 건강한 성인 남성의 경우 1㎖당 1,500만 개에 달한다. 이 중에서 단 1개의 정자만이 살아남아 난자와 결합하게 된다. 굳이 말하자면, 생명 탄생을 위한 치열하다 못해 처절한 정자들의 경쟁처럼 우리나라 기업들의 비즈니스와 경영 환경이 그만큼 좋지 않고 절실해졌다는 의미이다.

생존을 위한 기본 사상

나라 경제가 저성장 시대로 들어서면서 우려의 목소리가 높다. 제조업도 이제는 품질, 원가 경쟁을 넘어서서 사물인터넷^{IoT, Internet of Things}을 활용한 창조적이고 획기적인 아이디어 제품만이 미래의 시장 경쟁력을 가질 수 있다고 말한다. 그래야 엄청난 속도로 추격해오는 중국 기업들을 따돌릴 수 있다고 강조한다. 더불어 최근 우리 사회에서는 융합 또는 컨버전스라는 단어를 심심찮게 들을 수 있다. 기존의 사고 체계로는 더 이상 미래 가치를 만들어내기가 힘들어졌기 때문이다.

중소기업 입장에서는 이 모두가 먼 나라 이야기처럼 들린다. 피부에 와 닿지 않는다는 의미다. 자사 브랜드를 가진 중소기업의 경우에는 그나마 창조적인 제품을 개발하고자 하는 혼신의 노력이 필요할 것이다. 하지만 국내 중소기업의 상당수는 대기업의 주문자 상표 부착 방식^{OEM}

이나 제조업자 설계 생산 방식^{ODM} 형태로 운영하고 있으며, 중소기업의 60~70%가 대기업과 연계된 협력업체이기에 이러한 신종 용어들이 주는 깨달음은 미미할 수밖에 없다. 창조, 사물인터넷, 융합에 대한 고민보다는 눈앞에 닥친 단기적이고 현실적인 고민이 더 크다. '당장 오늘 납기는 어떻게 맞출까', '오늘 클레임 맞은 건은 어떻게 해결해야 하나', '이번에 고객 CR(Cost Reduction, 단가 인하를 의미)은 또 어떻게 대응해야 하나'와 같은 고민 말이다.

과거 생산자 중심의 시대에는 물건이 만들어지는 대로 팔리는 시대였다. 공급이 수요를 따라가지 못했기 때문에 물건의 가격도 공급자가 결정하는 방식이었다. 제조원가에 원하는 적정 이익을 더해 판매가격을 결정하는 것이 가능했다. 공식으로 쓰면 '제조원가+이익=판매가격'이 되며, 이를 '원가주의'라 한다. 그런데 지금은 이러한 원가주의 사상으로는 살아남을 수 없다.

현재는 소비자 중심의 시대이다. 가격을 공급자가 아니라 소비자 즉, 시장(고객)이 결정한다. 물건 하나 사려고 인터넷 최저가 검색을 해본 경험이 누구나 한 번쯤은 다 있을 것이다. 최근에는 심지어 스마트폰에 부착된 카메라로 상품의 바코드를 찍기만 하면 최저가 온라인 쇼핑몰로 연결시켜주는 앱까지 나왔다. 판매가격은 제조자가 결정할 수 있는 고유 권한이지만 시장에서 이미 그 수준이 결정되어 있다. 판매가격에서 제조원가를 제하면 공급자가 취할 수 있는 이익이 된다. 공식으로 쓰면 '판매가격-제조원가=이익'이 되며, 이를 '판가주의'라 한다.

원가가 올랐다고 판매가격을 올리면 소비자가 크게 반발한다. 소비자들은 기업의 원가에는 관심이 없다. 관심이 있다 한들 확인할 방법도 없다. 단순히 가격이 오른 상황에만 분노한다. 반면에 기업 입장에서는 시장에 형성된 가격 수준이 계속 내려간다. 경쟁은 계속 치열해지고 중국의 저가 제품은 파도처럼 밀려온다. 주위에 저가 샤오미 스마트폰을 사용하는 사람들이 늘고 있다. 애플의 아이폰, 삼성의 갤럭시에 비해 성능이 절대 떨어지지 않는단다. 불과 1년 전만 해도 쳐다보지도 않았었던 제품인데 말이다. 말 그대로 글로벌 경쟁이다. 판매가격이 계속 내려가 제조원가를 넘어서게 되면 적자가 된다. 적자가 지속되면 기업은 생존할 수 없다.

기업은 그 존재 목적이 이윤을 추구하는 것이기에 적자를 감수하면서까지 비즈니스를 하지는 않는다. 가령 '버티기'를 한다손 치더라도 얼마 가지 못해 망하고 만다. 기업은 이윤을 포기할 수 없다. 이윤이 나야 미래를 위한 설비 투자도 하고, 신사업도 발굴할 수 있고, 직원들 복리후생에도 신경을 쓸 수 있다. 그러기 위해서는 기업이 생존하기 위한 목표이익을 설정해야 한다. 판매가격에서 설정한 목표이익을 제하면 달성해야 될 원가가 계산된다. 공식으로 쓰면 '판매가격-목표이익=달성원가'가 되며, 필자는 이를 '생존공식'이라 부른다.

앞에서 서술한 세 가지 공식을 자세히 들여다보면 흥미로운 사실을 발견할 수 있다. 사용한 용어는 모두 같은데 그 용어들을 좌변에서 우변으로, 또는 우변에서 좌변으로 옮겨 놓은 것밖에 없다. 생각의 전환, 발상의 전환, 사고 메커니즘의 전환이 필요하다는 말이다. 이제는 생각을 달리해야 생존할 수 있다.

이 세상에서 우리만 만들 수 있는 제품을 판매한다면 돈은 쉽게 벌수 있다. 만약 그럴 수 없다면 어떻게 할 것인가? 기업이 이익을 확보하기 위해서는 낭비 제거와 품질 향상을 통한 원가절감 외에는 뾰족한 방법이 없다. 철저한 낭비 제거만이 살 길이며 낭비 중에서도 가장 대표적인 낭비가 나쁜 품질로 인한 불량의 낭비다. 저품질로 인한 비용은 상상을 초월한다. 불량을 만드는 것 자체가 낭비이고, 불량이 혹시나 포함되어 있지 않을까 의심되어 검사하는 일도 낭비다. 불량이 발생되면 양품과 불량을 구분하기 위해 선별하는 일, 불량으로 인해 고객의 신뢰를 잃어버리는 일 등 일일이 열거할 수도 없을 만큼 원가를 잡아먹는 일들은 많다.

원가를 낮추는 것이 이익을 증대시키는 길이다. 원가를 낮추려면 싼 재료를 쓰거나, 인건비를 줄이는 것이 효과가 크지만 말처럼 쉽지 않다. 기본적으로 불량 없는 좋은 제품을 만들어야 한다. 불량 제로 품질 혁신 활동은 기업이 추진해야 할 생존을 위한 첫걸음이자 경쟁력 확보의 출발점이다.

혁신은 왜 해야 하는가?

불황 탓에 많은 기업들이 새해만 되면 너도나도 경쟁이라도 하듯 혁신을 외친다. 불확실한 환경과 저성장 시대에 어떻게든 살아남기 위해 발버둥을 치는 격이다. 역량이 부족한 중소기업에서는 과거와 달리 국가나 대기업의 제도적, 재정적 지원으로 혁신의 기회가 많아진 것이 사실이다. 하지만 정작 자기가 왜 혁신해야 하는지에 대한 고민은 부족하다. '옆 회사가 하니까', '모기업이 하라고 하니까', '국가가 도와준다고 하니까'라며 남들 흉내만 내는 식이다. 정작 변화나 혁신을 추진한다고 해도 얼마 못 가 예전으로 회귀하는 일이 비일비재하다. '담당자가 바뀌어서', '우리랑 맞지 않아서', '또 다른 뭔가 급한 일이 생겨서'와 같이 핑계도 각양각색이다. 업체를 지도하는 컨설턴트 입장에서 보면 과거로의 회귀는 3~4개월이면 충분하다. 씁쓸한 일이다.

혁신은 왜 해야 하는지에 대해 생각해보자. 기업은 모두 저마다의 수준이 있다. 그리고 그 기업이 행하고자 하는 현재 기업의 표준(개발·생산·공정·작업·재고·품질·설비 관리 등과 관련한)이 있다. 이 둘의 차이를 필자는 '갭^{gap}1'로 정의하며, 이는 현재 표준 대비 실행의 갭이다. 갭1은 일반적으로 현장의 기본이 갖추어지지 않았을 때 발생한다. 현장의 표준이 있다고 하더라도 운영 룰이나 기준이 불명확하면 발생한다. 기준^{rule} 대비 실행이 안 되는 경우에도 발생할 수 있는 갭이다. 이 갭1을 기업이 빨리 제거하지 못한다면 현장에는 수시로 문제가 발생할 것이다. 이런 상황에서는 좋은 품질로 인한 경쟁력을 기대하기 힘들다. 만약 기업이 이런저런 개선 활동을 통해 이 갭1을 어떻게든 제거했다고 해도 거기에 안주해서는 안 된다. 갭1을 제거한다는 것은 경쟁에서 단지 지지 않을 수 있는 수준이 되었다는 것이지, 이길 수 있는 수준이 되었다는 것을 의미하지는 않는다.

기업 활동이란 것이 안에서는 아무리 열심히 한다고 해도 통제하기 어렵고 예측하기 곤란한 외부 변수들이 너무나 많다. 글로벌 금융 불안, 유가 급등, 희귀 전염병, 테러의 위협, 환율 변동과 같은 다양한 변수가 기업을 먹잇감처럼 노리고 있다. 기업의 비즈니스를 불확실하게 하는 요인들이 예상치 못한 이익 확보 실패로 이어질 수 있다. 앞서 말했듯 기업이 이윤을 포기한다는 것은 곧 생존을 포기하는 것과 같다.

현재 기업의 표준과 기업이 지속적으로 이익을 낼 수 있는 수준과의 차이를 '갭gap2'로 정의할 수 있다. 갭2는 현재 표준이 기대 표준에 미치지 못하는 경우 발생한다. 문제 해결이나 개선에 대한 조직원의 역량이 부족한 경우에도 발생한다. 갭2를 제거하기 위해서는 지금과는 다른, 일하는 방식의 개선이 무엇보다도 필요하다.

[그림] 혁신해야 하는 이유 – 갭(Gap)의 정의

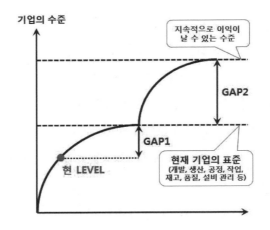

혁신의 필요성을 이와 같이 갭1과 갭2를 제거하는 것으로 설명했다. 기업이 이러한 갭을 그대로 방치한 채 지금의 생산 방식을 고수한다면

낭비로 인해 원가가 상승한다. 내·외부 환경 변화에 민첩하고 유연하게 대응할 수 있는 능력도 떨어진다. 기업이 성장하지 못한다는 것은 곧 퇴보를 의미하며, 이는 기업의 생존과 직결되어 있다.

02

어떻게 혁신할 것인가?

경영의 대가로 불리었던 피터 드러커는 "혁신에는 리스크가 따른다. 그러나 혁신을 행하지 않으면 리스크가 더 크다"라고 말했다. 많은 기업들이 변화를 시도하기에 앞서 주저하고 또 망설인다. 이 변화를 추진하는 것이 과연 옳은 일인지, 이 변화가 어떤 도움을 줄 것인지, 해야 된다면 과연 누가 어떻게 할 것인지, 변화에 실패하지는 않을지 등과 같은 고민들이 기업의 변화와 혁신을 주저하게 만든다. 사람들은 '변화=불안'이라고 생각하는 경향이 있다. 세상은 변하는 것이 당연하다. 변해야 마음을 놓을 수 있다. 끊임없이 변화해야 안심할 수 있다. 세상이 변하고, 시장이 변하고, 고객의 요구가 변하는 것은 당연한 일이다.

시대를 선도하는 기업이 아니라면, 변화를 추구해야 할지 말지에 대한 고민은 그리 도움이 되지 않는다. 대부분의 혁신방법론은 소위 잘나가는 기업들이 과거에 이미 적용해봐서 그 효과가 검증되었기 때문이다. 혁신은 '실천'이라고 했다. 무엇을 하고 무엇을 하지 말지를 다루는 전략보다는 실행의 중요성을 강조한 말이다. 지식이 성과를 올리는 것이 아니라, 아는 것을 실천하여 성과를 창출해야만 가치가 있다. 혁신하는 과정 자체가 배움의 길이 될 수도 있다. 혁신을 실천하면서 미처 몰랐던 사실이나 인사이트를 경험하는 경우가 많기 때문이다. 성인이라 불리는 마하트마 간디는 "자신이 한 행동이 모두 하찮은 일일지도 모른다. 하지만 행동했다는 것 자체가 중요하다"라고 말했다.

필자는 과거 15년 동안 여러 분야의 조직을 컨설팅 해 오면서 성공한 프로젝트도 많지만, 더러는 실패한(성과가 저조하다는 의미) 프로젝트도 있었다. 기업에서 특히, 제조업을 하는 기업에서 변화와 혁신을 위한 성공 요인과 반대의 실패 요인은 무엇인지를 살펴보자.

성공 요인과 실패 요인은?

변화와 혁신에 있어서의 성공 요인은 첫째, 최고경영자의 의지다. 구체적으로 말하면 해당 분야의 선두 기업이 되기 위한 변화(혁신)의 의지이다. 최고경영자 입장에서는 항상 미래 먹거리나 현실적인 문제점들을 어떻게 타개할 것이냐에 대해 고민할 수밖에 없다. 현실적인 고민과 함께 미래를 위한 고민, 장기적 관점에서 변화에 대한 고민을 같이해야 한다. 잘나갈 때나 못나갈 때나 항상 '이대로는 안 된다'는 위기감을 가져야 한다.

둘째, 능동적인 참여(주인) 의식이다. 컨설팅을 하다 보면 기업이 너무 컨설턴트에게 의존하려는 경향이 있다. 컨설턴트는 도와주는 사람이

지 모든 것을 해결해주는 사람이 아니다. 어부에게 고기를 잡아주는 것보다 더 값진 것은 고기 낚는 법을 가르쳐주는 것이라고 했다. 컨설턴트는 기업이 당면한 문제를 원만히 해결하고 변화를 바른 방향으로 추진하도록 도와주는 사람이다. 어차피 계약된 기간이 끝나면 떠날 사람이다. 변해야 하는 주체는 기업이고, 그 변화를 유지해야 하는 주체도 기업이다. 능동적인 주인의식을 바탕으로 기업의 실행 가능한 프로세스(기준 또는 Rule)를 정비해야 한다.

마지막 성공 요인은 '혁신은 끝이 아니라 시작'이라는 인식이다. 혁신은 끝을 향해 가는 것이 아니라 끝났다고 생각될 때가 바로 시작점이다. 혁신에 성공하기 위해서는 직원들의 일하는 방식에 있어서 지속적인 유지 개선이 필요하다.

실패 요인은 단순히 말하면 위 3개의 성공 요인을 반대로 하면 실패요인이 된다. 변화와 혁신에 있어서의 실패 요인은 무엇인가? 첫째, 사상이나 원칙 바탕 하에서 일하는 방식의 개선이 아니라 방법론이나 툴tool 중심의 개선이 이루어지는 경우이다. 대표적인 사례가 중소기업에서의 식스시그마six sigma 도입이다. 한때 식스시그마가 경영혁신 방법론으로 한창 유행했던 시절이 있었다. 식스시그마 자체는 매우 훌륭한 혁신 방법론이다. 하지만 규모가 작은 중소기업이 추진하기에는 다소 난이도가 있고, 특히 통계적 툴 사용에 있어서 어려움을 겪는 경우가 종종 있다. 식스시그마를 추진한 기업들 중에 재미를 보지 못한(기업의 발전으로 연결되지 못한 것을 의미) 기업을 들여다보면 대체적으로 식스시그마는 우리와 잘 맞지 않는다는 말을 많이 한다. 식스시그마의 사상과 원칙을 배워 일하는 방식을 개선하는 데 중점을 두지 않고, 단순히 문제 해결 방법이나 툴로써만 활용하고자 했기 때문이다. '식스시그마는 너무 무겁다', '통계적 툴이 너무 어렵다'와 같은 핑계만 앞세운다.

사상이나 원칙을 확실히 세우게 되면 툴은 언제든지 상황에 맞게 바뀔 수 있다. 어떤 툴을 사용할 것인가는 직원들이 고민을 통해 선택할 수 있어야 한다. 반드시 어떤 특정 툴을 써야 성공한다는 법은 없으며, 반대로 그 툴을 쓰면 실패한다는 법도 없다. 도요타 생산 방식^{TPS}의 창시자인 오노 다이이치는 "툴들은 단지 우리가 직면한 문제를 해결하기 위한 대응책일 뿐이며, 더 좋은 대응책이 발견될 때까지 사용되는 것이다"라고 말했다.

둘째, '지금 이대로밖에 할 수 없다'는 인식이다. 문제가 있다고 컨설팅 의뢰를 받은 기업에 가보면 처음에 가장 많이 듣는 말이 있다. "우리는 다 해봤다"이다. 그러면 필자는 이렇게 되묻는다. "다 해보았다면서 왜 이 지경이 되었습니까?" 물론 돌아오는 대답은 어색한 표정과 침묵이다. 딱히 할 말이 없기 때문이다.

국내 기업들도 과거 피나는 노력을 통해 상당 수준까지 올라온 기업들이 많다. 최고경영자의 지시든, 고객의 압박으로든, 크고 작은 변화와 혁신을 오랜 기간 추진하다 보니 '혁신 피로감'이라는 용어까지 나올 지경이다. 혁신 피로감이란 '그만큼 했는데 또 혁신이냐?'는 직원들의 반응을 나타내는 용어다. 하지만 변화와 혁신을 많이 한다고 좋은 것이 아니라, 한 번을 하더라도 성공하는 것이 중요하다. 실패를 여러 번 반복하다 보면 변화와 혁신에 대해 조직원들의 거부감이 생긴다. '또 이러다 말겠지!' 하는 부정적인 분위기가 형성되기 쉽다. 필자는 실패를 여러 번 반복한 기업의 프로젝트에서는 한 번의 성공 체험을 매우 강조한다.

마지막 실패 요인은 '중간관리층의 참여 부족'이다. 혁신에 성공하기 위해서는 혁신 전도사가 반드시 필요하다. 필자는 혁신 전도사를 '혁신 트리거trigger'라고 부른다. 트리거는 총에서 총알을 발사시키는 방아쇠를 의미한다. 혁신 트리거는 조직의 변화에 불을 댕기는 사람이라는 의미다. 최고경영자는 항상 위기의식을 가지고 있다. 조직 규모가 클수록 최고경영자의 위기의식이 현장의 직원들까지 전달되기가 힘들다. 그렇기 때문에 중간관리층이 혁신 트리거 역할을 해야 한다. 중간관리층의 참여가 중요한 이유다.

중간관리층은 기업에서는 부서장급이고, 현장으로 말하면 직·반장급의 현장감독자이다. 현실적인 문제는 역량이 부족한 중소기업일수록 중간관리층이 '바쁘다'는 핑계가 많다는 점이다. 무능력한 관리자일수록 모든 실무를 직접 처리하려는 경향이 있고, 그래서 늘 바쁘다는 핑계를 댄다. 훌륭한 리더일수록 자기가 하는 것보다는 직원들이 잘할 수 있도록 이끄는 법이다. 중간관리자나 현장감독자가 변화의 방향에 대해 충분히 이해하고 혁신의 리더가 되지 못하면 실패할 확률이 높을 수밖에 없다. 혁신은 리더의 자질이 있는 사람이 리더를 맡고, 경륜 있는 사람은 그 리더와 조화하면서 전문성을 발휘하면 된다.

과거 혁신 활동 리뷰

대한민국의 경제성장은 한마디로 '한강의 기적'이라 불린다. 쇄국과 은둔의 나라 조선은 일본 식민지로 전락하여 45년간의 일제 강점기를 겪다 해방을 맞이했지만, 곧 남북 분단 속에 전쟁에 빠져들었다. 3년에 걸친 전쟁은 전 국토를 초토화시켰고, 그 후에도 국민은 혼란과 가난 속에 고통 받아야 했다. 하지만 1960년대 들어서면서 경제개발을 본격적으로 시작한 뒤 급속히 성장하여 오늘날과 같은 풍요를 이룩했다. 정말 무無에서 유有를 창조한 과정이었으며, 선진국의 원조를 받는 나라에서 개도국을 지원하는 나라로 탈바꿈한 것이다. 2014년 겨울에 개봉한 영화 《국제시장》이 천만 관객을 훌쩍 넘게 동원하여 히트했던 이유도 이런 슬픈 역사를 희극적으로 잘 그려내어 많은 국민들의 공감과 사랑을 받아서일 것이다.

대한민국은 전 세계 어디에도 선례가 없었던 비약적인 발전을 통해 경제 규모에서 전 세계 10위권으로 도약했다. 2015년 한국은행 발표 자료에 따르면 한국은 GDP 대비 제조업 비중이 약 31.1%로 세계 1위(2위 독일 22.6%, 3위 스웨덴 21.5%, 4위 일본 21.0%, 5위 캐나다 18.8%)라고 한다. 제조업의 위상이 다른 어느 나라보다도 높은 셈이다. 한민족은 무형의 서비스업보다는 눈에 보이는 것을 더 잘 다룰 수 있는 민족성을 갖고 있는 것 같다. 제조업에서는 미국, 일본, 독일 같은 선진강국들의 기술을 어깨너머로 배웠고, Fast Follower 전략을 통해 글로벌 기업들과의 격차를 신속하게 좁힐 수 있었다.

한국에는 1980년도와 2000년에 두 번의 도요타 붐이 일었다. 1980

년대가 도요타 시스템의 툴에 대한 부러움과 호기심이었다면, 2000년대에는 도요타 시스템의 본질에 대한 목마름 때문이었다. 지난 80년대에 일본 기업들은 제2의 진주만 공습이라 불리는 자동차 왕국으로 군림하며 미국 시장을 거의 초토화시킬 정도로 잠식했다. 그 선봉에 선 기업이 바로 도요타 자동차다. 미국식 경영만 추구하던 한국 기업들은 일본 기업에 큰 관심을 가지게 되었고, 도요타의 '저스트 인 타임JIT', '간판시스템'을 도입하기 시작했다.

선진 기업들을 쫓아가기 위한 기업의 노력들을 보면 1980년대 이전에는 단순히 일회성·모방형 개선 활동에 그쳤다. 뭔지도 모르고 따라 하기에 정신없었다. 따라 하기에 바쁘다 보니 이전의 성과에 새로운 것을 더해서 더 나은 무언가를 창출하기에는 한계가 있었고, 오히려 유지 관리 부실로 인한 과거로의 회귀가 빈번할 수밖에 없었다. 1980년대를 지나 1990년대 이후에는 이러한 과거의 잘못된 관행을 반성하고 보다 계승·진화형 혁신 활동으로 발전했다. 이전 혁신 성과에 이어 또 다른 무언가를 추진하면서 그 결과들이 과거보다는 가파른 상승 곡선을 그릴 수 있었고, 미래 지향적 혁신 활동이 될 수 있었다.

[그림] 혁신 활동 Review – 혁신의 잘못된 관행

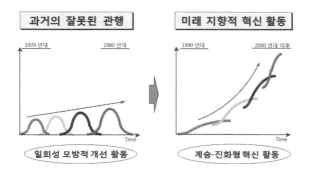

　　2000년대 이후에는 삼성, LG, 현대 등 굴지의 국내 대기업이 주축이 되어 도요타 그룹에 아예 우수 인력들을 파견하는 연수 붐이 일어났다. 특히, 그 당시는 IMF의 후유증에서 완전히 벗어나지 못한 터라 국내 기업들의 도요타 학습에 대한 열기가 뜨거웠다. 이때 그들이 배워온 것이 이른바 TPS로 알려진 도요타 생산 시스템이다. 초기에 한국 기업들은 진정한 도요타 생산 시스템의 본질을 완전히 이해하지 못하였으나, 꾸준한 노력 끝에 각자의 기업에 맞게 성공적으로 발전시킬 수 있었다. 대표적인 사례가 기업명의 첫 이니셜 뒤에 PS(Production System의 약자, 생산 시스템을 의미)를 붙이는 식으로 자사 고유의 생산시스템을 만들었다. 보쉬는 BPS, LG전자는 LPS, 삼성전자는 SPS, 한라그룹의 만도는 HPS와 같은 형태가 대표적이다. 도요타 생산 시스템은 미국으로 건너가 '린Lean'이라는 방식으로 진화되었다.

　　혁신 활동의 역사에서 빠질 수 없는 것이 식스시그마이다. 식스시그

마는 기업에서 전략적으로 완벽에 가까운 제품이나 서비스를 개발하고 제공하려는 목적으로 정립된 품질경영 기법 또는 철학이다. 기업 또는 조직 내의 다양한 문제를 구체적으로 정의한 후 현재 수준을 계량화해서 평가한 다음 개선하고, 이를 유지 관리하는 경영 기법이다. 원래 모토로라에서 개발된 일련의 품질개선 방법이었으며 품질불량의 원인을 찾아 해결하고자 하는 체계적인 방법론이었다.

이후 제너럴 일렉트릭 등 여러 기업에서 도입되어 발전하였으며, 특히 1990년대와 2000년대 동안 많은 인기를 얻어 기업 내 혁신방법론으로 채택되었다. 다른 품질경영 관리 기법인 전사적 품질관리^{TQM}의 경우에는 생산품질 자체에 집중하지만, 식스시그마는 회사 내 모든 부서의 업무 개선에 적용할 수 있다. 각자의 상황에 알맞은 고유한 방법론을 개발하고 적용하여 정량적 기법과 통계학적 기법으로 향상시킬 수 있다. 이러한 장점 때문에 국내의 많은 기업들이 유행처럼 식스시스마를 도입했으며, 조직의 혁신 문화 자체로 활용하기도 했다.

계승·진화형 혁신 활동의 대표적인 사례가 '린식스시그마'이다. 린식스시그마는 전략적 통합, 고객 관점 그리고 엄밀한 분석 도구로부터 관리되는 식스시그마 경영 기법의 파워와 린이 제창하는 스피드가 함께하면 획기적인 결과를 낳을 수 있다는 관점에서 탄생했다. 식스시그마 경영 기법은 설계, 비즈니스 프로세스의 관리와 개선을 포함하고 있다. 빈약한 프로세스는 일을 하는 데 사람들을 혼란에 빠지게 만들기 때문에, 뛰어난 프로세스에 의해서만 모든 자원이 안정되고 뛰어난 결과를 낼 수 있게 된다. 린은 프로세스 내의 낭비를 식별하고 제거해 수명 주기를 대폭적으로 줄일 수 있는 강력한 장점을 가지고 있다. 식스시그마의 장점과 린의 장점이 결합하여 린식스시그마로 발전했다고 볼 수 있다.

국내 제조업의 과거 혁신 활동을 되짚어 보면서 중소기업은 어떤 교훈을 얻어야 하는가? 문제는 많은 중소기업들이 일회성 모방적 개선 활동으로 과거의 잘못된 관행을 반복적으로 행한다는 데 있다. 2014년에 중소기업청이 발표한 《중소기업관련통계》를 보면 우리나라 전체 사업체 수의 99.8%를 중소기업이 차지하고 있으며, 제조업 종사자 중 80.4%가 중소기업에서 근무하고 있다. 기업 규모별로 보면 인원 50인 이하의 소기업이 97.2%, 50~299명 규모의 중기업이 2.6%, 300명 이상의 대기업이 고작 0.2%이다(2012년 말 기준). 다시 말해, 국내 1000개 기업 중 998개는 중소기업이고, 100개 중소기업 중에서 97개는 50인 이하의 소기업인 셈이다. 소규모 기업들이 일회성, 모방적, 이벤트성 혁신 활동으로 자체 경쟁력을 확보하는 데에는 한계가 있다. 기업이 당면한 인적·물적 자원 측면의 장애와 한계를 어떻게든 극복해서라도 계승·진화형 혁신 활동을 추진하지 않으면 안 된다.

중소기업들을 방문해보면 자주 듣게 되는 불평이 있다. "과거 여러 차례 컨설턴트의 도움을 받아 혁신을 추진한 적이 있는데, 매번 지도하러 오는 사람마다 5S(정리, 정돈, 청소, 청결, 습관화를 말하며 공장의 기본을 만드는 혁신 활동을 의미)부터 하자고 합니다. 매번 우리는 5S만 해야 합니까?"와 같은 불평이다. 그렇다면 방문하는 컨설턴트마다 왜 5S부터 해야 한다고 주장할까? 더 나은 무언가를 하기에는 컨설턴트의 지도 역량이 부족해서일까? 그 이유는 그 회사가 기본적인 5S가 부족하기 때문이다. 공장은 좋은 제품을 만들 수 있어야 한다. 좋은 제품이란 QCD 측면에서 경쟁 제품보다 뛰어난 제품을 말한다. 이는 남들보다 질 좋은 제품을 보다 싸게, 적기에 공급할 수 있는 능력이 있어야만 가능하다. 그러기 위해서는 원가를 잡아먹고 생산성을 저해하는 여러 가지 낭비를 제거해야 한다. 낭비는 보이지 않으면 제거하기 힘든 속성이 있다. 5S가 부실한 공장에서는 낭비가 잘 보이지 않는다. 그래서 기초적인 5S부터 시작하는 것이다.

물론 그런 불평을 하는 중소기업도 예전에 5S 활동을 자력으로 하였든, 컨설턴트의 도움을 받아 했든 추진해보았을 테다. 일단 구축하는 활동을 마치면 유지 관리가 돼야 하는데, 이게 안 되니 다음 단계 개선 활동으로 이어 가지 못한다. 유지 관리가 잘되고 지속적으로 개선되는 상태라면 고난이도 낭비 제거 활동, 라인 개선 활동, 불량 개선 활동 등을 추진할 수 있다. 이와 같은 형태가 바로 계승·진화형 혁신 활동이다.

최근에는 국내에 '스마트 팩토리^{smart factory}' 바람이 불고 있다. IT와 소프트웨어의 융합으로 신산업을 창출하여 새로운 부가가치를 만들고, 과거 선진국 추격형 전략에서 선도형 전략으로 전환하여 우리 제조업만의 경쟁우위를 확보해 나가기 위해 국가 주도적으로 추진되고 있다. 스마트 팩토리란 공장에 구성되어 있는 모든 설비와 기계 장비 사물인터넷을 통해 장비와 가공품 상호 간에 소통 체계를 구축하고 전체 생산 과정을 중앙에서 수집하고 관리하는 시스템을 기반으로 한 공장을 말한다(출처: Biz & Tech/스페셜리포트, 2015. 10. 21). 공장자동화를 넘어 ICT^{정보통신기술} 적용을 통해 생산 효율성을 극대화하는 지능형 제조 방식이다. 이를 통해 각종 기계·설비에 장착된 센서로 모인 데이터를 분석해 각 설비에서 일어날 수 있는 각종 문제를 예측하고 미리 대응할 수 있다. 아직까지는 스마트 팩토리가 일반화되지 않았지만 제조업이 진화하고 있음은 분명하다.

혁신을 하기 위한 5단계의 벽

혁신은 끝이 없다고 말한다. 혹자는 개선을 반복하면 혁신이 된다고 말한다. 많은 기업들이 변화와 혁신을 슬로건으로 내걸고 있다. 삼성의 경우는 '상시위기경영체제'라는 표현까지 사용하며 혁신의 필요성을 강조하고 있다. 아쉽게도 많은 기업들이 혁신을 추진하는 과정에서 이런저런 이유로 포기하는 경우가 많다. 가장 큰 이유는 혁신으로 가는 길에 보이지 않는 벽을 만났을 테고, 그 벽을 넘지 못했기 때문이다. 그렇다면 혁신을 하기까지에는 어떤 벽이 존재하며, 그 벽은 과연 얼마나 많을까?

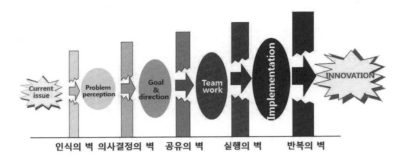

[그림] 혁신을 하기 위한 5단계의 벽

인식의 벽　의사결정의 벽　공유의 벽　실행의 벽　반복의 벽

　변화와 혁신을 추진하면서 부딪칠 수 있는 첫 번째 벽은 '인식의 벽'이다. 현재의 이슈는 어디에나 있으나, 문제는 그 이슈를 바라보는 시각에 있다. 품질 담당자는 그 이슈가 문제라고 보는 반면, 생산 담당자는 그 이슈가 문제가 아니라고 볼 수도 있다. 누구는 그 문제가 크다고 보는 반면, 누구는 별로 대수롭지 않은 소소한 문제라고 볼 수도 있다. 사람마다 문제를 보는 시각이 틀리기 때문이다. 혁신을 하기 위한 첫 번째 벽이 인식의 벽인 이유가 여기에 있다. 먼저 조직원들이 문제를 같이 인식해야 하기 때문이다. 인식의 벽을 뚫기 위해서는 트렌드를 보는 것이 도움이 된다. 그림에서 보는 바와 같이 현재의 이슈가 인식의 벽을 뚫게 되면 문제의식이 생긴다.

　문제가 인식된 상태에서 부딪칠 수 있는 두 번째 벽은 '의사결정의 벽'이다. 그 문제를 해결할 것이냐, 현실적으로 어렵기 때문에 해결하지 못하고 끌어안고 갈 것이냐의 의사결정이 필요하다. 해결하는 것도 어떤 방향으로 할 것인지, 누가 주도할 것인지, 언제까지 할 것인지, 이 모든 것이 의사결정 사항이다. 이 의사결정의 벽을 뚫게 되면 목표와 방향성이 생긴다.

목표와 방향성이 결정된 상태에서 부딪칠 수 있는 세 번째 벽은 '공유의 벽'이다. 개인의 힘만으로는 경쟁에서 이기기 어려우며, 경쟁에서 이기려면 구성원들이 힘을 모아야 한다. '나 혼자가 아닌 우리'가 필요한 이유이다. 아무리 의사결정이 잘되었다 하더라도 변화와 혁신이 일개 개인의 노력으로 이루어지기는 힘들다. 변화와 혁신은 모든 사람이 동참해야만 시너지 효과가 나서 성공할 확률이 높다. 의사결정 된 사항을 적절한 시간과 방법을 통해 관련 인원들과 철저히 공유하는 활동이 필요하다. 공유하는 과정에서 목표와 방향성이 보완되기도 하고, 이전보다 더 디테일하게 세분화되기도 한다. 또한, 공유를 통해 아무리 어려운 과제라 하더라도 해결할 수 있다는 공감대가 형성된다. 공감대와 자신감이 혁신을 보다 쉽게 이끌 수 있다. 대표적인 공유 방법은 전 직원 참석 하에 실시하는 발대식^{kick-off}이다. 주간 단위 공유회^{weekly meeting}와 혁신 활동 게시판을 운영하기도 한다. 이 공유의 벽을 뚫게 되면 팀워크^{teamwork}가 만들어진다.

네 번째 벽은 바로 '실행의 벽'이다. 형성된 팀워크를 바탕으로 실행을 위한 R&R_(책임과 권한)을 명확히 설정해야 한다. 구체적인 세부 일정계획도 치밀하게 수립할 필요가 있다. 혁신 과제의 총괄 책임자는 주기적으로_(최소한 주간 단위) 진행 사항을 모니터링해야 한다. 최고경영자는 최소한 월 1회 정도는 전체 진행 사항을 보고받고 미진한 부분을 점검해야 한다. 최고경영자 입장에서는 잘되고 있는 부분을 보고받기보다는 안 되고 있는 부분을 유심히 들여다보아야 한다. 안 되고 있는 원인을 찾아 신속히 해결할 수 있도록 인적·물적 자원을 지원해야 한다. 이 단계에 서는 곳곳에 여러 가지 크고 작은 실행의 벽이 있을 수 있다. 그렇기 때문에 조직원들의 노력, 지혜와 역량이 집중되어야 실행의 벽을 뚫을 수 있다.

마지막으로 뚫어야 할 벽은 '반복의 벽'이다. 실행의 벽을 깨고 나면 어느 정도 성과가 도출되어 가시화되며, 개선 과제도 마무리가 되는 시점이다. 하지만 마지막 반복의 벽을 넘지 못하면 진정한 혁신이라고 할 수 없다. 개선된 상태의 수준을 현 수준으로 놓고 다시 혁신 목표를 설정해야 한다. 목표 달성을 위해 멈춤 없이 지속적으로 반복이 되어야 우리가 말하는 소위 '혁신'이 이루어진다. 잠시 멈추는 것은 바로 후퇴를 의미하기 때문이다. 개선 후 그대로 있으면 원상태로 회귀한다. 회귀하기 전에 다시 개선해야 후퇴가 없다.

기업들은 변화와 혁신을 추진함에 있어서 이 5단계의 벽을 적절히 활용할 수 있다. 현재 추진 중인 과제나 프로젝트 진행이 지지부진하다면 5단계의 벽 중에 어느 벽 앞에서 헤매고 있는지 곰곰이 따져보면 된다. 5개의 벽을 대입시켜 보면 의외로 쉽게 벽을 깨부술 수 있는 해결 방안이 나올 수도 있다. 필자의 경험상 하나라도 만만한 벽은 없으나, 기업들이 의사결정의 벽 앞에서 시간을 많이 잡아먹거나 포기하는 경우가 많다. 이 의사결정의 벽을 뚫었을 때 이후의 진행이 물 흘러가듯 원만히 잘 진행되기도 한다. 또한 중소기업에서 가장 어려워하는 부분이 반복의 벽을 넘는 것이다. 인력 부족, 시간 부족을 이유로 개선 활동이 일회성으로 그치는 경우가 많기 때문이다.

변화와 혁신을 추진하다 보면 벽에 막혀 포기하고 싶다거나, 중단하고 싶다는 유혹을 많이 받게 된다. 사람이 하는 일이니 어쩌면 당연한 일이다. 유혹과 고통을 이겨내야 한다. 고통 없이 어떻게 혁신이 있겠는가.

다음 그림은 황새에게 머리부터 잡혀 먹힌 개구리가 절체절명의 순간에도 끝까지 포기하지 않고 죽을힘을 다해 황새의 목을 조르고 있는 유머러스한 그림이다. 혁신을 황새에 비유하면, 황새라는 운명에 대항하기에는 개구리 같은 우리 자신이 너무나 나약하고 무력해 보일 때가 있다. 그래도 절대 포기하지 마라. 절대로 포기하기 마라. 운명이란 투박한 손이 당신의 목덜미를 휘감아 치더라도 절대 포기하지 마라. 불굴의 정신이 조직의 변화와 혁신을 하는 데 있어서 절대적으로 필요하다.

[그림] 절대 포기하지 마라!

"굴복하면 안 됩니다. 절대로, 절대로, 절대로, 절대로 굴복하면 안 돼요. 상대가 크든 작든 대단하든 보잘것없든 굴복하면 안 됩니다. 명예와 선의를 제외하고는 그 어느 것에도 굴복하면 안 됩니다." 윈스턴 처칠 수상이 2차 세계대전 당시 1941년 10월 29일에 한 연설이다. 혁신을 하는 과정에서 닥치는 벽에 굴복하는 순간 혁신은 물 건너가고 만다.

"물을 끓이면 증기라는 에너지가 생긴다. $0°C$의 물에서도 $99°C$의 물에서도 에너지를 얻을 수 없기는 마찬가지이다. 그 차이가 자그마치 $99°C$나 되면서 에너지를 얻을 수 있는 것은 물이 $100°C$를 넘어서면서부터이다. 그러나 $99°C$에서 $100°C$까지의 차이는 불과 $1°C$. 당신은 99까지 올라가고도 1을 더하지 못해 포기한 일은 없는가?" 정채봉 시인이 쓴 《99보다 힘센 1》이라는 제목의 글이다. 우리의 혁신을 가로막는 벽은 언제나 있기 마련이다. 그러나 무너뜨릴 수 없는 벽은 결코 없다. 혁신은 가장 끈기 있는 조직에게 주어지는 눈물겨운 선물이다.

03

혁신에 대한 태도

중소기업은 딱히 내 일이라고 정해진 것도 불명확하고 잔업과 특근도 많다. 어느 기업을 가니 월화수목금금금이란다. 주 5일제가 법적으로 시행된 지 한참이 지났건만, 일부 기업에서는 먼 나라 이야기다. 평일 야근은 밥 먹듯이 하고 그것도 모자라 토요일은 기본으로, 심지어 일요일도 특근을 한다. 사람이 아니라 일하는 기계를 보는 듯하다. 저러다 쓰러지지 않을까 하는 안타까운 마음마저 든다. 딱히 위로의 말이 생각나지 않아 "경기가 안 좋아 노는 기업도 많은데, 그나마 일거리라도 넘치니 다행이라 생각하시죠"라고 말했다. 듣고 있는 담당자가 웃기는 소리 하지도 말라는 표정으로 피식 웃는다.

중소기업의 현장직은 잔업이 많다. 잔업이 좋아서가 아니라, 일이 없어도 일부러 잔업을 만들기도 한다. 그래야 얼마 안 되는 월급에 잔업수당이라도 얹어서 조금 더 가져갈 수 있기 때문이다. 20, 30대 청년층보다는 40, 50대 장년층, 주부 사원들이 잔업을 더 원하는 경향이 있다. 한창 크는 자녀들을 학원이라도 하나 더 보내려면 잔업수당이 아주 큰 도움이 되기 때문이다. 생산성 향상시켜서 잔업 없애자고 하면 인상부터 찡그린다. 현장직이 잔업을 하면 자연히 사무직도 야근을 할 수밖에 없다. 그래서 야근, 특근이 많다. 그나마 사원, 계장, 대리를 지나 관리자가 되면 특근 수당도 없어져서 사장님께 무료 봉사다.

모든 중소기업이 다 그렇다는 것은 아니다. 그리고 업무 강도가 강한 기업에서도 모든 직원이 그렇다는 것도 아니다. 중소기업일수록 사람이 없다. 엄밀히 말해 일 좀 할 만한 사람이 없다. 능력 있는 사람은 대부분 대기업만 찾기 때문이다. 그래서 중소기업엔 능력 있는 인재가 드물다. 일 좀 한다는 사람에게는 일이 몰린다. 원래 주어진 고유 업무가 있지만 급한 일이 생기면 또 찾기 때문이다. 중소기업에서는 책임과 권한이 불분명한 경우가 많아 소위 '네 일, 내 일'이 없다. 상사가 시키면 그게 내 일이다. 능력 있는 직원에게만 일이 몰리니 자연히 그 많은 일을 처리하려면 토요일, 일요일에도 출근을 할 수밖에 없다. 정신력으로 버티다 몸이 못 버티면 회사를 옮긴다. 그러면 지금의 회사는 업무 공백 메우느라 또 한동안은 난리를 칠게다. 중소기업 직원일수록 이직이 많은 이유다.

또한 중소기업에서는 일의 우선순위가 자주 바뀐다. 우선순위를 정해 놓고 일을 해도 윗사람이 먼저 하라고 하는 것이 최우선순위가 되어 버린다. 내 생각은 중요치 않다. 일의 우선순위가 시시때때로 바뀌다 보니, 뭐가 시급한지 점점 애매해진다. 이러한 경향도 중소기업 직원들이 쉽게 겪게 되는 일하기 힘든 상황이다. 세계적인 자동차 회사

GM에서도 '불균형한 업무 부하^{unbalanced workload}'와 '우선순위의 잦은 변경 changing management priorities'이 사무 낭비를 유발하는 주요 원인들 중 하나라고 정의한다.

우리나라 대기업 1차 협력사의 월급 수준은 대기업의 딱 절반(약 60% 정도) 수준이다. 그나마 2, 3차 협력사로 가면 거기의 또 절반이다. 물론 정확한 수치를 근거로 댈 수는 없고, 필자가 직접 필드에서 듣고 알게 된 체감치다. 그만큼 우리나라는 대기업과 중소기업의 임금 격차가 크고 업무 환경의 차이가 크다. 그러니 청년 실업은 넘친다고 온갖 매체에서 떠들어 대지만, 공무원 시험이나 대기업 입사 경쟁률은 하늘을 찌르고 중소기업엔 사람이 없다고 곡소리가 나는 것이다. 정말 나라의 미래가 걱정된다.

기억에 아주 많이 남는 직원이 있다. 2012년에 주조 방식으로 수도꼭지를 만드는 공장에서 자원생산성 향상 컨설팅을 수행한 적이 있었다. 중소기업에서도 정말 기피한다는 3D 직종이 주조업종이다. 한 젊은 직원이 프로젝트 담당을 했었는데 이런저런 이야기를 하다 보니 서울의 유명 대학 공학도 출신이었다. 요즘 취업하기도 힘든데 대기업 취업하려고 몇 년씩 취업 재수를 할 바에야, 내가 하고 싶은 일 할 수 있는 중소기업에서 뭔가를 이루어보고 싶어서 현재 그 자리에 있단다. 젊은 친구가 정말 멋있고 대견해 보였다. 물론 프로젝트도 성공적으로 잘 마쳤던 기억이 있다.

우리가 진정 바라는 직장의 모습은?

　오늘 당신의 얼굴을 생각해본 적이 있는가? 아침에 출근할 때 당신은 어떤 표정으로 가는가? 웃는 얼굴인가? 아니면 우는 얼굴인가? 이도 저도 아닌 멍한 얼굴인가? 대기업 직원이라서 웃는 얼굴이고 중소기업 직원이라서 우는 얼굴인 것은 아니다. 그보다는 내가 속한 직장이 어떤 분위기이고 내가 하는 일에 대한 만족도와 보람이 어느 정도인가에 크게 좌우된다. 직장 생활이 다람쥐 쳇바퀴 돌아가는 것처럼 무의미한 일이 반복되는 상황이라면 그 자체가 고통이다. 일에서 의미를 찾지 못하는 직원은 그 일에 몰입할 수 없다. 일이 그저 먹고살기 위한 고통스러운 노동일 뿐이다. 활기차고 생기 넘치는 밝은 문화의 조직일수록 분위기가 좋겠지만 대부분의 소규모 조직들은 일에 치이고, 상사에 치이고, 고객에 치여 마지못해 출근하는 경우가 많다.

　'매일 출근하는 것이 기다려져', '회사의 성공에 진정으로 기여하고 싶어', '우리 일터는 언제나 즐겁고 에너지가 충만한걸', '나는 선배를 존경해. 우리 조직은 끈끈한 정이 있어.' 이런 분위기의 기업이라면 얼마나 신바람 나게 일할 수 있을까. 많은 직장인들이 현 직장에 불만을 가지고 있다면, 이런 기업을 찾고자 이직을 고려할 것이다. 그렇지만 우리 주위에 이런 직장이 얼마나 많이 있을까. 이런 직장을 찾는 것보다는 이런 직장을 만드는 편이 더 쉽고 현명한 것은 아닐까. 활력이 넘치는 회사, 자부심을 느낄 수 있는 직장, 신뢰와 재미가 넘치는 일터, 또 다른 가정 같은 곳 말이다. 우리가 혁신을 하는 이유도 여기에 있다. 혁신을 통해 우리가 진정 바라는 직장의 모습을 직원들 스스로가 만들어 갈 수만 있다면, 그것이 바로 우리가 원하는 혁신이다.

우리가 진정 바라는 직장, 활기차고 보람찬 현장을 만드는 데 도움을 주는 감씨 삼총사가 있다. 감사, 감탄, 감동이 바로 그것인데, 모두 '감' 자로 시작해서 감씨 삼총사다. 직원들이 자주 하는 말이 '감사합니다', '감탄했어', '이거 감동인데'이어야 한다. 반대의 상황을 만드는 것이 있는데, 불신, 불평, 불만이 그것이다. 필자는 이를 조폭 삼형제라고 부른다. 직원들이 자주 해서는 안 될 말이 남을 불신하는 말이나 불평불만이 섞인 말이다. 현장에 조폭 삼형제가 판친다면 위험신호이며, 이를 조속히 근절시켜야 한다. 반대로 감씨 삼총사가 서서히 보이기 시작한다면 긍정의 신호이다.

바람직한 리더의 모습은?

누군가는 현재 어느 조직의 리더일 수도 있고, 앞으로 리더가 될 수도 있다. 그렇지만 직장 생활 오래 하면서 직급만 올라간다고 모두 훌륭한 리더가 되지는 못한다. 리더와 보스는 무엇이 다른지 생각해 본 적이 있는가?

세상에 리더십이라는 말은 있지만 보스십이라는 말은 없다. 리더와 보스는 비슷해 보이지만, 그 뜻 자체가 다르다. 보스는 실권을 쥐고 있는 최고 책임자라는 뜻이고, 리더는 조직이나 단체 따위에서 전체를 이끌어 가는 위치에 있는 사람이란 뜻이다. 보스는 단어부터 권력으로 설명하지만 리더는 행동으로 설명한다. 그래서 리더와 보스는 분명 다르다. 누구나 누군가의 보스일 순 있으나, 리더가 될 수 있는 건 아니다. 이 두 차이를 명확히 이해할 수 있어야 리더십에 한 발짝 더 다가갈 수 있다. 무엇이 리더와 보스의 차이를 나누는지 알아보자.

리더는 말과 행동이 일치해야 한다. 중국집에 가서 음식을 시키는데 팀장이 팀원들에게 이렇게 얘기한다. "먹고 싶은 거 마음껏 시켜." 이렇게 말해 놓고 본인은 가장 싼 자장면을 시키며 다시 얘기한다. "난 신경 쓰지 말고 마음껏 시켜." 보통 이 상황에서 진짜로 마음껏 시키는 팀원은 별로 없다. 말로 생색내려다 욕먹기 딱 좋은 행동이다. 이럴 때는 팀장이 진짜로 자장면만 먹고 싶었더라도, 다른 사이드 메뉴들을 본인이 먼저 주문했어야 한다.

필자는 기업 컨설팅을 하면서 말과 행동이 일치하지 않는 경영자를 종종 보게 된다. 어느 전기전자 업종의 중소기업 경영자는 직원들과 회의할 때 가장 강조하는 것이 제품에 대한 품질이라고 말한다. 그러나 정작 품질에 문제가 생겨 고객과 약속한 납기를 못 지키게 되는 경우에, 품질은 최우선 순위에서 바로 밀린다. 경영자가 제품에 하자가 있음을 알면서도 일단 출하를 지시하는 것이다. 이는 곧 말과 행동이 일치하지 않는 행태이다. 이런 일들이 한두 번으로 그치는 것이 아니라 반복되는 순간 그 기업의 품질은 한순간에 무너져 버린다. 최고경영자가 중요하게 생각하지 않는 것을 직원들이 중요하게 생각할 리가 있겠는가. 원칙이나 룰을 정했다면 반드시 지켜야 한다. 누구나 당연하게 알고 있는 사실이지만, 많은 회사들에서 지키자고 정한 룰을 경영자가 먼저 깨트리는 경우가 많다. 아무리 훌륭한 룰이라도 사장이 지키지 않으면 아무도 지키지 않는다.

리더는 가장 먼저 직접 실천해야 한다. 팀원들에게 내일부터 아침 8시에 출근하라고 해 놓고 본인은 9시에 나오는 팀장은 어떤가? 상사라고 다 같이 해야 하는 건 아니라지만, 사실 그렇게 행동하면 팀원들은 그 팀장을 믿지 않는다. 자기가 실천할 수 없는 걸 남에게 강요하는 것이 되어 버리기 때문이다. 리더는 전장의 맨 앞에서 화살을 뚫고 제일 먼저 돌격하는 존재다. 맨 뒤에서 명령만 내리는 건 보스들이 하는 행동이다. 위대한 정복자로 불리는 알렉산더 대왕은 전쟁터에서 항상 적의 눈에 잘 띄는 빨간 투구를 쓰고 백마를 타고 가장 앞장서서 적진으로 돌격하는 모습으로 유명하다.

대부분 상사는 보스에 그친다. 보스는 본인이 직접 하지 않으면서, 명령을 내리고 평가하기를 좋아한다. 조직을 운영하는 방식도 보통 자신의 직위에서 오는 권위로 강압하는 스타일이다. 말로 명령은 쉽게 내리면서 본인이 총대를 메는 경우는 거의 없다. 팀원들에게 대우받기를 원하면서도 팀원들을 하대한다. 반면에 리더는 자신이 일을 직접 추진하고 행동한다. 직접 하는 만큼 모든 일과 상황에 대한 책임을 스스로 맡는다. 직위에서 오는 권위를 활용하기보다는 실력에서 나오는 존경으로 팀을 움직인다. 명령보다는 본인이 솔선수범해 팀이 알아서 따라오게 하는 타입이다. 팀원들과 자신의 급을 나누면서 대우받는 걸 즐기지 않는다. 리더십을 추구하는 보스가 리더가 된다.

보스라는 단어가 나쁜 단어는 아니다. 보스는 그냥 위치일 뿐이다. 그 위치에서 남다른 리더십을 보여야 리더가 되는 것이다. 직장인이라면 누구나 언젠간 보스가 된다. 하지만 모든 보스가 리더가 될 수 있는 건 아니다. 리더십을 가진 보스만이 리더가 되는 법이다. 다소 뻔한 프레임에서 비교될 수 있는 게 리더와 보스의 차이다. 하지만 이 뻔한 걸 인식하고 있는 보스만이 훌륭한 리더가 될 수 있다. 식당 사장이라면 화장실 청소 정도는 직접 하고, 땅에 휴지가 떨어져 있으면 직원을 시키기 이전에 본인이 직접 줍는 모습을 보여야 한다. 직원들은 사장의 그런 모습에서 리더십을 느낀다. 누구나 피하는 일을 가장 먼저 실천해야 하며, 그 마음이 바로 리더로서의 출발점이 된다.

문제가 없는 조직은 없다. 문제가 발생하면 보스는 부하 직원에게 왜 문제가 일어났으며, 왜 처리가 빨리 안 되는지, 어떻게 처리할 것인지 닦달하는 것이 전부다. 허나 훌륭한 리더라면 몸소 나서서 문제의 신속한 처리는 물론, 어떻게 하면 재발하지 않을 지 여러 가지 관점에서 고민하고 실천한다.

바닥에 놓여 있는 실 한 가닥을 상상해보자. 그 실을 앞으로 이동시키고 싶은데, 뒤에서 아무리 밀어봤자 앞으로 움직이지 않고 제자리에서 엉키기만 할 것이다. 반대로 실을 앞부분에서 끈다면, 엉켜 있는 실 가닥이 서서히 풀리면서 앞으로 이동시킬 수 있다. 뒤에서 푸시하는 것이 아니라, 앞에서 이끄는 것이 조직을 움직이게 하는 리더십이다.

필자는 기업체 최고경영자와 혁신과 관련된 이야기를 나눌 때면 제일 먼저 강조하는 것이 바로 윗사람의 솔선수범이다. 본인은 정작 변하는 것이 없으면서 직원들에게 "변해라. 변해라" 소리쳐 봐야 변화할 리만무하기 때문이다. 우리나라는 언제부턴가 윗사람은 지시하고 아랫사람은 무조건 듣고 복종한다는 관계가 당연시되었다. 사적인 자리인 회식에서도 부장이나 팀장 혼자 이야기하고 나머지 사람들은 경청한다. 하지만 아랫사람은 말하고 윗사람은 토닥여주는 관계로 전환될 때, 형식적인 리더십이 진정한 리더십으로 전환된다. 진정한 리더십 밑에서 일하는 사람들은 무엇인가를 생산하는 힘을 얻게 되는데, 이런 자발적인 힘이 바로 창의력으로 연결된다.

사장이 잘해야 하는 것 세 가지

회사란 사장이 애정을 가지고 대하면 발전하고, 애정이 없으면 나빠지게 되어 있다. 중소기업의 경쟁력은 사장의 경쟁력이 80%라는 말이 있다. 그만큼 사장의 역할이 중요하다는 의미이고, 한 기업이 죽고 사느냐는 사장의 손에 달렸다는 말이다. 그렇다면 사장이 잘해야 하는 것은 무엇일까?

첫째, 직원들의 생각이 일치하도록 도모해야 한다. 생각의 일치를 위한 소통의 방식이 회의이든 잔소리를 하든, 아니면 호통을 치든 직원들에게 같은 이야기를 100번 할 수 있어야 한다는 말이다. 반복과 강조가 생각의 일치를 도모할 수 있기 때문이다. 직원들의 생각을 한곳으로 모을 수만 있다면 무슨 일을 추진하든 간에 성공할 확률이 높다. 그 일이 신제품을 출시하는 일이든지, 마케팅을 하든지, 혁신 활동을 하든지 상관없이 말이다.

둘째, 조정 비용을 최소화해야 한다. 회사를 뜻하는 'Company'라는 영어 단어는 '함께'라는 뜻을 지닌 'com'과 라틴어로 '빵'을 뜻하는 'pany'가 합쳐져서 만들어진 말이다. 회사는 함께 빵을 먹고 살기 위해 모인 사람들이 만든 조직이라는 의미다. 기업(企業: 꾀할 기, 업 업)이라는 한자의 뜻도 사람(人: 사람 인)이 모여서(止: 그칠 지), 함께 일(業: 높고 험할 업)하는 곳이라는 뜻이다. 이처럼 함께 일해야 성과가 오르는 게 회사인데, 개성과 취향이 제각기 다른 사람들이 모여 있다 보니, 갈등이 생기고 문제가 벌어지는 것은 어쩌면 당연한 일인지도 모른다.

필자는 기업에 가서 일하는 방식의 개선을 강조할 때 가장 중요하게 생각하는 것이 바로 원칙이다. 원칙이 없으면 그때그때 상사가 말하는 것이나, 목소리 큰 사람이 말하는 것에 휘둘리기 쉽다. 원칙이 없는 상황은 갈등을 유발한다. 갈등이 생기면 어떤 일을 진행하는 데 시간이 지연되고, 진행되더라도 일부 인원들이 몰입하지 않아 원하는 성과가 잘 나지 않는 경우가 많다. 사장이 일하는 방식에 있어서 원칙을 세워주면, 직원들은 그 원칙 하에서 어떻게 실천할 것인가를 고민할 수 있다. 자연스럽게 갈등이 줄어들 것이고 그렇게 되면 갈등으로 인한 조정 비용도 최소화할 수 있다.

셋째, 임직원 개개인의 역량 향상에 힘써야 한다. 직원 개개인의 두뇌 가동률을 높이기 위해서 무엇을 해야 할 것인가를 늘 고민해야 한다는 말이다. 기계는 가동률이 한정되어 있지만 사람은 한계가 없다. 사람과 동물의 가장 큰 차이는 바로 사람은 생각할 수 있는 능력이 있다는 것이다. 생각을 할 수 있는 사람에게 생각을 할 수 없게 한정지어 버리는 업무 하달식 지시형이 곧 사람의 역량 향상에 걸림돌이 될 수 있다. 사람은 "이것 해. 저것 해"라는 지시만 받으면 편하다. 몸은 바쁠지언정 생각할 필요가 적어지기 때문에 스트레스를 덜 받는다. 사람의 두뇌는 뭔가를 고민해야 할 때, 또는 일상적인 일을 벗어날 때 뇌로 피가 평소의 4배 이상 몰리기 때문에(뇌에서 에너지를 많이 필요로 한다는 의미) 그만큼 빨리 피로해지고 스트레스를 받는다. 조물주가 그렇게 인간을 만들어 놓은 것이다. 하지만 사람은 생각(고민)을 하지 않으면 발전이 없다. 임직원 역량 향상을 위한 가장 쉬운 방법은 해결책을 던져주거나, 업무를 바로 지시하는 스타일이 아니다. 그보다는 직원들이 일을 처리하거나 문제를 해결하는 과정에서 가능하면 고민을 많이 하게끔 하는 것이다. 리더는 자리를 불편하게 만드는 사람일 수밖에 없다.

필자는 혁신 프로젝트를 진행할 때 좀 심하게 표현하여 시키는 것만 하는 것을 좋아하는 직원을 '노예근성이 있는 사람' 또는 '회사의 머슴'이라고 표현한다. 행동의 변화를 촉진하기 위해 좀 자극적인 표현을 쓰는 것인데 직급이 낮을수록, 성과가 나지 않는 직원일수록 시키는 일만 하는 것에 익숙한 사람이 많은 편이다. 노예나 머슴 스타일로 일하는 사람은 일이 재미없다. 인간이 주인이 아니라 머슴이 됐다고 느끼는 일에서 의미를 찾을 수 없는 것은 당연하다.

역량 향상을 위해서는 개개인의 노력도 물론 중요하지만 사장이 앞서서 그런 분위기를 만들고 직원들을 독려할 필요가 있다. 인재 육성을 위해서는 충분한 칭찬과 격려가 필요하고, 잘못된 부분에 대한 정확한 판단과 때로는 따끔한 질책도 필요하다. 특히, 한국 사람은 칭찬에 약하다. 칭찬은 인정을 의미하며 직원의 불필요한 불안을 해소시켜주어

더 잘해보고자 하는 에너지를 유발한다. 칭찬은 고래도 춤추게 한다고 하지 않는가.

적절한 권한위임을 하고 있는가?

리더라면 큰 그림$^{big picture}$을 제시할 수 있어야 한다. 때때로 최고경영자가 너무 시시콜콜한 것까지 직원들의 일에 간섭하고 일일이 의사결정을 해주는 경우를 자주 본다. 이런 경우 권한위임이 되지 않고 직원들이 사소한 것까지 상사에게 의존하게 된다. 스스로 결정해서 문제가 생길 때의 나쁜 상황 또는 자신에게 돌아올지 모르는 문책에 대해 책임을 지는 것이 두렵기 때문이다.

중요한 업무를 부하 직원에게 할당하고 결정에 대한 책임을 위임하여, 업무 수행에서의 범위와 판단의 자율성을 증대시키고 관리자나 경영자의 승인 없이 행동할 수 있는 권한을 부여하는 조직 관리 방법을 '권한위임^{empowerment}'이라고 한다. 기업들을 지도하면서 조직 내 권한위임 수준을 살펴보면 여전히 미미하다고 느끼는 경우가 많다. 권한위임이 안 되는 이유는 여러 가지가 있다. 권한을 받을 부하 직원의 역량이 부족하다든지 자유재량이 부족하기 때문일 수도 있다. 동료 간의 경쟁이 과도하거나 관료적인 분위기 때문일 수도 있다. 하지만 무엇도보다 권한위임을 하면 자신의 권한이 축소될 것을 두려워한다든지, 불명확한 업무 처리로 인해 발생하는 갈등이 부담스러워 권한을 못 넘기는 경우가 대부분이다.

《일상의 경영학》(이우창 지음)에서는 권한위임은 한쪽이 권한을 받는 만큼 다른 한쪽은 권한을 잃어버리는 제로섬 게임이 아니라고 말한다. 권한을 위임할수록 리더와 부하 직원 모두의 권한이 확장되는 윈-윈 게임이다. 권한위임을 통해 부하 직원이 더 많은 업무를 해내고 인정받게 되면 결국 리더의 권한은 더욱 확대되기 때문이다.

한 가지 주의해야 할 점은 모호하고 애매한 '큰 그림'이다. 모호하고 애매한 큰 그림에 각 단계마다 구체적인 행동 메시지를 부여하지 않는다면 직원들이 쉽게 변화에 동참할 수 없다. 조직이 나아갈 큰 방향을 제시하는 것이 리더의 역할이란 점에는 의심의 여지가 없다. 하지만 실질적인 변화를 가져오기 위해서는 큰 그림만으로는 부족하다. 큰 그림만 던져 놓고 나 몰라라 하는 것은 반쪽짜리 리더이다. 부하 직원들이 결정 마비에 빠져 우왕좌왕하지 않도록 구체적인 행동 메시지까지 주는 리더야말로 성과를 만들어내는 완전한 리더이다. 제너럴일렉트릭^{GE}을 엄청난 성장으로 이끌었던 잭 웰치 전 회장도 비전을 정하고 나서 그것을 직원들에게 이해시키고 구체적인 행동으로 변화시키기 위해 600번이 넘는 강연과 직원 소통을 하였다는 일화가 있다.

태어날 때부터 훌륭한 리더였던 사람은 없다. 탄탄한 근육질에 왕자 복근을 세기기 위해서는 인고의 세월이 필요하듯, 훌륭한 리더가 되기 위해서는 꾸준한 노력이 필요하다. 리더십 역량은 크게 자기 변화 역량과 다른 사람을 변화시키는 역량으로 구분할 수 있다. 자기 변화 역량은 물론 다른 사람을 변화시키는 역량이 있어야만 뛰어난 변화 리더가 될 수 있다.

나의 리더십 역량은?

나를 바꾸고 다른 사람을 변화시킬 수 있다면 리더십 역량이 있다고 말한다. 자기 변화 역량은 뛰어나지만 다른 사람을 변화시키는 역량이 부족하다면 팀원들의 변화를 독려해야 한다. 반대로 다른 사람을 변화시키는 역량은 높지만 자기 변화 역량이 약한 사람은 스스로의 변화 역량을 먼저 갖추어야 한다. 실제로 이런 사람은 많지 않다. 자기 변화 역량이 먼저 갖추어지지 않은 사람이 어떻게 타인을 변화시킬 수 있겠는가. 관리자의 위치에 있으면서 자기 변화 역량과 다른 사람을 변화시키는 역량이 둘 다 부족하다면, 리더로서의 자질이 없으며 차라리 지금 일을 그만두는 것이 낫다. 조직 발전에 피해만 주기 때문이다.

[그림] 리더십 역량 구분

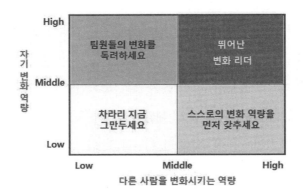

사람들은 돈만 많이 주는 회사나, 복지가 훌륭한 회사를 최고로 꼽지 않는다. 요즘 웬만해서는 다들 먹고 산다. 일과 삶의 균형을 갖추면서 나 자신이 내가 속한 조직에서 과연 지속 성장할 수 있느냐, 나의 상사는 나의 이런 바람을 달성하는 데 과연 도움을 줄 수 있느냐가 특히, 혈기 왕성한 젊은 직원들에게는 중요한 직장관으로 자리 잡고 있다. 회사는 직원에게 합당한 월급을 주면서 그에 상응하는 일을 시키는 조직이다. 그런 테두리 안에서 직원의 성장을 지원하고 보장할 수 있다면 그 어떤 다른 회사보다도 가장 다니고 싶은 회사가 될 것이다. 회사에서는 그런 역할을 해줄 리더를 간절히 원한다.

잠시 필자의 직업과 관련된 소견을 말하고자 한다. 컨설턴트라는 직업을 한마디로 표현하면 다른 사람을 변화시키는 사람이다. 즉, 컨설턴트는 뛰어난 변화 리더이어야만 한다. 남을 변화시키기 위해서는 나 자신부터 변화해야 했다. 타인을 설득하고 이해시키고 변화시키기 위해서는 부단한 노력이 필요하다는 것을 깨달았다. 크고 중요한 프로젝트를 할 때마다 항상 나 자신이 부족함을 느낀다. 학창 시절에 배운 지식이나 어설픈 경험만으로는 조직을 이끌고 성과를 내는 데 한계를 느끼기 때문이다. 그래서 그 부족한 무엇인가를 메우고자 하는 욕구가 계속 생겨난다.

프로젝트를 하면서 하나라도 더 배우려고 하고, 늘 지금보다는 나은 상황을 만들고자 고민하게 된다. 시시때때로 경제경영 신간이나 베스트셀러 코너를 뒤지게 되고, 최근에는 특히 인문학 책을 많이 보려고 노력한다. 적지 않은 나이에 뒤늦게나마 자신을 돌아보고 인간에 대한 깊이 있는 성찰이 필요하다는 것을 느꼈기 때문이다. 《비즈니스 인문학》(조승연 지음)에서는 "비즈니스는 혼자 하는 것이 아니라 사람과 사람이 만들어내는 것이기 때문에 탁월한 경제학, 경영학적 지식보다 인문학적 고찰이 더욱 중요하다"고 말한다.

필자는 컨설턴트라는 직업이 '3D 직종', '노가다'라고 농담 삼아 말하기도 하지만, 스스로의 발전을 독려한다는 점에서는 나름 괜찮은 직업이라고 생각한다. 높은 자리와 많은 돈으로 상징되는 성공에 대한 욕구보다는 '국가와 사회의 발전을 위한 기업의 발전'을 삶의 의미와 책임으로 추구하는 삶을 산다면, 성공은 자연스럽게 따라온다고 믿는다.

04

혁신의 주체는 현장감독자

제조업에서의 경쟁력을 흔히 QCD 측면에서 이야기한다. 생산 활동에 있어서의 중요 포인트는 QCD로 불리는 3요소이며, QCD는 품질Quality, 원가Cost, 납기Delivery의 약자이다. 좋은 품질의 제품을 남들보다 저렴하게, 고객(시장)이 원하는 타이밍에 신속히 제공할 수 있는 능력이 곧 제조업의 기초 체력이자 경쟁력이다.

생산 활동의 QCD에 가장 가까이 있는 사람은 현장작업자다. QCD는 현장작업자 손에서 만들어진다. 이들이 QCD 향상의 열쇠를 쥐고 있다. 작업자의 손에서 품질이 만들어지고, 원가가 구성되며, 납기(생산성)가 형성된다는 의미다. 혹자는 작금의 공장은 대부분 자동화가 이루어져 작업자 역할이 상대적으로 줄어들었다고 말한다. 하지만 대부분의 공장이 자동화되어 작업자가 직접 수행하는 수작업이 최소화되어 있다고 하더라도, 그 자동화 설비도 결국에는 사람이 움직이는 것이다.

현장작업자는 현장에서 일을 하는 사람이다. 다른 사람이 개발한 제품을 다른 사람이 세팅해준 설비를 활용하여 다른 사람이 만들어준 표준작업을 준수하면서 최종적으로 물건을 만드는 사람이 현장작업자다. 이 현장작업자를 움직이는 사람이 바로 공장, 직장, 반장급의 현장감독자(현장관리자)다. 물론 인원이 50명 미만의 소규모 기업은 생산과장이나, 심지어 생산팀장이 현장감독자 역할을 동시에 맡는 경우도 비일비재하다.

현장감독자는 음악회로 말하면 오케스트라의 지휘자이며, 전쟁터에서의 돌격대장이며, 변화와 개선·혁신의 주체이다. 현장작업자는 정해진 표준에 의해 시키는 대로만 일을 하려는 성향이 강하기 때문에, 현장감독자가 어떻게 리더 역할을 하느냐가 현장의 성과(QCD 측면)에 직접적으로 연결된다. 또한 활기차고 일하기 좋은 현장 만들기라는 측면에서 집안의 가장 노릇도 해야 함은 물론이다.

현장감독자가 혁신의 주체여야만 하는 또 다른 이유가 있다. 조직에 개선의 불을 계속 지피기 위해서는 누군가 지속적으로 건전한 위기감을 가져야 한다. 최고경영자는 항상 위기감을 가지고 있다. 경영자의 위기감을 일반 사원에게 확산시키는 것은 그 중간관리자 층인 부·과장이며, 현장으로 치면 현장감독자이다. 현장감독자가 위기감을 가짐으로 인해 조직 전체가 움직인다. '건전한 위기감'이야말로 개선의 동력이고, 현장감독자는 이 동력으로 움직이는 엔진이다.

나는 현장에 대해 잘 알고 있는가?

제조현장을 책임지고 있는 현장감독자로서 '당신은 현장에 대해 얼마나 잘 알고 있는가?' 이런 질문을 받으면 대부분 무슨 그런 당연한 질문을 하느냐는 반응을 보인다. 당연히 현장에 대해 잘 알고 있다고 말한다. 그렇다면 어느 정도를 알아야 현장에 대해 제대로 알고 있다고 판단할 수 있을까.

대한민국 성인 중에 연예인 '이영애'를 모르는 사람은 거의 없다. 이영애는 《대장금》이라는 드라마가 중국에서 빅히트를 치면서 한류 바람을 타고 중국에서도 유명인사가 되었다. 중국 비즈니스 출장 중에 많은 중국인들이 이영애를 알고 있다는 이야기를 듣고 그 유명세를 실감했다. 이영애에 대해 당신은 얼마나 알고 있는가? 대부분 물어보면 본인은 아주 잘 안다고 생각한다. 그러나 이영애가 언제 태어났고, 신체 사이즈가 어떻게 되고, 어떻게 데뷔를 했는지를 물어보면 자신 있게 대답하는 사람은 드물다. 이영애는 1971년 1월 31일 서울에서 태어났으며, 키 165cm에 체중 48kg, 한양대학교 대학원 연극영화과를 휴학하였고, 1990년 CF '투유 초콜릿'으로 데뷔했다는 것이 그녀에 대한 구체적인 정보이다.

우리의 현장도 마찬가지다. 현장감독자는 현장에 대해 속속들이 알고 있어야 한다. 생산 능력은 정확히 얼마인지, 어느 공정이 가장 취약한지, 최근 어떤 불량이 발생했는지, 고질적인 문제는 무엇인지 등을 당연히 잘 알고 있어야 한다. 심지어 직원들의 신상은 어떠한지, 구체적인 애로사항은 무엇인지까지도 잘 알고 있어야 한다. 젊은 여직원이 많은 전자라인 직반장은 소속 여직원들의 생리 주기까지도 알고 있다고 한다. 현장감독자는 설비나 자재와 같이 현장을 구성하는 하드웨어적인 측면과, 사람·방법·환경과 같은 소프트웨어적인 측면에 대해 속속들이 꿰고 있어야 한다. 겉으로만 대충 알고 있다면 현장을 대하는 자세부터 바꾸어라. '적당히'나 '대충'이란 말은 현장에서 통하지 않는다.

우리 현장은 잘 돌아가고 있는가?

최고경영자나 공장장이 가끔 현장 순회를 할 때 현장감독자에게 "잘 돌아가지요?"라고 물어본다. 잘 돌아가는 것의 정의는 무엇일까? 그리고 최고경영자는 어떤 의도로 그런 질문을 하였을까?

바람직한 공장의 모습은 이상과 정상이 바로 보이는 공장이다. 지금 어떤 제품을 생산하고 있고, 그 속도는 정상인지, 품질 문제는 없는지 바로 알 수 있어야 한다. 설비는 정상 가동하고 있는지, 자재는 시간에 맞게 공급되고 있는지, 인력 운영에 문제는 없는지 바로 알 수 있어야 한다. QCD라는 생산의 목적 관점에서 문제가 없어야 하고, 문제가 있다면 즉시 그것이 드러나 보이는 공장이 바람직한 공장이다. 문제가 생기면 즉시 알 수 있는 공장 체계로 만드는 활동을 '눈으로 보는 관리', '목시관리' 또는 '가시화관리'라고 부른다.

문제가 생기면 현장관리자 또는 해당 담당자가 바로 알 수 있도록 하는 신호체계가 필요하다. 그 신호체계를 통해 즉각적인 조치가 가능해진다. 문제가 생기면 바로 알 수 있도록 하는 장치를 일명 '안돈(Andon, 일종

_{의 경고등}'이라고 부른다. 안돈은 일본 도요타자동차에서 처음 나온 용어로, 그 어원이 반딧불이라고 한다. 문제가 발생하면 그 문제에 해당하는 등이 점등되어 담당자가 바로 인식하게 하는 방식이다.

[사례] 현장의 이상 관리 체계

안돈은 현장의 이상 관리를 위해 널리 알려진 하나의 도구일 뿐이다. 꼭 돈을 들여 안돈시스템을 장착하지 않더라도 어떤 방식을 쓰든지, 현장의 이상과 정상이 정확히 구분될 수 있도록 구현해 놓으면 된다. 이런 일들도 당연히 현장감독자의 몫이다. 그 이상 체계를 통해 누가 봐도 지금 현장이 잘 돌아가는지_(정상), 못 돌아가는지_(비정상)를 바로 알 수 있는 공장이 바람직한 공장이다. 현장감독자는 이상 체계를 통해 담당 라인의 상황을 상시 모니터링해야 한다. 문제가 생기면 즉시 조치하기 위해서다.

현장의 이상 발생은 여러 가지 원인이 있겠으나, 가장 일반적인 원인은 기본을 준수하지 않아서다. 기본은 바로 표준을 준수하는 것이다. 현장감독자는 수시로 우리 현장이 표준대로 하고 있는지를 점검해야 한다.

현장의 표준은 크게 4M 측면에서 작성되는데, 사람^{Man}, 설비^{Machine}, 방법^{Method}, 자재^{Material}를 총칭하여 '4M'이라 부른다. 사람의 표준은 표준작업, 설비의 표준은 점검표준, 방법의 표준은 작업표준(검사표준 포함), 자재의 표준은 보급표준으로 구분된다. 표준이라는 것은 현장에서의 약속이며 약속은 지키라고 있는 것이다. 그렇지만 사람이 현장에서 반복적으로 일을 하다 보면 무의식중에 실수를 할 수도 있다. 표준과 다른 방식 또는 표준을 지키지 못하는 상황이 발생할 수도 있다. 그렇게 되면 바로 문제나 이상 상황이 발생하게 된다. 현장감독자가 중심이 되어 현장에서 표준대로 하고 있는지 수시로 점검해야 하는 이유이다.

필자는 공장 경영 컨설팅을 하면서 '살아 숨 쉬는 공장'이라는 표현을 자주 쓴다. 살아 숨 쉬는 공장은 항상 바뀌는 공장이다. 물론 좋은 방향이어야 한다. 하루라도 개선이 멈추는 현장은 죽은 현장이다. 사람을 바꾼다거나, 설비 위치를 바꾼다거나 하는 단순한 의미가 아니라, 현장이 얼마나 좋아지고 있느냐를 말한다. 오늘의 현장은 어제의 현장보다는 좋아져야 하고, 내일의 현장은 오늘보다는 좋아져야 한다. 오노 다이이치의 수제자였던 콘도 데쯔오^{近藤哲夫} 선생은 "일이란 작업+개선이다"라고 말했다. 내일을 위한 개선을 위해서는 현장감독자의 역할이 매우 중요하다.

현장감독자는 작업자들의 의식 수준이 어제보다 좋아지고 있는지 체크해야 한다. 품질이나 작업환경이 어제보다 좋아지고 있는지도 체크해야 한다. 스스로 발전하고 있는지도 체크해야 한다. 현장이라는 것이 하루 이틀 운영하는 것이 아니기 때문에 짧은 순간에 급격히 좋아지기를 바라는 것은 무리가 있다. 하지만 아주 조금의 변화일지라도, 아니면 어느 한 라인만이라도, 아니면 어느 한 공정만이라도, 그것마저도 아니면 하나의 단위 작업이라도 개선하는 것이 필요하다. 이런 활동이 모여서 우리의 현장이 바뀌는 것이다. 검사에 있어서의 일상 업무가 제품을 검사한다는 것이라면 개선 업무는 검사를 정확하게 빨리하는 방법이 된다. 생산에 있어서의 일상 업무가 부품을 가공한다는 것이라면 개선 업무는 빨리 생산하는 방법이 된다.

현장작업자는 주어진 일일 생산 물량을 소화해야 하기에 이런 현장의 변화나 개선 활동에는 무관심한 것이 현실이다. 현장작업자가 적극 참여하여 개선 활동을 전개하는 공장이라면 혁신 측면에서는 공장의 모습 중에서 'Best of Best'이다. 전원 참여의 문화가 일류 공장을 만들 수 있기 때문이다.

현장작업자가 능동적으로 참여하여 현장을 변화시키도록 하기 위해서는 반드시 먼저 현장감독자가 혁신의 중심에 서야 한다. 현장감독자는 맡고 있는 단위 작업장의 생산 완료, 자재 보급, 품질 검사와 같은 일상 업무를 문제없이 소화해내야 하지만, 하루 일과 중 일정 시간을 개선 업무에도 할애하여 변화하고자 하는 노력이 필요하다. 예를 들면, 일상 업무 대 개선 업무 비율이 60 대 40 정도를 유지하는 방식이다. 만약 간부 사원(관리자, 팀장급)이라면 평소 업무의 70~80%를 개선 업무에 할애해야 한다.

내가 하는 일은 중요한 일이다.

　리츠칼튼 호텔의 한 여자 청소부에 관한 일화를 소개한다. 필리핀 출신의 버지니아 아주엘라는 27세에 미국으로 건너와서 직업으로 호텔 청소를 하였다. 그런데 그녀는 자신이 하는 청소 일에 남달리 자부심을 갖고 있었다. 청소를 통해 얼마든지 고객을 감동시킬 수 있고 이를 통해 호텔의 가치를 더욱 높일 수 있다고 생각했던 것이다. 이 아줌마는 남들과 다른 문제의식을 갖고 손님들이 안 볼 때 더 빨리 더 깨끗하게 청소하는 새로운 방법을 찾아냈다. 호텔 방을 청소할 때 침대보를 접어서 개는 방법도 이 아주머니가 획기적으로 개선을 했다. 그 다음에 함께 일하는 모든 청소부들을 모아놓고 새로운 방법을 이들에게 알렸다. 이 때문에 호텔의 이미지와 가치가 크게 신장되었다. 1992년 리츠칼튼 호텔은 호텔로서는 처음으로 말콤 볼드리지 대상을 수상하였다. 이는 미국 정부가 서비스와 품질이 우수한 기업에게 주는 권위 있는 상이다. 호텔 측에서는 수상에 결정적인 기여를 한 그녀에게 영예로운 파이브 스타 상을 수여했다.《미쳐야 청춘이다》(서상록 지음)에 나오는 이야기이다.

　현장에 근무하는 사람일수록 반복되는 일상과 작업에 익숙해 있기 때문에, 내가 하는 일이 얼마나 중요한 일인지 인식하고 있는 작업자가 드물다. 자기가 하고 있는 일의 중요성을 인식하고 일을 하는 것과, 반대로 인식하지 못한 상태에서 일을 하는 것은 일하는 과정과 그 결과 측면에서도 상당한 차이가 있다.

　내 일의 중요성을 인식하지 못하는 상황에서는 무슨 일을 하든지 간에 재미가 없다. 우리는 보통 출근하면 기본이 8시간, 게다가 잔업, 야근까지 하면 최소 10시간 이상은 회사에 있다. 출퇴근 시간까지 합치면 하루의 반은 일하는 것과 관련된 부분에 시간을 소비한다는 말이다. 그렇게 많은 시간을 투자하는데 내가 하는 일이 재미없다고 느낀다면 정말로 슬픈 일이다. 대학에 합격하거나, 좋은 곳에 취직을 하거나, 새로 산 주식이 대박이 나거나 하는 일들도 우리에게는 큰 행복을 주지만 일상의 소소한 행복을 자주 느끼는 것이 더 인간의 삶을 풍요롭게 한다.

내 일의 중요성을 인식하지 못하는 상황에서는 우리가 원하는 일의 결과를 얻기가 어려워진다. 항상 일의 결과가 좋게 나올 가능성이 떨어진다는 말이다. 내 일이 중요하다고 생각하는 작업자는 나사 하나를 박더라도, 철판 하나를 용접하더라도 주의를 기울이게 되고 불량도 덜 난다.

약 5년 전 프로젝트를 진행했던 전기전자업종의 A사에 있었던 일이다. 현장감독자들을 모아 놓고 사전에 교육을 시키고, 현장감독자로 하여금 아침 조회를 활용하여 자사 제품의 중요성에 대해 반복적으로 강조하도록 했다. "우리가 만드는 부품은 휴대폰의 핵심 부품이고, 생산하는 세계 10대 회사 중 9개가 일본 회사, 나머지 1개가 바로 우리 회사다"라고 반복해서 주지시켰더니 '내가 하는 일이 그렇게 대단한 것인 줄 몰랐다'는 것이 직원들의 반응이었다.

현장감독자가 틈틈이 직원들에게 자세히 제품의 중요성과 업무의 의미를 설명하게 되면 직원들의 보람은 한층 더 커질 것이며, 지금보다는 더 활기찬 분위기의 현장, 지금보다는 더 나은 품질수준을 기대할 수 있을 것이다.

내가 바뀌면, 현장도 바뀐다.

1950년 일본의 미야자키 현 고지마라는 무인도에서 일어난 일이다. 그곳에는 원숭이가 20여 마리 살고 있었는데, 이들의 먹이는 주로 고구마였다. 원숭이들은 처음에는 고구마에 묻은 흙을 손으로 털어 내고 먹었는데, 어느 날 한 살 반짜리 젊은 원숭이 한 마리가 강물에 고구마를 씻어 먹기 시작했다. 그러자 다른 원숭이들이 하나 둘 흉내 내기 시작했으며, 씻어 먹는 행위가 새로운 행동 양식으로 정착해 갔다. 고구마 씻기를 하는 원숭이 수가 어느 정도까지 늘어나자, 이번에는 고지마 섬 이외 지역의 원숭이들 사이에서도 똑같은 행위가 동시 다발적으로 나타났다. 불가사의하게도 이곳에서 멀리 떨어진 다카자키산을 비롯한 다른 지역에 서식하는 원숭이들도 역시 고구마를 씻어 먹기 시작했다. 서로가 전혀 접촉이 없고, 의사소통도 할 수 없는 상황에서 마치 신호를 보내기라도 한 것처럼 정보가 흘러간 것이다.

미국의 과학자 라이올 왓슨^{Lyall Watson}은 이것을 '백 마리째 원숭이 현상'이라고 이름 붙였다. 어떤 행위를 하는 개체의 수가 일정량에 달하면 그 행동은 그 집단에만 국한되지 않고, 공간을 넘어 확산되어 가는 불가사의한 현상을 말하는 것이다. 이 학설은 1994년에 인정되었고 많은 동물학자와 심리학자가 여러 가지 실험을 한 결과, 이것은 원숭이뿐 아니라 인간을 포함한 포유류나 조류, 곤충류 등에서도 볼 수 있는 현상이라는 사실이 밝혀졌다.

　우리는 이 이야기 속에서 세상을 밝혀 나가는 하나의 지혜를 배울 수가 있다. 세상의 가치관이나 구조란, 깨달은 10%의 사람에 의해 바뀐다고 한다. 대부분의 사람들이 깨달으려면 시간이 걸리겠지만, 먼저 10%가 깨달으면 사회와 세계를 바꿀 수가 있다는 것이다.

　변화에 적응하지 못하는 원숭이는 나이가 많을수록, 수컷이고 계급이 높을수록, 덩치가 크고 힘이 셀수록 변화에 적응하지 못했다고 한다. 비록 원숭이 집단의 이야기이지만 우리 현장에도 변화에 순응하지 못하고 본능적으로 거부하는 사람들이 종종 있다. 뭔가 새로운 것을 하고자 하면 일단 반대부터 하고 보는 사람들이다.

　필자의 과거 경험으로는 일반적으로 기존과는 다른 새로운 방법이나 활동을 하고자 할 때 찬성하는 그룹이 약 20%, 반대하는 그룹이 약 20%, 그리고 나머지 60% 정도가 중립적인 반응을 보인다. 이런 경우에 반대하는 그룹 20%는 변화시키기가 상당히 힘들고, 또한 성공하기까지 시간이 많이 소요된다. 효과 있는 변화를 위해서는 중립을 지키고 있는 60%를 중점적으로 공략해야 한다. 이 중립 그룹에 건전한 위기감을 불어넣게 되면 서서히 '아, 그래! 변해야 하는 것이 맞아' 또는 '그렇지, 이대로는 안 돼' 하는 식으로 점점 찬성하는 그룹으로 바뀌게 된다. 그러다 보면 중립적인 그룹에 이어서 나머지 20%의 반대 그룹도 어쩔 수 없이 긍정적인 형태로 변모하게 되어 결국에는 전원이 혁신 활동에 동참하게 된다. 물론 끝까지 반대 의사를 밝히는 사람들도 있겠지만 그들 중 일부는 자연스럽게 스스로 조직을 떠난다. 극한 경우에는 조직에서 퇴사를 권유하기도 한다. 이런 방식이 모든 조직에 적용되는 것은 아닐 테지만 필자의 경험상, 어느 정도 효과 있는 방법이다.

무엇보다도 중요한 것은 주위가 변화면 나도 변할 것이라는 태도보다는, 내가 먼저 바뀌면 우리가 바뀌겠지 하는 마음가짐이다. 반강제적으로 나의 태도가 바뀌는 것보다는 스스로 바꾸는 것이 더 인간적이지 않은가. 이런 자세는 현장의 리더이자 결과를 책임지는 현장감독자에게는 어느 누구보다도 절실히 요구되는 소양이다.

벼룩의 높이뛰기

중소기업에서 혁신 프로젝트를 하다 보면 특히 많이 겪게 되는 저항이 있다. 과거에는 하지 않았던 방식, 뭔가 지금보다는 새로운 것을 제시하면 '우리 현실을 잘 아시잖아요!' 혹은, '우리는 중소기업인데요, 그걸 할 수 있을까요?'와 같은 반감이다.

벼룩은 누구나 알고 있듯이 높이뛰기 선수이다. 몸집은 2~3㎜에 불과하지만 높이뛰기를 할 때에는 무려 60㎝ 이상 뛰어 오른다. 깨알보다 조금 큰 벼룩이 60㎝가량을 뛸 수 있으니 자기 키의 8,000배를 뛰는 것이다. 이는 사람으로 치면 63빌딩을 뛰어넘을 수 있는 정도이다. 그런데 이런 높이뛰기 선수인 벼룩이 어떤 경우에는 도저히 믿기지 않을 만큼 점프력을 발휘하지 못하고 포기해 버리는 경우가 있다. 바로 어떤 한 계점이라는 것을 느낄 때에는 높이뛰기를 포기하고 그냥 그대로 주저앉아 버린다. 이와 관련된 벼룩에 대한 실험이 미국의 작가이자 동기부여 연설가인 지그 지글러$^{Zig Ziglar}$가 쓴 책《정상에서 만납시다》에 소개되어 있다. 그 책에서 소개된 일명 '벼룩 훈련법'이라는 내용을 간략하게 소개한다.

'벼룩 몇 마리를 10cm가량 되는 유리병에 넣고 투명한 뚜껑을 덮는다. 유리병에 갇혀 있는 벼룩들은 하늘 높은 줄 모르고 뚜껑을 향해 뛰어오른다. 벼룩들은 뛰어오르다가 연신 뚜껑에 부딪힌다. 20여 분이 지나면 벼룩들은 더 이상 처음처럼 높이 뛰어오르지 않는다. 힘껏 뛰었다간 뚜껑에 머리를 박게 된다는 사실을 깨닫게 된 것이다. 실험자는 이번에는 뚜껑을 열어 놓았다. 벼룩들의 높이뛰기를 가로막았던 천장이 사라진 것이다. 하지만 벼룩들은 여전히 병 밖으로 뛰어나가려고 하지 않았다. 왜 그랬을까? 벼룩들은 20여 분 동안 뛰어오르다가 자신들이 최대로 높이 뛸 수 있는 높이는 뚜껑이 있는 곳까지라고 인정을 해 버린 탓이다. 한때 높이뛰기 선수인 벼룩들이 고작 뚜껑 아래까지만 점프를 하게 된 것이다. 마치 한 번도 더 높이 뛰어본 적이 없었던 것처럼 말이다.'

이 벼룩 훈련법이 우리에게 주는 시사점이 있다. 우리도 벼룩들처럼 유리 뚜껑과 같은 불가능이라는 한계점을 머리 위에 얹어 놓고 살고 있지 않는지 모르겠다. '우리는 ○○까지는 무리야', '우리는 XX가 없어서 그건 불가능해'라고. 그런 유리 뚜껑을 얹어 놓고 그 유리 뚜껑 아래에서 살아가고 있는지도 모른다.

이건 사실 벼룩에 대한 얘기가 아닌 게, 벼룩의 높이뛰기가 언급될 때 우리는 이미 결론을 알고 있기 때문이다. 제대로 된 혁신을 하기 위해서는 현장감독자도 자신의 한계를 긋지 말아야 한다. 또는 이미 한계를 경험했다고 해서 자신을 거기에 한정시키지 말아야 한다. 정말 변하고 싶은데 실패할지, 가능할지, 걱정하며 망설이는 것보다는 한번 과감히 시도해보는 사람이 칭찬받는 현장 분위기를 만들어야 한다. 한계란 내가 쳐 놓은 생각의 그물일 뿐, 불가능이란 없다는 깨달음이 필요하다.

계란이 껍데기를 깨고 나오면 병아리가 되고, 껍데기를 깨지 못하면 프라이가 된다. 사람에게는 껍데기가 고정관념일 수도 있다. 껍데기 중에 가장 깨기 어려운 것이 한계라는 고정관념이다. 이 한계를 극복하지 못하면 계란이 병아리로 다시 태어나지 못하고 프라이로 생을 마감할 수밖에 없는 것처럼, 우리 조직도 생존을 보장할 수 없다.

변화는 전원 참여를 통해 만들어진다.

몸이 뚱뚱한 사람이 있다. 비만인 사람은 유전적인 것도 있고 운동이나 활동량이 적은 것도 작용하겠지만, 대체로 비만을 유발시키는 패스트푸드 같은 음식을 많이 섭취하기 때문이다. 라면, 햄버거, 피자, 감자튀김 등 기름지고 간편하게 먹을 수 있는 음식들이 맛은 좋지만 몸에는 안 좋고 비만을 촉진시킨다는 것을 모르는 사람은 없다. 그러나 그렇게 습관을 들이다 보면 알면서도 몸이 계속 그런 음식을 찾게 된다.

조직의 혁신을 추진함에 있어 변화는 전원 참여를 통해 만들어진다는 사실은 이미 많은 사람들이 인식하고 있다. 하지만 알면서도 왜 잘 이루어지지 않을까? 혁신 활동 초반에는 어쩔 수 없이 혁신팀이나 TFT ^{Task} $^{Force\ Team}$ 같은 형태의 조직을 구성하여 그 멤버들 위주로 추진하게 된다.

그러나 혁신은 결국 그 혁신팀원들이 하는 것이 아니라 직원들이 해야 하는 것이다. 혁신팀은 전원이 혁신할 수 있도록 도와주는 역할을 해야 하지, 그들이 혁신을 모두 추진하려고 하면 실패할 가능성이 크다. 혁신팀이 일부 직원이라도 배제한 상태에서 혁신을 추진하게 되면 나머지 직원들은 방관자가 된다. 소위 팔짱 딱 끼고 당신들이 얼마나 잘하는지 두고 보자 하는 심산이 되는 것이다.

일부 인원이 혁신에 대해 이해를 하고, 그 활동에 동참한다고 하더라도 그리 오래가지 못한다. 이 인원들도 실행하다 보면 '나만 이렇게 혼자 열심히 한다고 뭐가 될까? 나만 혼자서 너무 튀는 거 아니야!'라는 의구심이 들기 마련이다. 사람이라면 당연히 들 수 있는 생각이다. 그렇기에 최고경영자와 현장감독자는 혁신을 추진함에 있어서 반드시 전원이 참여하는 혁신 활동을 해야 한다. 한 명의 예외도 없어야 이런 갈등이 생기지 않고, 설사 생긴다 하더라도 바로 대응이 가능하다.

'눈덩이 효과snowball effect'라는 용어를 들어본 적이 있는가? 눈덩이 효과는 워렌 버핏이 복리 효과를 나타내기 위해 사용한 단어로, 작은 것으로 시작해서 가속도가 붙으며 큰 규모를 이루는 것을 나타낸다. 눈사람을 만들 때 처음에는 손 안에 겨우 들어갈 작은 눈덩이를 계속 굴리고 뭉치다 보면 어느새 자기보다 더 커져 있는 눈덩이가 되어 있는 걸 발견할 수 있다.

현장에서도 당면한 어려움을 남다른 시각으로 보고, 어려운 여건을 극복하며 새로운 돌파구를 만들어 가는 사람들이 현장에서 정녕 필요한 리더가 된다. 어떤 성과도 자세히 보면 작은 시작으로부터 출발한다.

누가 이 어려운 여건을 극복하고 큰 눈덩이를 만들어내느냐가 관건이다. 그러기 위해서는 개개인이 변화의 선도자가 되어야 하고, 변화는 나부터 시작되어야 한다. 그럼으로써 나로 시작된 변화에 전원이 참여하는 혁신 활동이 되고, 그것이 지속적으로 계승 발전되어 조직에 개선문화가 정착되는 것이다. 문화를 형성하는 데에는 장기간이 소요됨은 이루 말할 필요가 없다.

우리의 DNA는 무엇인가?

지구상의 모든 생물은 유전자(DNA)를 지니고 있다. 유전자에는 생물의 세포를 구성하고 유지하고, 이것들이 유기적인 관계를 이루는 데 필요한 정보가 담겨 있으며 생식을 통해 자손에게 유전된다.

우리가 일반적으로 '저 제품 참 좋다', '저 브랜드가 최고야' 하는 반응은 빙산으로 말하면 상층부, 즉 고객이 직접적으로 느끼는 부분이다. 이를 제품경쟁력 또는 브랜드 가치라고 부른다. 이 브랜드 가치는 제품(서비스)의 질 또는 브랜드 파워와 동일시된다. 사람의 DNA와 마찬가지로 기업에게도 오랜 기간을 거쳐 형성된 우수한 DNA가 있어야 높은 브랜드 가치를 기대할 수 있다. DNA로 계승된 기업 특유의 유전자를 바탕으로 전 사원이 공유할 수 있는 패러다임을 만들게 된다. 기업에서의 패러다임은 경영관, 직업관, 인간관, 기초질서 확립과 같은 것이다. 유전자와 패러다임은 기업 풍토와 인간관계를 형성한다. 바람직한 기업 풍토와 인간관계하에서 품질, 원가 재무, 정보 등의 경영관리 기능과 설계 개발, 제조, 판매 등의 현업 기능이 가동되어야 우수한 제품경쟁력과 브랜드 파워가 형성될 수 있다.

중요한 것은 사람마다, 민족마다 장기간에 걸쳐 형성된 고유의 기질 즉 DNA가 있듯이, 기업도 고유의 DNA를 형성해야 한다는 것이다. 감기에 쉽게 걸리는 체질인 사람은 약만 먹어서는 결코 완치가 되지 않는다. 평생 감기를 달고 살아야 한다. 그렇다면 어떻게 해야 할까? 감기에 걸리지 않는 체질로 바꾸어야 한다. 마찬가지로 기업도 생존을 넘어서 경쟁에서 이기기 위해서는 강한 체질, 우월한 DNA를 형성해야 한다. 기업에 있어서의 DNA라 함은 쉽게 표현하면 최고경영자부터 현장 말단 직원까지 공동으로 느끼는 공감대 같은 것이다. 기업의 DNA는 벽에 붙은 멋진 장식용 말보다, 허접하더라도 전체가 공감할 수 있는 말이 좋다. 도요타자동차 출신의 콘도 데쯔오는 "조직에는 좋은 DNA도 있고, 나쁜 DNA도 있다. 가장 나쁜 것은 DNA가 아무것도 없는 조직이다"라고 말했다.

필자가 1부에서 강조하는 변화와 혁신의 방향성을 최고경영자부터 말단 직원까지 이해하고 지속적으로 실행한다면, 생존할 수 있는 DNA를 넘어서서 이기는 강한 체질의 DNA를 형성할 수 있을 것이다. 중소기업이라고 해서 예외는 아니다. 물론 시간적인 여유를 가지고 자사만의 DNA를 만들려는 노력이 필요하다.

지금까지 1부에서는 변화와 혁신이라는 주제를 가지고 필자가 평소 생각하는 혁신에 대한 철학을 사례와 경험을 들어서 설명했다. 2부에서는 1부에서 강조한 변화와 혁신의 사상을 바탕으로 좋은 품질의 물건(제품)을 만들기 위해서는 어떤 사고방식과 원칙을 가지고 생산 활동에 임해야 하는지에 대해 논의할 것이다.

2부

리얼팩토리

품질의식 제고

05

품질이란?

    경쟁이 심한 글로벌 환경에 있어서 기업 생존의 가장 기본적인 요소가 품질이라는 사실에 대해서 이의를 제기할 사람은 없을 것이다. 품질 혁신을 말하기에 앞서, 품질이란 무엇인가에 대한 이야기를 먼저 해보자. 품질에 대해서는 아주 오래전부터 여러 학자들에 의해 정의되어 왔다. 대표적으로 파이겐바움^{A. V. Feigenbaum}은 "소비자의 기대에 부응하는 여러 특성의 전체적인 구성"이라고 하였고, 쥬란^{J. M. Juran}은 "용도에 대한 적합성으로 제품이나 서비스가 지니고 있는 주어진 요구를 만족시키는 능력에 관계되는 특징 및 특성의 전체"라고 말했다. 다구찌^{田口玄一}는 "제품이 출하된 후에 사회에서 그로 인해 발행하는 손실을 품질수준으로 간주한다"고 말하며 사회적 관점의 품질을 정의하였다.

품질의 다양한 정의

교과서적인 품질의 정의는 '제품과 서비스에 대한 고유한 특성의 집합이 고객의 요구 사항을 충족시키는 정도'라고 할 수 있다. 즉 품질은 산포의 정도^{spec}를 말한다. 품질검사는 산포의 목표^{spec}로부터 이탈 여부를 확인하는 것으로 결과를 관리하겠다는 의도이며, 불량품을 찾아내어 수리 혹은 폐기하는 활동이다.

품질관리는 산포를 목표^{spec} 내로 몰아넣는 것으로 과정을 관리하겠다는 의도이며, 검사 결과 불량품 또는 불량 현상을 전 공정으로 피드백하여 개선하는 활동이다. 품질보증은 제품이나 서비스의 신뢰성을 확보하는 활동으로 조기 수명 시험 검사$^{ELT, Early Life Test}$, 신뢰성 수명 시험 검사$^{FLT, Full Life Test}$ 같은 활동이 대표적인 방법이다.

사실, 품질에 대한 정의는 학교에서 배웠던 교과서에 명확히 기술되어 있는데 '용도의 적합성'이 대표적인 품질의 정의라고 한다면, 용도의 적합성만으로는 현대사회에서의 품질을 충분히 설명하지 못하는 부족함이 있다. 제품 중심의 품질관리 시대에는 그 대상이 제품에만 국한되어 용도에 맞게 설계하고 생산하여 판매만 하면 되었다. 가장 핵심적인 사항이지만 그 외에 서비스, 이미지, 배송, 포장, 클레임 등 여러 가지 경영 활동을 설명하기가 쉽지 않다. 따라서 다양한 관점에서 품질에 대한 정의가 필요하게 되었고, 그래서 등장한 말이 고객만족이란 용어이며 이는 전사적 품질관리로 발전하였다.

품질을 좁게는 제조자 관점에서 출발하여 사용자 관점으로 확대하여 정의하게 되었으며, 넓게는 사회적 관점에서 '명시적 내지 묵시적 요구를 만족시키는 특성, 사회적 손실을 야기하는 특성이라고 정의하게 되면서 그 개념이 확대되었다.

[그림] 품질의 다양한 정의

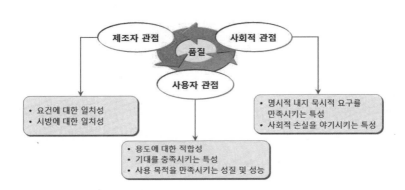

소비자가 사용하는 품질에 관한 일반적 개념은 '우수함' 또는 '탁월함'이다. 문제는 품질에 대한 고객과 기업의 인식에 차이가 있다는 점이다. 2009년 베인엔컴퍼니^{Bain & Com}에서 발표한 'Customer Experience Maturity Monitor'에 따르면 "귀사는 고객이 만족하는 제품이나 서비스를 제공하고 있는가?"라는 질문(362개 미국 기업 대상)에 기업은 80%가 "그렇다"라고 대답한 반면, 고객은 단 8%만이 "그렇다"라고 답변했다. 고객과 기업의 인식 차이가 상상했던 것 이상으로 큼을 알 수 있다.

품질의 의미

앞서 설명하였듯이 품질은 학자나 기업에 따라서, 또는 보는 관점에 따라서 너무나 다양한 정의가 있다. 이는 '품질이 딱히 무엇이다'라고 정의하는 것이 정답이 없다는 말이다. 품질의 기본은 '고객 제일주의'다. 제품을 개발, 생산해서 고객에게 전달하면 고객이 품질을 평가하고 판단한다. 여기에서 말하는 품질이란 품질 자체의 성능뿐만 아니라, '이 정도의 품질이라면 이 정도의 가격으로'라는 고객의 판단, 즉 제품가치도 존재한다.

2010년에서 2011년으로 넘어가는 시기에 유난히도 KTX^{고속열차}의 고장·사고가 많아서, 관련 뉴스가 하루가 멀다 하고 방송매체를 통해 나왔던 것을 기억하는 독자들이 있을 것이다. 자료를 조사해보니 KTX-산천의 경우 2010년 10월부터 2011년 4월까지 총 6개월 동안 8건의 고장·사고가 발생했었고, 대부분이 '○○역에서 20분 지연', 'XX터널에서 탈선 사고', 'YY역에서 동력장치 고장, 25분 지연' 등의 내용이다. 코레일 측에서도 위기감을 느꼈는지 품질에 대한 주제를 가지고 협력사에 대한 품질 강화 교육을 개최하게 되었고, 필자도 수차례 정도 강의를 했던 기억이 있다.

KTX라는 고속전철의 협력사가 그렇게 다양한 것도 그때 알게 되었다. 기차를 제어하는 시스템부터, 커튼을 납품하는 회사, 좌석 시트를 납품하는 회사, 설치와 유지보수를 하는 회사 등 정말 다양한 업종의 협력사가 코레일에 부품과 서비스를 공급하고 있었으며, 말 그대로 KTX라는 것이 마치 종합선물세트처럼 보였다.

여러분에게는 KTX의 품질이 무엇이라고 생각하는가? 누구는 스피드라고 할 것이고, 누구는 안전, 누구는 안락함, 누구는 승무원의 친절한 서비스를 말할 것이다. KTX의 속도는 무궁화호에 비해 매우 빠르다. 반면에 운임 요금이 매우 비싸다. 서울에서 부산까지 평일·일반석 기준으로 KTX의 운임요금은 59,800원이며, 무궁화호의 운임요금은 28,600원이다. 소요시간은 KTX가 2시간 30분 정도이며, 무궁화호는 5시간 20분 정도가 걸린다. KTX가 대략 비용적인 측면에서는 두 배 비싼 반면, 소요시간 측면에서는 2분의 1도 채 걸리지 않는 셈이다.

만약 여러분이 이런 상황에서 KTX를 탔을 경우 KTX에 기대하는 것은 무엇일까? 고비용을 지불하는 것은 부담스럽고 속 쓰리지만, 나를 내가 원하는 곳까지 신속하게 데려다 주는 것이 KTX에 기대하는 바다. 바로 그것이 KTX의 가치이며, 편도 6만 원에 육박하는 돈을 고객이 그 가치에 대한 비용으로 기꺼이 지불하는 것이다. 일반적으로 고객이 이런 기대를 가지고 있는 상황에서 내가 탄 고속열차가 20분, 30분 멈추어 섰다고 상상해보면, 그 고객이 생각하는 KTX의 품질은 최악일 수밖에 없다. 만약 시간이 여유가 많은 사람이 무궁화를 탔는데 20분, 30분 멈추어 섰다면(그것도 일어나면 안 되는 일이지만), 고객이 체감하는 저품질의 정도는 상대적으로 그렇게 크지 않다. '무궁화호니까', '이러나, 저러나 한참 걸리니깐' 혹은 '싸니까' 하고 체념할 수도 있다.

KTX와 무궁화호를 예를 들어 설명했지만, 다른 어떤 제품이나 서비스도 이와 같은 개념일 수 있다. 앞서서 품질의 다양한 정의에 대해 알아보았지만 '머리에 딱 이것이다'라고 느끼기에는 뭔가 좀 아쉽다. 여러

분은 어떠한가? 여기에서 필자는 품질의 정의를 '제품 또는 서비스가 고객의 기대^{needs} 수준을 충족시키는 정도'라고 말하고 싶다.

고객의 기대 수준을 충족시키는 정도를 품질의 정의로 봤을 때, 우리가 가장 염두에 두어야 할 첫 번째 단어는 바로 '고객'이다. 고객이 우리의 제품이나 서비스를 인정해줄 때, 기본적인 품질이 우수하다고 느낄 때, 바로 지갑을 열기 때문이다. 그렇기에 고객을 정확히 이해하지 않고서는 절대 고객이 원하는 제품, 고객이 원하는 수준의 품질을 만들어낼 수 없다. 설령 과거에 그것이 가능했다고 하더라도 그것은 일회성으로 그칠 가능성이 많고, 아니면 단지 운이 좋았을 뿐일 것이다. 직원들이 하는 모든 일이 고객을 중심으로 맞춰져야 한다.

《중국 No.1 기업은 어떻게 만들어지는가?》(안젠전, 후용 공저)에서는 고객을 이해하는 것이 얼마나 중요한지를 중국의 대표적인 가전업체인 '하이얼'의 사례를 들어 말하고 있다. 하이얼은 2016년 1월에 발명가 토머스 에디슨이 1878년 설립한 '미국의 자존심' 제너럴일렉트릭^{GE} 가전 부문을 인수했다. 무섭게 성장하고 있는 회사임에는 틀림없다.

■ 하이얼 고구마 세탁기

1996년 쓰촨의 농민 한 명이 하이얼 세탁기의 배수관이 자주 막힌다며 불만을 토로했다. 그 집을 방문한 서비스 담당 직원은 수리 도중 문제의 원인을 발견했다. 확인 결과 세탁기 품질 문제가 아니라 소비자 잘못으로 드러났다. 이 농민은 세탁기로 고구마를 씻어 진흙으로 배수관이 막히는 것이었다. 배수관을 넓혀준 직원에 감동한 농민은 미안하다며 고구마를 씻을 수 있는 세탁기가 있었다면 하이얼 직원에게 수고를 끼치지 않아도 됐을 것이라고 말했다.

농민의 이 한 마디를 그 직원은 마음속에 새겼다. 하이얼의 직원들은 조사를 통해 그 농민이 살고 있는 지역 주민들 대부분이 고구마를 재배한다는 사실을 알았다. 더욱이 그 해에는 고구마가 풍년이라 미처 팔지 못한 고구마를 프렌치프라이로 가공해야 했다. 가공하기 전에 우선 고구마를 씻어야 하는데 고구마에 묻은 진흙을 씻어내기 위해 농민들은 세탁기를 이용했다. 더욱 면밀한 조사를 실시한 결과 쓰촨의 농가에서는 세탁기를 한동안 사용하고 나면, 엔진이 돌아가는 속도가 약해지고 엔진 케이스가 달아오르는 것을 발견했다. 그곳 농민들은 겨울철에는 세탁기를 사용해 고구마를 씻고 여름철에는 옷을 빨았다.

장루이민은 이러한 사정을 알고 고구마 전용 세탁기를 개발하기로 하여, 1998년 4월 본격적인 생산에 들어갔다. 이 제품은 일반 2조식 세탁기의 기능을 전부 갖추고 있었으며, 고구마와 과일은 물론 조개도 씻을 수 있었다. 먼저 1만 대를 생산해 농촌에 공급하자, 제품은 불티나게 팔렸다.

고구마를 씻을 수 있는 세탁기를 개발하는 요구를 불합리하다고 생각하는 기술자에게 장루이민은 "고객의 요구를 불합리하다고 말하면 안 된다. 고객의 요구에 부합하는 제품을 개발해야 새로운 시장을 창출할 수 있다"고 강조했다. 고객에게 제품을 파는 것에만 매달릴 것이 아니라 고객이 원하는 것이면 무엇이든 개발하고 생산하기 위해 노력해야 한다. 그리고 더 나아가 고객이 원하는 것을 분명히 말하기도 전에 벌써 제품을 제공함으로써 고객에게 의외의 기쁨을 주는 기업이 되어야 한다.

하이얼 고구마 세탁기의 개발은 고객을 이해하기 위한, 고객의 불만을 해결하기 위한 하이얼의 노력을 보여주는 전형적인 사례다. 고객은 항상 올바르고, 고객이 원하는 제품을 만들어야 한다는 고객 우선 정신을 보여주고 있다. 칭다오의 작은 냉장고 회사에서 출발한 하이얼이 불과 30년 만에 매출 36조 원(2014년 기준), 종업원 7만 명을 고용한 세계 최대 가전회사로 성장한 데는 이처럼 "고객은 항상 옳다"는 장루이민 회장의 고집스러운 경영철학이 있었다.

■ 하이얼 사막 낙타 배송

사막도 하이얼을 막지 못했다. 하이얼의 일화 중에는 '약속'과 관련된 일화도 있다. 중국의 서북단에 위치한 자치구인 신장웨이우얼 자치구의 한 백화점에서 한 고객이 하이얼 PC를 샀다. 이 고객의 집은 백화점에서 1,560㎞ 떨어져 있고 고비사막을 지나야 하는 먼 거리에 위치했지만 하이얼은 배달과 설치를 약속했다. 하지만 고비 사막은 만만치 않았다. 배달 차량이 사막의 비포장도로에서 고장 난 것이다. 배송기사는 고객에게 상황에 대해 연락했고, 고객은 한참 뒤에나 배달을 받을 수 있을 것으로 생각했다. 하지만 그로부터 3일 뒤 하이얼은 고객에게 무사히 제품을 배달했다. 차가 망가지자 하이얼 배달직원은 고비 사막의 모래바람을 뚫고 고객과의 약속을 지키기 위해 낙타를 타고 배달을 온 것이다. 험난한 고비 사막을 뚫고 고객의 집에 배달을 완료한 직원은 힘든 내색

조차 없이 약속대로 PC를 설치한 후 떠났다.

사막을 뚫고 PC를 배달한 직원의 일화는 고객과의 약속을 지키는 하이얼의 일화를 보여준 것이다. 품질은 고객과의 당연한 약속이다. 당연한 약속을 지키지 못하면 고객은 하나둘 떠날 것이고, 기업은 생존을 보장할 수 없다. 약속은 고객을 제대로 이해하는 것에서부터 출발한다.

품질을 넘어 품격으로

현대기아자동차의 행보가 대단하다. 2015년 12월에 'GENESIS EQ900'이라는 프리미엄카를 선보이면서 벤츠, BMW, 아우디, 렉서스와 같은 브랜드에 도전장을 낸 것이다. 이와 같은 현대차의 약진은 시간을 거슬러 올라가 정몽구 회장의 변화와 혁신의 메시지에서 그 단초를 찾을 수 있다. 2011년 8월 8일자 매일경제신문에 실린 기사를 소개한다.

『 이젠 '품질'을 넘어 '품격'을 높이는 제품을 만들어라 』

"품질은 높은 수준까지 올라왔다. 앞으로 품질을 넘어 소비자 감성까지 만족시킬 수 있는 '품격'에 매진해 달라." 그동안 품질경영을 트레이드마크로 삼았던 정몽구 현대차그룹 회장이 여기서 한발 더 나아가 '품격경영'에 시동을 걸었다. 품격경영은 감성적인 차량 개발과 함께 브랜드 이미지를 높이는 것을 뜻한다. 글로벌 선두권 업체들을 따라잡을 만큼 품질을 끌어올렸다는 판단 아래 이제 벤츠 BMW 등 프리미엄 업체가 제공하는 '감성'까지 현대차가 만들어내야 한다고 주문한 것이다.

품격경영을 실현하기 위해 우선 연구개발^{R&D} 부문 조직 개편과 인재 충원을 진행 중이다. 연구조직 개편과 관련해 기본 방향은 소음·진동, 승차감, 충돌, 내구성, 멀티미디어 등 5대 성능 연구 분야가 서로 유기적으로 작용할 수 있도록 하는 것이다. (이하 생략)

품질이라는 개념을 넘어서서 품격이라는 용어를 사용할 정도로 품질과 브랜드 이미지를 강조한 것이다. 현대기아자동차는 항상 중저가라는 이미지를 벗어나기 위해 무엇보다도 조직의 역량을 집중한 부분이 품질이었으며, 프리미엄 업체들과의 경쟁에서 품질로 정면승부를 걸겠다는 의지이다. 과거 미국과 일본 자동차의 기술과 관리 방식을 모방하면서 시작된 우리나라의 자동차 산업도 이제는 디자인, 성능, 내구성 등 어느 하나도 결코 뒤지지 않는 세계 일류 수준으로 성장했다. 이 모든 것이 품질이 바탕이 되지 않았다면 이루기 어려운 것임에는 분명하다.

고객은 0.2%의 차이로 반응한다.

　일본 도요타자동차를 이야기할 때면 내구성이 좋은 차, 품질이 좋은 차의 이미지를 떠올린다. 자동차 산업을 말하자면 컨베이어 벨트를 활용한 혁신적인 대량생산 체제로 미국 국민의 생활을 바꾸어 놓은 1903년에 설립된 포드자동차를 빼놓을 수 없다. 포드의 창설자이자 자동차 왕으로 불리는 헨리 포드는 조립 라인 방식에 의한 양산체제인 포드시스템을 확립하였으며, 합리적인 경영 방식을 도입해 포드를 미국 최대의 자동차 제조업체로 키워냈다. 이후 1937년 도요다 기이치로에 의해 설립된 일본의 도요타자동차가 1953년부터 TPS를 도입한 뒤 크라운으로 북미 첫 자동차 수출에 이어 코로나, 코롤라와 같은 국민자동차를 잇달아 성공시키면서 급성장할 수 있었다. 후발주자임에도 불구하고 포드, 크라이슬러, 제너럴모터스^{GM}라는 당시 글로벌 BIG3 업체를 이기고자 1989년에는 렉서스^{Lexus}라는 브랜드로 고급 승용차를 출시하여 벤츠와 BMW를 넘어서는 성공을 거두었으며, 실용차종의 강자에서 전차종의 강자로 올라서 지금은 판매수와 매출액에서 모두 세계 1위의 자리를 차지하고 있다. 렉서스가 미국의 유수한 자동차업체들을 제치면서 많은 사람들이 그 성공 비결에 대해 궁금해 했는데, 그 비결 중에는 도요타자동차의 품질에 대한 철학과 신념을 빼놓을 수 없다.

　자동차분야에는 'JD Power Score'라는 것이 널리 알려져 있다. JD 파워는 미국의 마케팅 정보회사로 특히, 자동차 분야 소비자 만족도 조사에서 세계적인 권위를 갖고 있다는 평가를 받는다. JD 파워 조사에서 높은 평가를 받은 자동차 메이커들은 이를 대대적인 홍보 수단으로 사용할 정도로 조사의 권위가 높다. 2003년 JD 파워가 "현대자동차의 초기 품질 문제가 57% 줄어들었고 중형차 부분에서 소나타가 1위를 차지했다"고 발표하자 한 달 만에 소나타의 미국 판매가 12%나 증가하기도 했다. JD 파워의 자동차 조사는 VDS$^{\text{Vehicle Dependability Study}}$와 IQS$^{\text{Initial Quality Study}}$로 나뉜다. VDS는 '내구품질 지수'로 번역되며 구매한 지 3년이 지난 소비자를 대상으로 한 조사이다. IQS는 '초기 품질 지수'로 번역되며, 신차를 구입한 지 3개월이 지난 소비자를 대상으로 차량 100대당 몇 건의 문제점이 발생했는지 조사가 이뤄진다. 차 소유주에게 구입한 자동차의 품질을 묻는 설문지를 돌린 뒤 불만 건수를 산출해 자동차 제조사와 브랜드마다 순위를 매겨 발표를 한다.

렉서스가 한창 미국에서 선풍적인 인기를 얻고 있을 때 JD 파워의 조사 결과를 보면 캐딜락 브랜드와 렉서스 브랜드의 IQS Score 차이는 25PPH$_{\text{(Problems Per 100 Vehicles, 문제 경험 횟수)}}$에 불과했다. 총 135건의 질문에서 캐딜락은 1질문당 0.8%의 불만이 있다는 것이고, 이는 곧 99.2%의 고객이 만족한다는 의미이다. 반면 렉서스는 1질문당 0.6%의 불만이 있다는 것이고, 이는 곧 99.4%의 고객이 만족한다는 의미이다. 이 둘의 차이가 느껴지는가?

'99.2%나 99.4%나 도긴개긴이네', '뭐 별 차이 없네'라고 할 수도 있지만, 중요한 사실은 소비자가 이 0.2%의 차이로 반응한다는 것이다. 초기 품질 지수가 낮을수록 품질이 새 차 당시와 비슷해 내구성이 높다는 것을 뜻하기 때문에 차량 가격이 큰 차이가 없다면 소비자는 상대적으로 더 높은 품질수준의 차를 선택하는 것이다. 품질과 신뢰성의 문제는 클레임 비용뿐만 아니라, 사소한 차이가 고객의 신뢰감에 영향을 끼치고 판매에 크게 영향을 끼친다.

품질에 대한 신념

필자는 '신념'이란 단어를 매우 좋아한다. 신념의 사전적 의미는 굳게 믿는 마음이다. 신념은 원칙^{principle}이라는 말과도 일맥상통한다. 영국의 저명한 작가인 제임스 알렌^{James Allen}은 "운이 좋은 사람들은 강한 신념을 가지고 수많은 희생을 치르며 끈질기게 노력해 온 사람들이다"라고 말했다. 고생하지 않고 저절로 행운이 굴러 들어오지는 않는다. 삶의 행운은 준비된 사람에게 찾아온다. 《빅토리》(브라이언 트레이시 지음)에 나오는 위대한 정복자 알렉산더 대왕의 동전 일화를 보면 신념이 결정적인 상황에서 얼마나 효과를 발휘하는지 잘 보여준다.

> 알렉산더 대왕이 군대를 이끌고 전쟁터에 나갔다. 그런데 적군은 아군보다 무려 열 배나 되었다. 병사들은 벌써부터 수적인 열세에 겁을 먹고 있었다. 싸움터로 가던 도중 알렉산더 대왕은 갑자기 작은 사원으로 들어갔다. 그리고 그곳에서 승리를 기원하는 기도를 올렸다. 장수와 병사들이 일제히 그를 바라보았다. 알렉산더 대왕은 손에 동전 하나를 들고 말했다. "자, 이제 기도를 마쳤다. 신께서 내게 계시를 주셨다. 이 동전을 던져 나는 우리의 운명을 예측하려고 한다. 만약 이 동전을 던져 앞이 나오면 우리가 승리하는 것이고, 뒤가 나오면 우리는 패배할 것이다."

알렉산더 대왕은 비장한 표정으로 동전을 하늘 높이 던졌다. 모두들 숨을 죽이고 동전을 주시했다. 군사들 앞에 떨어진 동전은 앞면이 위로 올라와 있었다. "앞면이다. 우리가 이긴다!" 기쁜 함성이 천지를 뒤흔들었다. 결국 그들은 열 배나 되는 적을 격파하였다. 승리를 자축하는 자리에서 한 장교가 말했다. "운명이란 무서운 것입니다. 저희가 열 배나 되는 적을 이겼으니 말입니다." 그러자 알렉산더 대왕이 말했다. "과연 그럴까? 그 동전은 양쪽 다 앞면이었는걸!"

기업의 생존을 담보하는 제품의 품질을 확보하기 위해 품질에 대한 신념이 있느냐, 없느냐는 선택의 문제가 아닌 듯싶다. 품질에 대한 신념을 우리 조직에 장착하기 위해서는 다음의 네 가지 물음에 대해 진지한 고민을 통해 주저 없이, 또 명확하게 답변할 수 있어야 한다.

첫째, '품질에서 진정 최고^{top}가 될 생각이 있는가?'라는 물음이다. 형식적인, 소위 영혼 없는 '예스^{yes}'가 아니라 최고가 되기 위한 실행이 바탕에 깔린 상태에서 '예스'라고 답할 수 있어야 한다.

둘째, '품질이란 무엇인가?'라는 물음이다. 기업마다 생산하는 제품은 물론, 돈을 주는 고객도 제각각 다르다. 그렇기에 고객에 대한 명확한 이해를 바탕으로 그 고객과의 확고한 약속(요구 사항)이 정의되어야 비로소 우리 제품의 품질에 대해 정의를 내릴 수 있다. 이렇게 세워진 품질의 정의는 조직원들 사이에서 한 목소리로 나와야 한다.

셋째, '적당히 해도 좋은가?'라는 물음이다. 국내 제빵업계에서 선두를 달리고 있는 어느 기업의 공장을 방문한 적이 있다. 이제는 어느덧 잊혀진, 2008년도에 발생한 새우깡 쥐 머리 사건을 계기로 식품위생에 계속 집중하다 보니 품질이 까다로워지고, 생산성이 점점 떨어지면서 원가 절감 활동이 한계 수준에 있다는 애로사항을 들었다. 충분히 이해가 가는 상황이며 대부분의 기업이 느끼는 애로사항 중 하나이기도 하다. 품질부서에서는 계속 품질을 높이려고 하고, 생산부서에서는 거기에 맞추자니 생산성이 떨어지고, 영업부서에서는 납기가 급하다고 난리고, 위에서는 계속 원가절감 하라고 압박하고, 어느 장단에 발을 맞추어야 할 지 모르겠다고 한다. 제조업에서는 많은 사람들이 QCD 개선은 서로 상충관계에 있다고 말한다. 하지만 이 세 가지 꼭지를 다 잡지 못하면 기업의 경쟁력이 약한 것이다. 즉, QCD의 양립이 강한 기업을 의미하며, 실력 있는 기업만이 이 세 가지를 균형 있게 발전시킬 수 있는 능력이 있다.

단기적인 시각으로는 품질을 강화하면 생산성이 떨어지고 원가가 올라가는 것처럼 보이지만, 장기적인 측면에서는 결코 그렇지 않다. 좋은 품질을 기본으로 하되 생산성을 높이고 원가를 낮추는 활동을 꾸준하게 실행한다는 전제하에서는 말이다. 각각이 상반되는 면도 있으므로 이것들 세 요소의 편성을 최적으로 하여야만 경쟁력 강화로 연결된다. 그러기 위해서는 각각의 요소에 관심을 가지기보다는 전체의 구조를 바꾸는 방안을 연구하는 편이 효과가 크다.

마지막 넷째, '고객은 무엇을 기대하고 있을까?'라는 물음이다. 고객이 기대하는 바가 구체화되면 설계개발을 통해 제품으로 구현할 수 있다. 생산하는 방법(표준)을 정할 수 있고, 정확히 무엇을 어떻게 검사해야 하는지 결정된다. 고객이 기대하는 바가 애매하게 정의되거나, 조직에서 규정된 형태(예를 들면, 문서화가 하나의 방법일 수 있다)로 정의되지 않으면 후공정에서 진행하는 설계, 생산, 검사는 헛일할 가능성이 크다.

06

현장의 품질의식

품질경쟁력은 누가 뭐라고 해도 비즈니스의 핵심이며, 그 기업의 신용력이자 실질적인 원가 경쟁력의 원천이 된다. 기업이 왜 품질 향상 활동을 추진해야 하는지에 대해서는 의심의 여지가 없다. 완벽 품질을 달성하고자 하는 활동은 결함 예방에 모든 경영 활동을 집중시키는 것이며 내·외 이해관계자인 고객, 공급자, 종업원을 만족시키는 데 그 목적이 있다. 오늘날 대부분의 기업들이 품질의 중요성에 대해 잘 인지하고 있으면서도, 실제 경영에서 성과를 거두지 못하는 이유는 무엇일까?

첫째, 완벽 품질 달성 활동을 추진하는 프로세스가 전 종업원의 의사소통을 중심으로 지속적인 단계적 활동을 전개해야 하나, 일부 전문 추진 인원만이 활동을 독점하고 있다. 둘째, 완벽 품질 달성 활동을 추진하는 프로세스는 문제의 발견(검사)보다 예방에 중점을 두어야 하나, 문제의 발견에 중점을 두고 있다. 셋째, 대부분의 경영자는 완벽 품질 달성 추진에 대한 강한 의지와 결의를 표명한 이후에 경영자 자신은 이를 이해해고 추진하기 위한 점검^{check}, 조치^{action}에 많은 시간을 할애하지 않는다.

앞서 말한 문제점들은 우리 기업 곳곳에서 어렵지 않게 발견할 수 있다. 이를 개선하고 경쟁력 있는 좋은 품질을 만들기 위해서는 무엇부터 실행에 옮겨야 할까? 제품 품질은 현장 종업원의 품질의식이 70~80%를 차지한다. 그 이유를 살펴보자.

품질에 대한 인식

조직의 세분화된 문화를 상징하는 세 개의 원이 있다고 가정해보자. 하나는 조직의 '책임과 권한$^{R\&R}$'을 의미하고, 또 다른 하나의 원은 '시스템과 툴$^{system \& tool}$'을 의미하며, 마지막 원은 종업원의 '인식^{awareness}'을 의미한다. 다시 말해, 인식이란 품질에 대해 걱정하는 종업원의 마음을 일컫는다. 이 세 원의 크기는 각각이 얼마나 잘 갖추어져 있는가와 그것이 얼마나 조직 내에서 중요하게 여겨지는가를 의미한다고 했을 때, 다음 그림의 중간에 있는 그림과 가장 우측에 있는 그림을 비교해보아라. 어느 상황이 더 품질이 우수한, 좋은 품질을 만들 수 있는 조직이라고 생각하는가?

[그림] Difference in Cultures(문화의 차이)

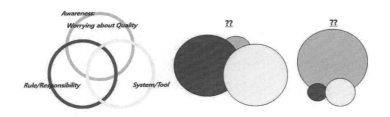

중간에 있는 그림의 형태는 조직의 R&R과 시스템·툴이 상대적으로 종업원의 인식보다는 잘 갖추어져 있거나, 중요시 여겨지는 상황이다. 가장 우측에 있는 그림은 반대로 종업원의 인식이라는 측면이 상대적으로 조직의 R&R과 시스템·툴보다는 강하고, 중요시 여겨지는 상황이다. 모든 조직에 해당되지는 않겠으나 중간의 그림은 서양식 문화이고, 가장 우측의 그림은 동양식 문화(대표적인 기업이 도요타이다)를 의미한다.

도요타자동차 하면 품질을 떠올리는 것처럼 가장 우측의 형태가 품질이 강한 조직이다. 종업원의 인식이 상대적으로 R&R, 시스템·툴보다는 강하다는 말이다. 그렇다고 조직의 R&R이나 시스템·툴이 중요하지 않다는 말이 아니다. 상대적으로 종업원의 인식이 강하다는 것이 핵심이다. 책임과 역할을 명확히 정의하면 품질은 남의 일이라고 생각해 버리는 경향이 있다. '품질은 당연히 품질 담당 부서에서 챙기겠지', '우리는 생산 담당 부서이니까 오늘 할당량만 채우면 돼' 하는 생각 말이다.

시스템·툴과 같은 훌륭한 지원시스템을 만들어 놓으면, 직원들은 현지에 가서 현물을 보고 생각하거나 걱정하거나 할 필요가 없다고 생각해 버린다. 따라서 인식이라는 부분을 크게 하지 않으면 안 된다. 좋은 제품의 품질을 만들기 위해서는 '자발적 전원 참여 의식^{All the People, All the Time}'이 필요하다.

완벽 품질의 Best Practice

전원 참여 품질의식으로 완벽 품질을 일구어낸 Best Practice로 우리나라의 자랑스러운 문화유산인《팔만대장경》을 들 수 있다. 팔만대장경을 품질관리 측면에서 보면, 불량 제로 품질 목표를 달성함에 있어 단연 귀감이 된다.

[사례] 팔만대장경, 「혼」을 담다

『 팔만대장경 5233만字 무결점 자랑, 품질목표 달성 역사적 귀감 』

몽고군의 침입을 물리치기 위해 1236년^{고종23}부터 15년간에 걸쳐 완성된 대장경은 모두 6백 63함^函, 1천5백63부^部, 6천7백78권으로 엮여 있다. 경판^{經板}의 수는 8만1천2백58판이며 여기에 안팎으로 글자가 새겨져서 모두 16만2천16면을 이루고 있다. 평판한 면에 23행으로 글자가 새겨있고, 한 행은 14자로 이루어져 있어 경판 한 장에는 모두 6백44자가 새겨져 있다. 팔만대장경에 새겨진 글자는 이렇게 계산해 볼 때 모두 5천2백33만1백52자가 되는 셈이다. 그런데도 놀랍게도 팔만대장경에는 한 글자의 오탈자도 없다고 한다. 오·탈자는 고사하고 팔만대장경의 기본서체 _(구양순체)를 벗어나는 글자도 단 한 글자가 발견되지 않는다는 것이 해인사 대장경연구소 측의 설명이다. 특히, 대장경연구소 관계자의 설명에 따르면 팔만대장경은 한 사람의 탁월한 장인에 의해 이루어진 작품이 아니다. 나무판에 글자를 새기는 일을 전문으로 하는 소수의 전문가들에 의해 만들어진 작품이 아니라, 전쟁 통에 수많은 사람의 부역에 의해 이루어진 작품이라는 것이다.

> 수많은 비전문가가 5천2백만 자가 넘는 글자를 획수 하나 빠뜨리지 않고, 그것도 한 사람이 쓴 것같이 동일한 글씨체로 완성할 수 있다는 것은 고도의 품질관리기법이 동원되지 않고는 불가능하다는 것이 품질관리학자들의 솔직한 고백이다. 이는 당시의 품질관리 능력이 얼마나 과학적이고 체계적이었는가를 짐작할 수 있다.
>
> 대장경의 정교함을 설명하면서 빼놓을 수 없는 것 중의 하나가 만드는 사람의 정신, 즉 '혼'이다. 대장경 제작 작업에 참여했던 사람들이 나라를 보호하기 위한 호국심과 불심으로 가득 차 있었기 때문에 대역사를 성공적으로 마칠 수 있었다는 것이다.(출처: 매일경제신문, 1995. 10. 31)

품질관리학자들은 퍼센트 단위의 불량률(1만 PPM)은 보통 검사원 한 개인의 노력으로 달성될 수 있지만, 1천 PPM^Parts Per Million 의 불량률이 되면 시스템적 접근 방법이 아니면 달성할 수 없고, 100PPM 수준의 불량률은 품질시스템과 품질전략이 일체가 되는 품질문화가 조직 내에 정착돼야만 달성될 수 있는 경지라고 설명한다. 조직구성원 모두가 다름 아닌 품질의식으로 완벽하게 무장되어야 가능하다.

기본주의基本主義

현장에서 품질 문제가 발생하는 원인은 정말 다양하다. 넓게 보면 환경의 질이 사람의 질을 만들고, 사람의 질이 업무의 질을 만들며, 업무의 질이 제품의 질을 결정한다. 제품의 질이 나쁘다는 것은 5M의 관리 실수 또는 기본 규칙^rule 의 준수 부족이 그 원인이다.

5M 관리 실수는 부품불량, 작업불량, 설비불량, 방법(기술)불량 및 측정불량으로 구분하며, 기본 규칙 준수 부족은 3정5S, 눈으로 보는 관리와 같은 현장의 기본이 충실하지 못한 경우나, 설비의 청소, 점검, 급유활동이 미흡한 경우가 원인일 수 있으며, 개선 제안과 분임조 활동과 같은 자주 개선 운동이 부족하여 발생할 수도 있다.

도요타자동차는 와타나베 가쓰아키 전 사장 시절 GM을 제치기 위해 글로벌 생산 체제를 급격히 증가시켰다. 그 결과로 2007년 생산규모 1위, 2008년에는 판매대수 1위라는 명실상부한 세계 자동차 산업 1위에 올라섰다. 그러나 과도한 해외 생산기지 확장과 무리한 원가절감에 치중하면서 기본에 충실했던 도요타 고유의 정신을 점점 잃어버리게 되었다. 급기야 2009년 가을부터 바닥 매트와 가속 페달 불량 문제로 대규모 리콜 사태를 맞게 되면서, 과거 고품질 명품카라는 명성을 지키지 못하고 말았다.

《도요타, 끝나지 않는 도전》(아사히신문사 지음)에서는 리콜을 맞은 도요타 아키오 사장이 어떻게 그 상황을 극복했는지 생생히 묘사하고 있다. 직접 미국 청문회에 출석해 눈물을 보이며 결함 문제에 대해 인정하며 사죄했고, 미국의 간판 토크쇼 〈래리 킹 라이브Larry King Live〉에 출연하여 솔직하게 인터뷰를 했다. 그 책에서는 다음과 같이 말한다.

> "도요타 아키오 사장은 도요타 생산 방식을 원점에서 재검토하였다. 재고를 용납하지 않는 '저스트 인 타임' 방식이 무너진 현장을 여기저기서 발견한 그는 오로지 세계 1위를 위해 병적으로 생산 확대에 집착하던 도요타에 수술용 메스를 댔다. 불필요한 공정은 모두 없애고 100여 개에 달하던 차종을 대폭 줄였다. 신차마다 다르게 들어갔던 부품도 상당 부분 공용화해 비용을 절감했다. 또한 도요타는 내실을 다지는 데 주력했다. 설비 투자를 줄여 외적인 확장을 중단하고 낭비를 없애 생산성을 높인 것이다."

"어려울 때일수록 돌아가라", "힘든 때일수록 기본에 충실해라"는 말이 있다. 도요타도 사상 최대의 리콜이라는 위기를 극복하기 위해 가장 먼저 외쳤던 말이 "Back to the Basic!"이었다. 도요타 리콜 사태 대응을 위한 도요타 그룹 확대회의에서 "우리가 기본을 놓치고 있다. 더욱더 기본에 충실해야 한다"고 말했다. 기본으로 돌아가면 모든 해답이 있고, 기본을 알고 기본을 충실히 지키는 것을 소중하게 생각하는 사상이 바로 '기본주의'다. 기본 준수만이 완벽 품질 도달의 정도正道이자 지름길이다.

기본이란 무엇인지를 정확히 이해하기 위해서는 다음 네 가지 관점에 대한 고찰이 필요하다. 첫 번째 관점은 '해야 할 일들을 하고 있는가? Are we doing the right thing?'이다. 그러기 위해서는 해야 할 일들을 정의하는 것이 선행되어야 할 것이고, 그 할 일들을 조직 내에서 어떤 형태로든 누군가가 책임을 지고 수행하느냐가 중요하다. 약속을 중시하지 않거나 일만 벌려 놓고 수습은 나 몰라라 하는 경향이 있는 조직은 면밀히 들여다보면, 하고 있는 것처럼 보이나 실제로는 하지 않는 경우가 많다. 일례로 물품이 입고되면 수입검사를 한다고는 하나, 실제 조사해보면 대부분 빼먹고 하지 않는 케이스다.

두 번째 관점은 '올바른 방법으로 하고 있는가? Are we doing them the right way?'이다. 해야 될 일이 많은 상황에서 우선순위에 밀리다 보면 대충 하는 경우가 발생한다. 뭔가 하기는 했는데 결과가 잘 나오지 않는 경우, 대부분 방법이 틀렸을 수 있다. 일례로 수입검사를 해서 불량은 걸러내고 양품만 라인으로 투입했다고 하나, 실제 공정에서 불량 부품이 다량으로 검출되는 케이스다.

세 번째 관점은 '제대로 잘하고 있는가? Are we getting them done well?'이다. 어떤 일을 제대로 했다는 기준은 일의 결과 측면인 효과성과 일의 과정 측면인 효율성을 따져봐야 한다. 효과성은 그 일을 수행한 결과에 만족하는가, 바라는 결과를 얻었는가 하는 것이고, 효율성은 바라는 결과를 얻기 위해 얼마나 적은 자원(시간과 돈, 인력 등)이 투입되었느냐 하는 측면이다. 이 두 마리 토끼를 모두 다 잡았을 경우 우리는 일을 제대로 했다고 말할 수 있다.

아주 옛날에 산에서 나무를 해서 먹고사는 두 친구가 있었다. 항상 같이 산에 올라가서 같이 내려오는 친한 친구 사이다. 산에서 내려오는 길에 언제부터인가 한 친구가 보기에는 다른 한 친구의 나뭇짐이 자기보다 훨씬 많은 것이다. 이런 상황이 며칠째 지속되자 그 친구는 다른 친구가 어떻게 나무를 하는지 궁금해지기 시작했다. 기회를 틈타 그 친구가 나무하는 모습을 주의 깊게 살펴보았는데, 볼 때마다 나무 그

늘 밑에서 쉬고 있는 것이 아닌가. 도저히 이유를 알 수 없었던 그는 친구에게 물었다. "야! 너는 내가 볼 때마다 나무에서 한가하게 쉬고 있던데, 어떻게 나무는 나보다 늘 많은 게냐?" 그러자 그 친구가 웃으면서 대답한다. "너는 내가 쉬면서 도끼 가는 건 못 봤나 보구나. 하하하!"

마지막 네 번째 관점은 '효과(성과)를 내고 있는가? Are we getting the right benefits?'이다. 어떤 일을 한 결과가 회사에게 이익이 되어야 한다는 말이다. 단기적으로는 재무적 향상을 가져올 수도 있으며, 당장 돈은 못 벌어도 장기적으로 회사의 발전에 기여했다면 성과를 내고 있다고 봐야 한다. 이 말은 곧 개인이든 단위 조직이든 하는 일이 회사의 방침과 정렬되어야 하고, 그 결과가 이익으로 연결되어야 한다는 것을 강조한다.

'기본이 뭐 이리 복잡해!'라고 느낄 수도 있다. 기본이라는 단어만 놓고 보면 그쯤이야 하겠지만, 실제로 기본을 행한다는 것이 만만치 않다. 축구 이야기를 잠깐 해보자. 2014년 브라질 월드컵은 독일의 우승으로 막을 내렸다. 그 역사의 중심에 독일의 축구감독 요하임 뢰브 Joachim Löw가 있었다. 그가 독일대표팀의 축구감독으로 부임한 지 8년 만에 이루어낸 성과였다. 반면에 대한민국의 축구대표팀은 16강 탈락의 쓴 고배를 마시면서 당시 홍명보 국가대표팀 감독에 대해 엄청난 비난을 쏟아냈다. 1년 만에 임명해서 16강에 진출하라는 것이 독일의 경우와 비교해보면 가당키나 한 일인가. 본질적 경쟁력을 위해서는 기본이 필요하고 기본을 습득하는 데는 시간이 필요하다. 그것이 축구든 물건을 만들든 마찬가지다. 어차피 이제 먹고 살게 된 마당에 기본으로 돌아가야 한다. 그래야만 승리할 수 있다.

현장 품질의 7가지 기본 원칙

현장에서 좋은 품질을 얻기 위해서는 기업마다의 원칙을 세우고 그것을 준수하고자 하는 노력이 필요하다. 원칙이 없으면 직원들은 자기가 편한 방식, 자기에게 익숙한 방식으로만 일하려는 경향이 생긴다. 원칙이 없다는 것은 현장에서 옳고 그름의 기준이 없다는 뜻이며, 직원들의 갈등을 유발하여 일의 진척이 더디게 되고, 열심히 일을 한다고 해도 성과가 나기 어렵다. 비가 오나 눈이 오나 이것만은 지킨다는 것이 있는 기업이 강소기업이다. 원칙은 세우는 것도 중요하지만 한번 세운 원칙은 어떤 일이 있어도 지켜져야 한다.

원칙은 누가 세워야 할까? 사장님? 부서장? 컨설턴트? 아니다. 모두 틀렸다. 직원들이 스스로 세워야 한다. 누가 세워준 원칙은 오랫동안 지켜지기 어렵다. 윗사람이 세운 원칙은 권위를 가지기 때문에 강제성을 띠게 되고 한동안은 지켜질 수 있을 것이다. 하지만 그 원칙을 세울 때 서로간의 합의가 약했기 때문에 애매한 순간이나 결정적인 순간에 원칙을 무시하게 되기 쉽다. 원칙을 자기에게 유리하게 해석하기 때문이다. 따라서 원칙을 세울 때는 관련된 모든 부서가 참여해야 하고, 여러 번의 논의를 거쳐 수정하고 다듬어야 한다. 이렇게 세운 원칙은 쉽게 무너지지 않는다. 내가 세운 원칙이라는 생각이 준수해야겠다는 마음을 유발한다.

2010년에 경북 구미에 있는 전기전자업종의 O사를 지도한 적이 있다. TV 리모컨을 주력 제품으로 만드는 LG전자 1차 협력사였다. R&D 기능도 가지고 있고, 당시 직원이 200명이 넘었으니 소기업은 아니었다.

리모컨의 시장 경쟁이 워낙 치열하다 보니 수익성에 한계가 있었고, 그 돌파구로 사업 다각화를 위해 고가 리모컨을 개발하여 출시하였으나 해외 시장에서 품질 문제로 클레임을 자주 맞게 되었다는 것이 개략적인 배경이다.

일반 리모컨이 1만 원대 전후 가격인 데 비해, 고가 리모컨(O사에서는 이를 High-End 제품이라고 불렀다)은 30만 원이 넘는 가격이란다. 주로 미국이나 유럽의 부유층이 사용하는 홈시어터용 리모컨이다. 집에서 영화 한 편 보려고 리모컨 버튼 하나만 누르면 슬라이드 내려오고, 스피커 전원 켜지고, 빛 차단용 커튼이 내려오고, 소파가 영화 보기 편하도록 뒤로 스윽 넘어간단다. 리모컨 모양도 LCD가 장착되어 꼭 게임기처럼 생겼다. 고급스러운 하드웨어와 다양한 기능을 발휘하는 소프트웨어가 결합된 복잡한 제품을 만들다 보니, 과거의 단순한 리모컨을 만드는 방식으로는 한계가 있었던 것이다. 단순한 제품을 만들 때는 보통의 실력만 있으면 됐지만, 복잡한 제품을 만들려면 그만큼 실력도 올라가야 하는데 그렇지 못했던 것이다. 무엇보다 직원들이 품질에 있어서 일하는 원칙이 약했다. 개발부서는 생산부서가 자기가 개발한 대로 못 만든다고 비난하고, 생산부서는 개발부서가 엉터리로 개발했으니 불량이 많다고 비난한다. 품질부서는 자기가 개발한 것도 아니고 생산한 것도 아닌데, 시장에서 불량 생기면 모두 다 품질부서 책임이라고 해서 힘들단다.

특단의 대책이 필요했다. 그 돌파구로 직원들이 지켜야만 하는 품질 원칙을 만들었다. 관련 부서가 참여하는 워크숍 형태로 원칙을 만드는 회의를 3~4차례 이상 진행했다. 수립된 원칙을 가지고 전 조직원이 모여 준수서약식을 개최했고, 대표이사부터 서약서에 지장을 찍었다. 이제 그 원칙은 직원들 간의 약속이 되었고 일하는 방식을 개선하는 데 도움을 주었다. 지금부터 소개하는 현장 품질의 7가지 기본 원칙은 이 O사에서 만들었던 원칙을 일부 수정한 것이다. 회사마다 조금씩 차이가 있겠지만 제조업체라면 모두 다 일맥상통하는 원칙이다.

원칙1, 붉은 신호등이 켜지면 멈춘다. 문제가 생기면 다음 단계로 넘어가지 않는다는 원칙이다. 넘어갈 수밖에 없는 경우 누가, 어떻게 대응해야 할지를 명확히 하는 활동도 필요하다. 개발 단계는 보통 $WS^{\text{Working Sample}}$(모형제작), $TP^{\text{Test Production}}$(시생산), $PP^{\text{Pre Production}}$(초도양산)를 거치면서 각 단계마다 $DR^{\text{Design Review}}$(설계검토)을 진행한다. DR에서는 해당 단계에서의 개발 완성도를 평가하는데, 완성도가 떨어져도 개발 일정이나 제품 출시 일정이 긴급하다는 핑계로 다음 단계로 넘어가는 경우가 많다. 붉은 신호등이란 일정한 기준에 도달하지 못한 상황을 의미하며, 개발의 완성도가 일정 기준을 넘지 못하면, 급해도 다음 단계로 넘어가지 않는다는 원칙이다. 넘어가기로 의사결정을 할 때에는 현재 발생된 문제를 누가, 언제까지 해결할 것인가를 결정하고 넘어가야 한다. 붉은 신호등일 때 사람이 횡단보도를 건너가면 차여 치여 죽는다. 기업도 마찬가지다. 붉은 신호등일 때 다음 단계로 넘어가봐야 최종적으로 만들어진 제품은 문제가 많을 수밖에 없고, 이 문제 때문에 기업은 죽을 수도 있다. 이 원칙은 현장의 룰을 준수하고자 하는 분위기가 형성되어야 하며, 특히 책임자의 솔선수범이 필요하다. 보통 붉은 신호등일 때 그냥 지나가라고 하는 사람이 책임자이기 때문이다. 이런 책임자는 조직을 위험으로 몰아

넣는 사람이다.

원칙2, 고객의 요구 품질을 파악하고 명확히 한다. 고객의 요구 품질을 파악하는 방법에는 QFD^{Quality Functional Deployment}(품질기능전개)와 같은 기법이 있으나, 기존에 없는 제품일수록 고객의 요구 사항을 파악하기가 어렵다. 그럴수록 과거 유사 제품의 필드 클레임 사항을 철저히 반영하여야 한다. 요구 품질을 파악하였으면 명확하게 문서화해야 한다. '고객 요구 사항 명세서' 또는 '설계시방서'와 같은 형태이다. 이 문서는 차후 설계 검증 단계에서 시험 항목의 합부를 판정하는 명확한 기준이 된다. 다시 말해 요구 품질이 불명확할수록 아무리 검증을 열심히 해도 품질 완성도가 떨어진다는 의미다. 이 원칙은 생산자 중심에서 벗어나 고객 중심으로 사고해야만 하는 것을 강조한다.

원칙3, 불량 발생 시 근본 원인을 철저히 찾는다. 완벽한 제품은 없다. 다만 완벽에 가까운 제품만 있을 뿐이다. 사람이 만드는 것이기에 불량이 발생할 수 있다. 문제가 생기면 수리하거나, 다시 만들면 된다. 중요한 것은 동일한 문제가 다시 발생하지 않게 하는 것이다. 그러기 위해서는 근본 원인을 찾아야 한다. 근본 원인을 찾아가는데 도움을 주는 기법은 대표적으로 '5why'가 있다. '왜^{why}'라는 질문을 한두 번으로 그치지 않고, 왜, 왜, 다섯 차례 물음으로써 진인眞因을 찾아가는 식이다.

일례로 기계가 정지했다고 가정해보자. 왜 기계가 정지했는가?(1why) 오버로드가 걸리고 퓨즈가 끊어졌기 때문이다. 그러면 관리자는 "빨리 퓨즈 안 갈고 뭐 해"라고 소리친다. 퓨즈 갈면 뭐 하나. 또 끊어질 게 뻔한데. 퓨즈가 끊어진 근본 원인을 찾아 개선하지 않으면, 퓨즈는 계속해서 끊어질 것이다. 그렇다면 왜 오버로드가 걸렸는가?(2why) 베어링 축의 윤활유가 충분하지 않았기 때문이다. 왜 충분히 윤활유를 바르지 않았는가?(3why) 윤활유 펌프가 충분히 작동되지 않았기 때문이다. 왜 윤활유 펌프가 충분히 작동되지 않았는가?(4why) 펌프의 베어링이 마모되어 제대로 펌핑이 되지 않았기 때문이다. 왜 베어링이 마모되었는가?(5why) 여과기가 붙어 있지 않아 이물이 들어갔기 때문이다. 5why까지 진행하니 근본 원인이 나온다. '이물異物'이 범인인 것이다. 대책으로 이물이 들어가지 않도록 여과기를 설치하면, 절대 기계가 멈추는 일이 발생하지 않을 것이다. 3why까지는 초보자도 어느 정도 따라 한다. 그러나 5why는 전문가 수준으로 오랜 반복 훈련이 필요하다. 5why는 책상에서 절대 이루어지지 않는다. 현장에서 현물을 보고 고민해야지만 가능한 일이다. 이 원칙은 품질은 공정에서 만든다는 사고와 철저히 재발 방지를 하겠다는 사고가 중요하다.

불량을 줄이려면 두 가지 수레바퀴를 돌릴 수 있어야 한다. 하나는 '미연 방지'이고 하나는 '재발 방지'이다. 불량은 미연에 방지할 수 있으면 더욱 좋다. FMEA$^{\text{Failure Mode Effect Analysis}}$(고장모드영향분석)나 MTBF$^{\text{Mean Time Between Failure}}$(평균고장간격시간) 같은 기법이 대표적이다. 재발 방지는 근본 원인을 찾아 개선해야만 가능한 일이다.

원칙4, 작업자가 편하게 작업할 수 있어야 품질이 좋아진다. 작업자는 표준작업에 의해서 작업을 해야 한다. 제품에 대한 설계는 개발부서에서, 자동화 설비 세팅이나 지그류 제작은 생산기술부서에서, 작업표준의 제작은 생산기술에서, 검사표준은 품질부서에서 맡는 것이 일반적이다. 우리나라에서는 보통 작업표준을 현장이 아닌 스텝부서(간접부서)에서 제작하여 현장으로 배포하는 방식을 취하고 있다. 일본의 도요타 자동차 같은 선진기업들은 현장감독자가 직접 만든다. 현장에서의 일은 현장이 가장 잘 알기 때문이다. 신제품이나 개량제품이 연구소에서 기술 이관되면 현장의 상황에 맞게끔 작업표준 초안을 만들고, 이를 직접 현장작업자에게 간단히 교육시켜 실행하도록 해본 다음, 불편한 점이나 불합리한 점이 없는지 물어보고 그것을 재빨리 수정 보완하여 작업표준을 완성하는 방식이다. 그러다 보니 작업자에게는 신제품이 생소할지라도 현장감독자에 의해 검증이 사전에 이루어져 품질이 빨리 안정화되고 생산성도 나쁘지 않게 나온다. 무엇보다도 작업자가 편한 생산을 할 수 있다.

작업자가 편한 생산을 위해서는 리듬을 타야 한다. 특히 조립라인의 리듬은 매우 중요하다. 리듬을 잃으면 실수로 불량이 발생하기 쉽다. 과거에는 한때 조립라인에 조용히 왈츠를 틀기도 했다. 왈츠가 4분의 3박자여서 리듬감이 좋기 때문이다. 반복 작업의 경우에도 리듬을 잃지 않도록 해야 한다. 작업자가 작업하다 말고 자재를 가지러 가게 되면 리듬을 잃게 된다. 이를 방지하고자 별도로 자재 보급 담당자를 두기도 하고, 반장이 직접 자재를 갖다 주기도 한다. 중소기업 공장 책임자에게 자재 보급 담당자를 별도로 둔다는 것은 상당히 어려운 결정이다. 생산이 아니라 자재 보급을 위해 한 명을 더 월급을 줘 가며 고용해야 하는 이유를 잘 인식하지 못하기 때문이다. 단기적으로는 손해처럼 보이지만, 장기적으로는 품질·생산성 측면에서 분명히 이익이다.

원칙5, 현장·현물주의에 입각하여 불량 요소를 사전에 철저히 제거한다. 오노 다이이치는 "인재는 개선의 과정에서 만들어져 간다. 개선은 현지에서 현물을 대상으로 행하는 것이다"라고 현장·현물주의를 강조하였다. 사람은 책상 위에서는 크지 않는다. 현장에서만 자란다.

불량이 발생한 현장은 살인 사건의 현장에 비유할 수 있다. 《CSI》와 같은 유명 미국 드라마를 보면 살인 사건 현장에 도착하면 가장 먼저 펜스부터 친다. 펜스를 치지 않으면 이 사람, 저 사람이 왔다 갔다 하게 되어 범인의 발자국, 지문이 훼손되기 때문이다. 범행에 결정적인 단서를 일단 보존하고, 정밀하게 탐색하여 찾기 위해서다. 문제가 있는 현장도 불량이 발생한 즉시 찾아가 현물을 보지 않으면 불량 원인을 찾기가 힘들다. 생산라인은 제품이 흘러가는 곳이기 때문이다. 계속 제품을 만들어내기 때문에 불량제품이 정상 제품에 묻혀 흘러갈 수도 있고, 심각한 경우에는 동일 불량제품이 계속 만들어질 수도 있다(이를 LOT성 불량이라 부른다). 그래서 현장에 가서 현물을 보는 현장·현물주의가 중요하다. 현장·현물주의는 현장 작업자의 의견을 들어보아야 한다. 현장의 문제는 현장 사람들이 가장 잘 알고 있기 때문이다. 또한 직감보다는 데이터에 근거한 사실주의fact base가 중요하다.

원칙6, 전 부서가 참여하는 CFTCross Functional Team(상호기능팀) 활동을 하고, 전원 참여를 유도한다. CFT는 TFT처럼 특정 주제를 검토, 분석하여 해결하는 팀이라고 할 수 있다. 업무적인 기능이 연관성이 있으므로 그러한 연계성에서 의사소통이라든지 정보의 누수 현상이 생기면 불량이 발생할 여지가 있다. 개발 단계에서 중요한 것이 동시공학CE, Concurrent

Engineering이며, 동시공학은 CFT를 통해 수행된다. CFT는 신규 또는 변경 제품 및 공정의 사전제품 품질계획을 수립하고 실행하기 위한 내부 상호 기능팀으로, 업무회의체를 말한다. 개발 단계에서는 품질 못지않게 납기(속도)가 매우 중요하다. 빠른 시간 내에 요구하는 품질을 만들어내야 한다. 개발부서의 역할이 끝나면 생산기술부서가 검토하고, 생산기술부서의 역할이 끝나면 생산부서가 검토하는 이른바 '주고받는' 방식으로는 스피드와 좋은 품질을 동시에 잡을 수 없다. 업무회의체의 구성은 의장의 판단에 따라 개발 부문, 생산 부문, 자재 부문, 협력업체 또는 필요시 고객의 인원도 포함할 수 있다. CFT는 신제품에 대한 개발 단계별 진행 상황을 확인하고 감독할 책임이 있다. 그 결과로 부적합 사항에 대해서 개선을 요구할 권한이 있다. 이 원칙을 위해서는 프로세스와 룰의 기준, 특히 의사결정의 기준이 명확해야 한다. 실행력을 향상시키는 것도 기준 못지않게 중요하다.

마지막 원칙7, 개선은 한 번으로 끝나지 않는다. 2차, 3차 지속적으로 개선한다. 도요타자동차에서 나온 단어로 '카이젠Kaizen'이라는 말이 있다. 번역하면 '지속적 개선'이라는 뜻이다. 작은 성과지만 날마다 전원이 참여한다는 의미로, 영어사전에 등재될 만큼 전 세계적인 말로 통용되었다. 도요타자동차의 조후지오 전 회장은 "개선 후 그대로 있으면 원상태로 회귀한다. 회귀하기 전에 다시 개선해야 후퇴가 없다"라고 말했다. 개선을 유지하기 위해서는 또 다른 추가적인 개선이 필요하다. 이 원칙을 위해서는 지속적 개선을 통해 고객만족과 고객감동을 추구하는 것이 중요하다.

지금까지 살펴본 현장 품질의 7가지 기본 원칙은 개발 기능이 있든 없든, 제조업체라면 반드시 가져가야 할 원칙이다. 원칙은 직원들이 슬기롭게 일을 하는 데 도움을 준다. 원칙을 세우는 것도 중요하고, 그 원칙을 준수하려는 마음가짐은 더더욱 중요하다. 모든 직원이 공감하는 원칙을 세워라. 직원들의 일하는 방식이 달라질 것이다.

품질과 고객만족

어떻게 하면 고객을 만족시킬 수 있을까? 고객을 만족시킨다는 것은 한편으로는 좋은 품질을 만들어내는 것과 동격이라고 본다. 좋은 품질의 제품을 만들어서 고객을 만족시키는 활동이 바로 불량 제로 품질 혁신 활동이다. 이 활동이 성공하기 위해서는 첫째, 기업 근로자와 경영자가 한 덩어리가 되는 노사 화합이 바탕이 되어야 한다. 노사분규가 심했던 시기에 제품의 품질 문제가 가장 심각했던 사실을 상기해보라. 사원과 경영자가 운명을 함께하는 동반자라는 인식으로 뭉칠 때만이 산업 현장에서 기술 개발과 품질 혁신에 활력이 넘칠 것이다.

둘째, 불량 제로 품질 혁신 활동의 성패는 각 기업 최고경영자의 의지에 달려 있다. 최고경영자가 품질에 대한 확고한 신념을 가지고 추진하지 않으면 일회성 활동으로 끝나기 쉽다. 이 문제를 극복하는 것이 품질 사고의 근절과 이윤 증대의 기회임을 깨달아야 한다. 품질 비용은 보통 매출액의 15~20%를 차지한다. 이것을 줄일 수만 있다면 경영에 커다란 무기가 될 것이다. 세계 일류 기업이 품질 담당자와 최고경영충 간에 직접적이고 활발한 의사소통 채널을 마련하고 있는 것을 주의 깊게 보아야 한다.

셋째, 경영자는 '우리는 우리의 고객들과 동료들에게 무결함 제품과 서비스를 적기에 제공한다'라는 확립된 방침을 지니고 있어야 한다. 경영자는 사원들에게 이 말의 의미를 이해시키고 자신의 역할이 무엇인지 깨닫도록 교육시켜야 한다. 경영자 자신이 직접 모범을 보이는 것이 먼저다.

넷째, 모기업과 협력업체가 공동운명체라는 의식을 가지고 유기적인 협조 체제를 구축해야 한다. 중소기업이 좋은 부품을 만들어내지 못한다면, 대기업도 좋은 품질의 제품을 생산할 수 없다. JD 파워 조사에 따르면, 완성차의 품질은 설계품질이 40%, 부품품질이 40%, 조립품질이 20%를 차지한다고 한다. 조립 산업에서는 협력업체에서 납품되는 부품의 품질이 완성품의 품질과 직결된다고 해도 과언이 아니다.

마지막으로 다섯째, 지속적인 유지 관리 체계와 동기부여가 필요하다. 목표를 달성했다고 계속적인 동기부여를 게을리하면 품질은 하루아침에 무너진다. 한번 무너지면 다시 원상태로 회복하는 데 많은 시간이 소요된다. 지속적인 유지 관리 체계는 누가 업무를 담당하더라도 불량이 나지 않도록 하기 위해 필요하다. 시스템이란 어떤 직원이 일을 해도 똑같은 성과를 낼 수 있는 체계를 만드는 것이다.

고객만족 실현을 위한 3원칙

불량 제로 품질 혁신 활동은 예방 지향적이다. 문제를 발생시키지 않으려는 생각을 바탕으로 자신의 현재 상황, 현재 하고 있는 일, 이 일을 하고 있는 이유에 대해 지속적으로 관찰함을 의미한다. 이와 같이 문제를 사전에 예방하여 고객만족을 실현하기 위해 필요한 3원칙은 다음과 같다.

첫째, 종업원으로 하여금 성공토록 한다. 이를 위해서는 무엇보다 사원들을 존중하는 일이 중요하다. 객관적인 업무평가, 지속적인 교육훈련 제공, 업무의 명확한 정의, 만족할 만한 포상 제도로 사원들이 성공할 수 있는 기회를 마련해줘야 한다. 종업원들이 조직 속에서 자신의 역할에 대해 긍지를 가질 수 있도록 대우해야 한다.

둘째, 공급자로 하여금 성공토록 한다. 이를 위해서는 우선 공급자에게 회사 방침을 분명히 알려줘야 한다. 업무 방식과 지향하는 목표가 우리와 조화를 이룰 수 있는 공급자를 선정하여 쌍방에게 유익한 장기적 관계를 맺어 나가야 한다. 고객에게 좋은 물건을 제공하기 위해서 협력회사는 모기업과 같은 사상, 가치관을 가질 수 있어야 한다. 서로의 역할을 정해 그 역할을 잘하고 있는지 평가하고, 잘 안 되고 있을 때 힘을 빌려주어야 한다.

셋째, 고객들로 하여금 성공토록 한다. 고객이 원하는 것이 무엇인지를 정확히 파악한 다음 그것을 제공해야 한다. 고객에 대한 이해, 고객이 원하는 것에 대한 이해가 얼마나 중요한지 사례를 하나 소개한다.

여름에는 모기가 많다. 그래서 잘 때 보통 모기향을 피워 놓고 잔다.

요즘에는 냄새가 독한 향타입보다는 전기를 활용한 키트^{Kit} 형식으로 된 제품이 많아 냄새도 거의 없다. 필자의 집에는 에프킬러라는 분사식 살충제가 기본적으로 세 개 이상 있다. 한 개는 거실, 한 개는 아이들 방, 한 개는 여분으로 창고에 보관되어 있다. 집사람은 에프킬러 마니아 수준이다. 그냥 모기향 피우고 자면 될 것을, 모기를 발견한 이상 그 모기가 죽어야 마음 놓고 잘 수 있는 모양이다. 아이들을 해할 수 있는 모기라는 존재가 완전히 없어져야 마음이 놓인단다. 그게 엄마의 마음인가 보다. 일반인의 집에도 그 흔한 에프킬러 한 개쯤은 가지고 있을 테다. 에프킬러는 보이는 모기를 약 30초면 죽인다. 발견하고, 살충액 분사하고, 모기가 장렬히 전사할 때까지. 아니 죽은 모기를 티슈 한 장 뽑아서 내장 '툭' 터트리고, 휴지통에 던져 골인시키는 데 30초면 충분하다. 에프킬러의 살충 효과가 좋아서 모기가 죽는 게 아니다. 우스갯소리로 날개에 액체가 묻어서 날지 못해 떨어진다. 한국 사람 성질 급한 것은 세계인이 다 안다. 30초 만에 결과가 보이는데 안 좋아할 한국인이 어디 있겠는가. 좋아하는 정도가 아니라 열광한다.

원래 에프킬러는 까스명수와 쓸기담으로 유명한 삼성제약의 유명한 살충제 상표였다. SC Johnson의 한국현지법인인 한국존슨은 '레이드^{Raid}'라는 상표를 사용하였으나 삼성제약의 에프킬러 상표에 대한 일반인의 인식이 강력하여, 한국존슨은 시장점유율을 올리지 못하였다. 그래서 한국존슨은 에프킬러 상표의 매입을 시도하였고, 삼성제약은 1998년 상표와 공장을 한국존슨에 387억 원에 매각하였다. 이후 한국존슨은 살충제 시장점유율 1위를 달성하였으며, 레이드와의 경쟁에서 벗어난 에프킬러는 레이드와 함께 한국존슨의 살충제 상표로 알려져 있다. 그런데 한국존슨이 에프킬러를 인수할 때 297억 원을 추가 책정했던 사실을 아는가? '국민 모기약 에프킬러'라는 이름(브랜드)값이다. 고객을 이해하면 고객이 무엇을 원하는지 정확히 알 수 있다. 그것이 바로 고객이 원하는 품질이고, 그 품질만이 고객을 만족시킬 수 있다.

세계적인 제약기업 머크^{Merck & Co}사의 조지 윌리엄 머크 회장은 "의약품은 환자를 위해 존재하는 것이지, 이윤을 위해 존재하는 것은 아니다. 우리는 이 간단한 사실을 명심하면, 우리에게 이윤은 저절로 생기기 마련이다. 이것이 우리의 경영이념이다"라고 말했다. 기업은 직원, 공급자, 고객 등 모든 이해관계자의 행복을 추구하고 나아가 행복 극대화를 통한 장기적 성장 발전을 목표로 삼아야 한다.

07

품질자기선언

　좋은 품질을 만드는 데 있어서 현장의 품질의식은 선택이 아닌 필수 조건이다. 종업원의 품질의식을 높이기 위해서 경영자는 어떤 액션을 취해야 할까? 대표적인 사례가 '불량제품 화형식'이다. 이런 이벤트는 감정을 자극함으로써 행동을 변화시키는 효과가 있다.

　《이건희 개혁 10년》(김서홍, 우인호 지음)에서는 삼성의 애니콜 신화를 쓴 불량제품 화형식 장면이 생생하게 그려져 있다. 1995년 3월 9일 삼성전자 구미사업장 운동장. 2,000여 명의 삼성전자 직원이 '품질 확보'라는 머리띠를 두른 비장한 모습으로 속속 집결했다. 운동장 한편엔 '품질은 나의 인격이요, 자존심!'이라고 쓴 현수막이 내걸려 있었다. 무선전화기를 포함해 키폰, 팩시밀리, 휴대폰 등 15만 대의 제품들이 운동장 한복판에 산더미처럼 쌓여 있었다. 10여 명의 직원이 제품에 인정사정없이 해머질을 해대기 시작했다. 그리곤 박살난 제품들에 불까지 붙였다. 모두 500억 원어치의 휴대폰이 이날 재가 됐다. 자신이 만든 제품이 눈앞에서 재가 되는 모습을 본 직원들 중 일부는 눈물을 흘리기도 했다.

삼성전자 휴대폰 애니콜의 성장사에서 빠질 수 없는 그 유명한 '애니콜 화형식' 장면이다. 당시 "시중에 나간 제품을 모조리 회수해 공장 사람들이 모두 보는 앞에서 태워 없애라고 하시오"라는 이건희 전 삼성 회장의 불호령에 따라 불량제품들이 공개 화형에 처해졌다. 애니콜은 80년대 말만 해도 불량제품이라는 오명을 벗어나지 못했다. 애니콜 초기 기종을 판 대리점 사장은 불량제품을 팔았다며 고객에게 뺨을 얻어맞는 사건까지 일어났을 정도다. 불량제품 화형식은 삼성 휴대폰이 세계 최고의 기술력과 품질을 갖춘 제품으로 변신하기까지 삼성전자가 기울인 피나는 노력을 상징적으로 보여주는 유명한 일화다.

■ 이랜드, 리콜 상품 절단식

'불량은 암이다'라고 구호를 외치는 기업을 보았다. 보이지 않게 사람의 몸에서 커져 가는 암 덩어리가 기업으로 치자면 불량제품이다. 세계적인 회사도 이 암 덩어리로 인해 고객의 외면을 받으면 한순간에 위험에 빠질 수 있다.

《1,770벌 폐기한 이랜드의 결단》(임미진, 중앙일보, 2011. 1. 14일자)에서는 2011년 1월 11일 중국 상하이에 위치한 중국 이랜드 본사 1층에서 벌어진 '리콜 상품 절단식'이 직원들의 품질의식을 어떻게 바꾸어 놓았는지 잘 설명하고 있다.

우리나라에서는 이랜드가 중저가로 팔리지만 중국에서는 고가 브랜드다. 하지만 품질은 고가에 걸맞지 않았다. 여성복 패딩 코트는 누빔

두께가 일정하지 않았고, 모직 코트는 박음질이 고급스럽지 못했다. 경영진은 현지 근로자들에게 품질의 중요성을 반복해서 설명했지만, 달라진 것은 없었다. 경영진은 리콜을 결정하며 "20만 원 정도 하는 코트라면 문제가 아닐 수 있지만 60만 원짜리 고가 상품으로는 볼 수 없는 품질"이라고 지적했다.

　결국 중국 내 생산 직원을 한자리에 모았다. 그리고 백화점에서 리콜한 60만 원짜리 코트 1,770벌을 가위로 모두 잘라 버렸다. 최고 경영자가 직접 코트 2벌을 가위로 절단하고, 이어서 총 200여 명의 직원이 직접 코트를 잘랐다. 코트 한 벌당 가격은 3,580위안(약 60만 4000원). 이날 잘려 폐기된 코트는 시가로 모두 10억이 넘는 분량이었다. 갈수록 고급화하는 중국 의류 시장에서 살아남으려면 품질을 지금보다 한 단계 높여야 한다는 경각심을 불러일으킨 것이다. 리콜 상품 절단식은 확실히 효과가 있었다. 이후로 직원들의 품질의식은 완전히 바뀌었고, 과거보다 훨씬 엄격하게 품질에 신경을 쓰게 되었음은 물론이다.

품질자기선언문

　좋은 품질을 만들기 위해서는 현장의 품질의식을 높여야 한다고 강조하였다. 불량제품 화형식이나, 리콜 상품 절단식은 어떻게 보면 일종의 극약처방이라 할 수 있다. 그렇다면 현장에서 자연스럽게 직원들의 현장의 품질의식을 높일 수 있는 방법은 없을까?

　필자와 아주 친분이 있는 지인이 도요타자동차를 방문했을 때의 일화이다. 라인을 견학하면서 가이드에게 물었다. "여기가 무슨 공정입니까?" 가이드는 "이 공정은 자동차 시트를 차체에 조립하는 공정입니다"라고 말했다. 협력사에서 가조립되어 입고된 시트를 차체에 대고 나사를 조이면 조립이 완성되는 단순한 공정이다. 그 공정의 작업자에게 물었다. "당신은 여기서 어떤 일을 합니까?" 본인의 임무를 질문한 것이었고, '나사로 시트와 차체를 결합한다'는 상식적인 답변이 올 것으로 예상했다. 그러나 그 작업자는 "나는 시트 체결 공정에서 일합니다. 시트를 차체에 결합하기 위해 나사를 이용해 체결하는데, 규정된 동력으로 정확히 체결하는 것이 중요합니다. 나사를 잘못 체결하면 시트가 떨거덕거려 운전자의 승차감이 나빠질 수 있고, 심각한 경우에는 운전 중에 시트가 이탈하여 운전자의 목숨을 앗아갈 수도 있기 때문입니다."

작업자는 이어서 말을 했다. "내 임무는 후공정은 고객이라는 인식하에 내가 만든 것을 기준서에 따라 나 자신이 검사하여 '양품'임을 확인하고, 절대로 불량품을 흘리지 않는 것입니다." 그러면서 "이것이 나의 품질 자기선언문입니다"라고 하며 작업장 한편 기둥에 세워져 있는 명판 형태의 제작물을 보여주었다. 지인은 그 순간 무릎을 탁 쳤다고 한다. "이것이 바로 도요타의 강점이구나! 도요타의 품질을 왜 알아주는지 이제야 조금 알 것 같아!"

그 직원은 본인의 일이 가지는 의미를 정확히 이해하고 있었던 것이다. 일에서 의미를 깨달은 사람은 그 일에 몰입할 수가 있다. 일의 의미를 못 찾았다면 나사 조이는 일은 단순한 노가다일 뿐이다. 내가 하는 일의 의미와 맥락을 알아야 일에 몰입할 수 있음은 물론, 조직 내에서 정확히 자신이 맡은 부분을 완수할 수 있기 때문이다.

　도요타 관동 자동차에는 모든 공정에 작업자의 '품질자기선언문'이 걸려 있다. 자기선언문이기에 반드시 스스로 만들어야 한다. 물론 만드는 과정에서 상사나 관리자의 도움을 받기도 한다. 항상 선언문의 끝 부분에는 '절대로 불량품을 흘리지 않겠다'는 다짐을 넣는다. 작업자는 정해진 시간마다 자기가 만든 것을 자기가 검사·기록하고, 결과 상태를 체크하면서 불량을 절대로 흘리지 않기 위해 노력한다. 자주검사 기록은 품질의 산포 상태를 나타낸다. 항상 이 상태를 감시하면서 작업하기 위함이다. 작업자로 하여금 안심하고 작업하기 위한 도구의 하나이다. 품질자기선언은 내가 만든 것은 양품이라는 품질보증의 증명서다. 작업의 결과를 자주검사 기록으로 작성하면서 누가 보아도 한눈으로 품질상태를 알 수 있도록 한다. 품질보증의 증명서가 눈으로 보는 관리와 결합된 형태다.

　앞서 도요타자동차의 조립라인에는 '안돈'이라는 신호체계가 있다고 하였다. 이상이 발생하면 즉시 라인을 정지시킨다. 이상이 발생하면 작업자는 즉각 안돈을 켜서 감독자를 부른다. 도요타자동차에서 근무하는 작업자에게는 단 두 가지의 수칙이 있다. '첫째, 매일 출근하라. 둘째, 문제가 있으면 줄을 당겨라'가 그것이다. 줄을 당기면 안돈이 켜진다. 안돈은 절대 불량을 후공정으로 보내지 않겠다는 의지이다. 현장감독자는 작업자에게 항상 반복적으로 교육시킨다. "불량품은 절대 후공정으로 흘리지 말라. 즉시 근본 원인을 탐구하고 대책을 수립하라. 앞공정 책임인 경우 즉시 앞공정으로 반환하고 결코 자기 판단으로 손질이나 선별하지 말라. 불량을 만든 공정에서 원인을 추구해야 한다. 불량품은 격리시켜라. 시작 시간과 종료 시간이 품질을 좌우하는 순간이다."

강한 조직일수록 품질은 공정에서 만든다는 품질의식을 가지고 있다. 품질이 가장 중요하고 기본이라고 인식한다. 지금 당장 직원들에게 품질자기선언문을 만들게 해보라. 해당 작업자의 웃는 사진을 넣으면 더욱더 좋다. 조금 비용이 들어가더라도 멋지게 제작하여 작업자가 일하는 작업장에 부착해 놓아라. 눈에 가장 잘 띄는 곳으로. 과연 효과가 있을지 의심할 수도 있지만, 그 효과는 실행해본 자만이 알 수 있다.

모랄 ^{morale} 향상

몇 해 전에 충북 단양으로 가족여행을 간 적이 있었다. 마늘 요리로 유명한 식당이라 하여 맛집을 찾아 들어갔는데, 넓은 홀에서 액자가 하나 눈에 들어왔다. "장다리 사훈: 누가 해도 할 일이면 내가 하고, 언제 해도 할 일이면 지금 하고, 어차피 할 일이면 더 잘하자!" 식당 사장님이 평소에 종업원에게 강조하는 말이려니 했는데, 그 의미가 좋은 것 같아 아직도 기억하고 있다.

현장의 품질의식을 높이기 위한 활동으로 널리 알려진 것이 바로 '모랄 훈련'이다. 모랄은 영어로 'Morale'인데 이 용어는 '사기, 의욕'을 뜻한다. 현장의 모랄, 즉 사기가 충만한 조직이 혁신과 변화에 성공할 가능성이 크다. 일례로 공장 바닥에 휴지 조각이 떨어져 있다고 하자. 모랄이 부족한 조직은 휴지를 주울까 말까 망설이거나, 누군가 줍겠지 하고 지나쳐 버린다. 반면에 모랄이 충만한 조직은 한 치의 망설임도 없이 바로 달려가서 휴지를 줍는다. 모랄이 중요한 이유를 알겠는가. 모랄이 충만한 조직은 변화에 대한 저항이 적고, 새로운 일에 대한 실행을 누가 할 것인가를 결정할 때 갈등이 비교적 없다. 누군가 해야 할 일이면, 내가 하겠다는 의지가 강하기 때문이다.

모랄은 '하고자 하는 마음'이다. 전원 참가, 일체감과 공동의 목표 의식, 마인드 변화를 의미하기도 한다. 모랄 훈련은 고정관념을 타파하는 연습이다. 현장 개선은 과거의 습관에 사로잡혀 있으면 불가능하다. 과거의 습관이나 관념을 버리는 훈련이 바로 모랄 훈련이다. 지금까지 해 왔던 방법을 새로운 관점에서 보고, 모두 바꾸어야 한다. 어제와 같은 방법으로 오늘도 행한다면 하루가 퇴보한 것이 된다. 껍질을 깨는 아픔이 있어야 새로운 생명이 탄생하듯, 비록 더 할 수 없는 아픔이 있을지라도 이제는 지금까지의 모든 고정관념을 버리고 새로운 관점에서 사물을 보아야 한다. 변화와 혁신을 위해서는 모랄, 즉 하고자 하는 의욕과 사기가 있어야 가능하다.

모랄 훈련의 핵심 포인트는 각 개인이 내면에 존재하는 자신감, 책임 의식, 도전의식, 룰 준수, 기본예절 등을 극한 행동으로 표현하는 것이다. 과거의 악습을 버리고 반복 훈련을 통해 올바른 습관을 습득하는 것이며, 강한 자신감, 긍정적 사고와 하고자 하는 사기 의욕을 고취하는 것이다.

모랄 훈련의 가장 전통적인 방법은 '혁신구호'를 외치는 것이다. 혁신구호를 '슬로건slogan'이라고도 한다. 혁신구호는 예를 들어, 현장에서는 아침 조회를 할 때, 혁신사무국은 혁신 활동을 위한 미팅을 할 때에 사전에 정한 구호를 외치고 시작하는 것이다. 서로서로 힘을 모으고 조금 더 열정을 가지고 해보자는 의욕을 불러일으키는 효과가 있다. 기업마다 경쟁이라도 하듯 혁신구호를 목이 터져라 외쳤던 시절이 있었다. 도요타 생산 시스템이 국내에 처음 도입되던 때다. 지금은 일부 기업들이 현장에서 품질구호나 안전구호 정도만 간단히 외치고 작업을 시작하는 정도이다. 필자는 공장혁신 프로젝트를 시작하게 되면 초반에 혁신구호부터 만들자고 제안한다. 혹자는 "아직도 그런 걸 하느냐"는 반응도 있고, "예전에 다 해봤다"고 하는 반응도 있다. 반응이 시원찮아도 필자는 뜻을 굽히지 않는다. "예전에 해보고 좋았으면 계속 해야지, 왜 그만두냐"고 주장하면서 말이다. 저항을 무릅쓰고 혁신구호를 일단 시작해보면, 역시 효과가 있다. 과거보다는 조금은 더 활기찬 분위기가 만들어진다.

[사례] 모랄 향상 – 혁신구호

혁신구호와 관련된 두 회사의 사례를 소개한다. 위 사진에서 왼쪽 회사는 2011년도에 필자가 지도한 업체인데, 충남 보령에 위치한 자동차 업종의 회사다. 이 회사의 혁신구호는 "잘못된 생각, 바꾸자! 잘못된 습관, 버리자! 잘못된 방법, 고치자!"이다. 혁신구호를 정하기 위해 혁신사무국 멤버 전원이 각각 하나씩 구호를 만들어 오도록 시켰다. 여러 좋은 안이 나왔으나, 이 구호가 투표에서 가장 많은 지지를 얻어 채택하게 되었다. 후일담으로 이 혁신구호를 제안한 사람은 품질부서장이었는데, 그 회사의 사가社歌를 작사한 경력이 있다고 한다. 어쩐지 구호에 힘이 있고, 운율이 딱딱 맞아 구호로 외치기에 안성맞춤이다. 필자는 다른 기업에서 혁신구호로 마땅한 아이디어가 나오는 않는 경우 이 구호를 많이 추천한다.

　두 번째 오른쪽 회사는 필자의 선배 컨설턴트가 지도한 회사인데, 경기도 화성에 위치한 배터리팩을 만드는 전자부품회사다. 이 회사의 혁신구호는 "오늘 할 일은 오늘! 지금 할 일은 지금! 해보고 생각하자, 해보자! 해보자! 해보자!"이다. 조금은 강한 뉘앙스를 풍기고, 구호와 함께하는 동작도 힘이 있다. 재미있는 일화를 들었는데, 내용은 대충 이러하다. 프로젝트 후반부에 혁신사무국 팀장이 선배 컨설턴트에게 "요즘 우리 TFT 요원들이 혁신 의지가 많이 나약해진 것 같으니, 혁신구호 한번 크게 외치고 시작하자"고 제안했단다. 그러자고 했더니, "그냥 사무실에서 하지 말고, 밖으로 나가자"고 했단다. 사진을 보면 배경이 공장이 아니라 공원이다. 공장 바로 옆에 있는 일반 공원에서 혁신구호를 몇 번이나 목이 터져라 외친 것이다. 일반인들이 산책하고 휴식하는 공원에서 거무스름한(공장 근무복은 대체로 칙칙하다) 근무복을 입은 다섯 명의 남자가 소리쳐 구호를 외치는 모습을 상상해보라. 상상만 해도 웃음이 절로 난다.

모랄 훈련은 '나를 버리는 연습'이라는 말이 있다. 나의 어떤 행동이나 말이 타인의 눈에 우스꽝스러워 보이지 않을까 하는 걱정이 생길 수 있다. 무언가를 시도하려고 하다가 주위를 의식해서 망설여본 경험을 누구나 한 번쯤은 가지고 있을 것이다. 예를 들면, 개선을 위한 제안 아이디어가 떠올랐을 때, 이 제안을 말하면 "이게 무슨 제안이냐?", "이 아이디어는 예전에도 나왔었다", "그래 네가 함 해봐라"와 같은 책망하는 피드백을 받을까 망설이다가 지레 포기해 버리는 상황이다. 모랄 훈련은 실천이란 관점에서 별 도움이 되는 않는 망설임과 고민을 덜어주고, 행동으로 바로 옮겨주는 의욕과 사기를 북돋아준다.

혁신구호를 외치는 것이 시대에 맞지 않고 다소 과격하다고 생각할 수 있다. 중국에서 프로젝트를 진행할 때도 혁신구호를 외치도록 했는데, 중국인들은 사회주의 국가라서 그런지 혁신구호 하나만큼은 정말 잘한다. 구호, 동작, 목소리 크기까지 삼박자가 딱딱 맞아 떨어진다.

모랄을 향상하는 방법은 각사의 문화에 맞게 채택하면 된다. 소프트soft한 문화를 가지고 있는 조직은 소프트한 모랄 향상 활동을 하면 되고, 하드hard한 문화를 가지고 있는 조직은 하드한 모랄 향상 활동을 하면 되는 것이다. 가장 나쁜 것은 모랄 향상을 위해서 아무것도 하지 않는 조직이다. 국내에서 혁신운동으로 많은 기업이 벤치마킹한 캐논코리아는 모랄 향상 활동으로 현장사원 일본 견학, 사내 일본어 교육, 오케스트라 공연, 토피어리topiary(원예 자연 그대로의 식물을 여러 가지 동물 모양으로 자르고 다듬어 보기 좋게 만드는 기술 또는 작품) 같은 여직원 테마 교육 등 조직 문화에 맞는 다양한 활동을 기획하고 실행한 회사로 유명하다. 캐논코리아도 과거에는 혁신구호와 같은 하드한 모랄 훈련을 했을 터이나, 시대의 변화에 따라 직원들에 맞추어 소프트한 모랄 향상 활동으로 변화시켜 지속적으로 실행하고 있는 것이다.

직원들의 사기와 의욕을 북돋아주는 또 하나의 방법은 플래카드placard를 거는 것이다. 이 방법은 아주 간단하면서도 비용이 적게 드는 장점이 있다. 현장의 눈에 잘 띄는 곳이나, 식당에 플래카드를 상시 걸어 두어서 직원들이 수시로 보고 상기하도록 하는 효과가 있다. 2012년도에 지도한 전남 광주에 있는 가전업종의 한 회사에서는 직원들에게 표어를 공모하고 우수작을 뽑아 포상하도록 했다. 다음 사례에서 왼쪽 사진은 표어를 만든 사람이 직접 발표하는 방식으로 경연을 하는 모습이다.

[사례] 모랄 향상 - 표어, 플래카드

직원들이 가장 좋아하는 모랄 향상 방법은 성과에 따라 포상을 후하게 주는 것이다. 2016년 초에 방문한 제빵업종의 P사에서는 빵에 이물이 들어가는 것을 중점 관리하고 있었다. 고객이 빵을 먹다가 머리카락과 같은 이물이 발견되면 클레임은 물론, 이미지에 큰 타격을 입기 때문이다. 라인별로 '머리카락 미검출 50일째'와 같은 관리를 하고 있었다. 오늘 불량이 없으면 내일 아침에 50일을 51일로 바꾸는 식이다. 만약 100일을 넘기면 해당 라인에 정해진 금액으로 포상을 하고, 300일을 넘기면 그룹 회장이 직접 와서 어마어마한 포상금을 전달한다. 직원들이 우리가 힘을 모아 뭔가 큰 것을 달성했다는 보람을 느끼고, 보너스로 포상까지 받으면 사기가 충천할 것이다. 제조업에서는 '고객클레임 미발생 60일째', 'Zero Defect 120일 달성'과 같은 방법으로 응용할 수 있다.

이상으로 다양한 방법의 모랄을 향상하는 방법에 대해 알아보았다. 좋은 품질을 위해서는 직원들의 품질의식을 높여야 하며, 모랄 향상 활동을 통해 하고자 하는 의욕과 개선 의지를 높일 수 있다. 모랄 향상 활동은 일단 시작하면 지속성을 가져야 한다. 시작했다가 금방 멈추면 효과가 반감할 수도 있고, 경우에 따라서는 안 하니만 못한 결과가 나타날 수도 있다. 인내심을 가지고 조직원들의 변화를 기다리며 꾸준히 하는 것이 중요하다. 특히, 포상과 같은 금전과 관련된 모랄 향상은 투자라고 생각하고 후하게 추진하면 예상보다 큰 효과를 얻기도 한다. 어느 기업에서는 매월 실패 비용이 천만 원 정도 발생하는데, 품질을 향상시켜 실패 비용이 줄어들면 그 차이만큼 직원에게 돌려주는 것으로 공약했더니 효과를 보았다. 실패 비용이야 어차피 까먹는 돈인데 회사는 불량 줄어들어서 좋고, 직원들은 포상금 받아서 좋은 셈이다.

08

자공정 품질보증

　바람직한 품질보증의 사상은 품질이 각 제조공정에서 완성되어야 한다는 것이다. 품질보증의 기본은 먼저 불량을 만들지 않는 선순환 구조를 만드는 것이다. 불량이 발생했을 경우, 다음 공정으로 불량을 넘기지 않고, 불량을 넘겨받지 않는 것이다. 다시 말하면, 불량을 만들지 않고, 불량을 넘기지 않으며, 불량을 받지도 않는 선순환 구조를 만들어 가는 것이다. 이런 구조를 통해 품질이 보증되고 불량률이 감소하게 된다. 이것이 품질보증의 기본이다. '불량품을 만들지 않는다', '넘기지 않는다', '받지 않는다'는 것이 품질보증의 원칙이다.

　생산라인에서 일반적인 공정 순서는 원재료 공급, 공정1, 공정2, 공정n과 검사로 진행된다. 공정n까지는 생산부서가 담당하고 검사는 품질부서가 담당한다. 대부분의 공장이 이와 같은 방식으로 품질보증을 운영한다. 기존 품질보증의 문제는 품질에 있어서 생산부서와 품질부서의 역할이 분담되어 제대로 성과가 나지 않는다는 것이다. 불량이 발생하면 종종 생산부서와 품질부서가 충돌해서 싸움이 일어나기 쉽기 때문이다. 라인에서는 완벽함이란 없기 때문에 많든 적든 품질불량을 낼 수밖에 없다. 품질부서는 생산부서에 대해 "정말 어이가 없는 불량을 냈다", "출하정지 시키겠다", "라인 정지다"라고 협박을 한다. 반면에 생산부서는 "말도 안 된다", "생산기술이 만든 지그(또는 설비)가 문제다", "외주 부품 불량이 원인인데, 품질부서가 수입검사를 제대로 안한 탓이다"라고 변명을 하게 되고, 품질부서에 대해서 신뢰하지 않게 된다. 또한 불량의 귀책을 따지는 과정에서 공정과 공정 간에 충돌이나 갈등이 생길 수도 있다.

기존 품질보증의 문제를 해결하기 위해 품질부서는 부품의 품질보증 활동과 제품이 고객에게 인도되기 전 출하검사만 수행하고, 생산라인의 각 공정이 품질을 보증하는 형태로 바뀌어야 한다. 공정에서 제품의 품질을 보증하기 위해 제품의 품질보증은 생산부서가 모두 담당하는 방식이다. 생산부서가 품질에 대해서 책임을 진다는 것은 각각의 공정에서 품질을 보증한다는 것이다. 해당 공정은 스스로 품질을 보증하지 않으면 안 된다. 검사 없이도 좋은 제품이 만들어지도록 하기 위해서는 각 공정에서 검사원 없이도 품질을 보증할 수 있는 체계를 갖추어야 한다. 생산부서가 제품의 품질보증에 대해 전적으로 책임을 지고, 다른 부서에 책임을 전가할 수 없도록 해야 한다. 품질을 한 층 더 보증하기 위해 각 공정에서 품질을 완성해야만 한다. 이 개념을 《도요타 혁신방법론》(호리키리 토시오 지음)에서는 '자공정 완결' 또는 'QA 네트워크'라고 부른다. '불량을 만들지 않는다', '불량을 후공정으로 넘기지 않는다'는 원칙을 철저히 지키기 위한 품질보증시스템이 자공정 완결이다.

도요타는 좋은 제품을 만들어내기 위한 일, 즉 프로세스의 품질을 향상시키기 위해 꾸준히 노력하였다. 그 결과로 자공정 완결이라는 개념을 탄생시켰다. 자공정 완결이란 도요타 생산 방식의 양대 축인 'JIT'와 '인변자동화' 중 하나인 인변자동화의 이념을 실현하기 위한 수법이다. 인변자동화 이념을 구현화한 것이 자공정 완결이다. 인변자동화의 이념은 '불량을 넣지 않는다', '불량을 만들지 않는다', '불량을 흘리지 않는다', '이상이 있으면 세운다'로 정리할 수 있다. 사고의 원점을 품질은 공정에서 만든다는 것으로 가져가는 것이다. 제품 품질은 물론 일의 질을 개선하는 방법을 정리한 것이 바로 자공정 완결이다.

도요타 관동 자동차의 이이다끼飯高力男 선생은 "자공정 완결 활동이란 자공정을 검증하여 양품 조건이 안 되어 있는 요소 작업을 QA 네트워크로 평가하여 유출 방지를 도모함과 함께 양품 조건을 정비하기 위한 계속적인 활동이다"라고 말했다. 여기에서 양품 조건이란 보증의 근거가 되는 요소작업 또는 환경조건으로, 좋은 품질을 확실히 만들 수 있는 조건이다. QA 네트워크 활동이란 개별 공정의 보증도를 평가하는 방법으로 발생 방지와 유출 방지의 2원적 관점에서 수준을 평가하는 활동을 말한다. 이 평가 결과에 따라 자공정 완결도, 중요도를 결정하고 'GATE'라고 불리는 '관문'을 만든다. 도요타의 품질보증 사상을 조금 더 깊이 이해하기 위해 도요타식 품질관리의 원칙을 자세히 알아보자.

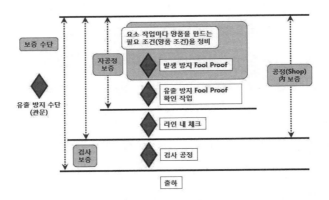

[그림] 자공정 완결 보증 수단

도요타식 품질관리 원칙

도요타의 품질 향상 활동의 목표는 불량 제로이다. 실제로 불량 제로 달성은 대단히 어렵다는 것을 잘 알지만, 불량 제로를 목표로 하지 않는 이상에는 불량 발생을 최소한으로 줄이기 어렵다. 도요타의 품질에 대한 기본적인 사고방식은 수리가 필요하거나 불량이 발견되면 어떠한 일이 있어도 '현행범 체포 원칙'을 지켜야 한다는 것이다. 이를 위해 라인 내에 전수검사를 하는 공정이 있어야 한다.

도요타식 품질관리의 사고방식은 통계적 품질관리가 아니라, 전수적 품질관리 사상이다. 또한, 한 개의 불량도 내지 않는다는 불량 Zero 사상이다. 예를 들어, 3시그마 외의 불량, 100대에 1대 꼴로 발생하는 불량이라 하더라도 고객은 납득하지 못하므로 어떤 식으로든 모든 공정에 전수검사를 시행해야 한다. 오래전부터 도요타는 도요타에서 실시하고 있는 품질관리 방법을 몇 가지 원칙으로 정리하여 수리와 불량 대책의 기본으로 삼고 있다.

원칙1은 '전수검사'다. 모든 부품과 제품은 어떠한 형태로든 전수검사를 하지 않으면 안 된다. 몇 대 생산 제품 중에 불량제품 몇 대로 계산하는 불량률(%, PPM, KPPM 등)을 중요하게 생각하지 않는다. 대신 결함건수(EA, 개)를 관리한다. 분모를 없애고 결함건수의 합을 계산함으로써 한 개의 불량이라도 나오면 안 된다는 것을 강조한다.

원칙2는 '검사 포함'이다. 품질은 공정에서 만든다는 생각으로 공정 내에 검사를 포함한 라인화를 실시한다. 검사의 임무는 선별이 아니라 불량 원인 제거의 역할을 해야 한다.

원칙3은 '라인 정지Line Stop'다. 공정 중에 불량을 발견하면 발견한 사람이 라인을 정지시키고, 관련 부문 통보와 동시에 불량 발생에 대한 원인 제거 대책을 즉시 실시하지 않으면 안 된다.

원칙4는 '원인 발생 부서 책임(자기 책무)'이다. 불량품을 수리할 때 사소한 부적합이라도 불량을 낸 공정의 작업자가 직접 수리해야 한다. '눈에는 눈, 이에는 이'는 아니지만 다른 사람에게 끼친 피해만큼 보상한다는 책임의 원칙이라는 엄격함이 있다.

원칙5는 '현행범 체포'다. 불량품을 발견하면 언제 어떠한 일이 있어도 현행범 체포의 원칙을 지켜야 한다.

원칙6은 '표준작업 준수'다. 표준작업표 안에 품질이 확보될 수 있도록 반영되어 있어야 한다. 표준작업표에 반영함으로써 표준작업대로만 하면 불량은 발생하지 않는다는 신념으로, 만약에 불량이 나오면 표준대로 작업이 되지 않았거나, 표준대로 재료·부품이 되어 있지 않거나, 기계·설비·금형·치공구에 고장이 발생하지 않았는지 등을 확인하면 쉽게 불량 원인을 찾을 수 있게 된다.

원칙7은 'n=2 검사'다. 공정 중의 가공은 초물과 종물의 n=2 검사를 하게 되면 전수검사를 한 것과 같다. 이 원칙은 표준작업이 철저히 준수되고 공정이 안정화되어 있다는 가정 하에 통용된다.

원칙8은 'Fool Proof 설치'다. 아주 드물게 발생한 불량이라 하더라도 불량이 터무니없는 원인으로 발생된 경우에는 Fool Proof를 설치해야 한다.

원칙9는 'Trouble Free'다. 전 종업원은 품질경영을 통해 불량 Zero를 목표로 고객에게 Trouble Free한(문제가 일어나지 않는, 고장이 없는) 제품을 제공해야 한다.

원칙10은 'One Piece Flow(한 개 흘리기)'다. One Piece Flow는 불량과 개선점 조기 발견의 기본이 된다. 재공품을 가지고 있으면 불량을 발견하기 어렵고 개선점의 원인을 쉽게 찾을 수 없다. 특히 모델을 변경할 때에 One Piece Flow는 전 부품, 전 공정, 전 작업의 전수검사가 필요하기 때문이다. One Piece Flow는 한 개가 불량이면 100% 불량이므로 바로 대책이 가능하다. 재공품이 있으면 불량을 발견할 때까지 시간 차가 있으므로, 원인 파악이 곤란하고 대책도 상상해서 세우게 된다.

원칙11은 '육안으로 이상을 확인할 수 있는 관리'다. 라인 조장으로서 우선적으로 해야 할 일은 눈으로 봐서 이상이 보일 수 있도록 관리하는 것이다. 눈으로 봐서 이상 상황이 바로 보일 수 있도록 공정을 편성해야 한다. 눈으로 보는 관리 대상은 표준재공 설정, 재료·부품 스토어, 간판 설정, 비상호출버튼, 정지버튼, 안돈, 불량 보관 장소 명기 등이 있다.

마지막 원칙12는 '임무 명시'다. 라인 조장으로서의 임무는 양과 질을 유지하고 개선하는 것이다. 항상 현장을 관찰해야 하고, 후임조장 육성을 위한 부하의 통제와 지도에 힘써야 한다. 넓은 시야로 보고 전체적인 판단을 내릴 수 있어야 한다. 라인에 자주 왕래하는 것도 문제지만 가보지 않는 것도 문제다. 작업자 수를 줄일 수 없는지 끊임없이 고민해야 한다. 라인 작업자가 즐겁게 작업을 할 수 있도록 사람 관리에 대한 연구를 해야 한다. 문제가 발생하면 원인을 제거해야 한다(출처: '도요타 품질개선,'Daum 인터넷).

품질이란 원재료, 부품 등을 가공하여 조립한 결과의 완성물이다. 그러나 관리자·감독자의 질, 라인·설비의 질, 작업 방법의 질, 정보의 질에 대한 개선 없이는 제품 품질을 향상시킬 수 없다. 모든 생산 활동의 질과 수준이 집약되어 제품에 반영되기 때문이다. 기업의 사활을 좌우하는 품질을 통해서 물건을 만드는 체계의 질과 수준을 향상시켜야 한다.

Built-in Quality

Built-in Quality는 협의의 의미로 '자공정 품질보증'이며, 넓은 의미로는 '완벽 품질'을 말한다. 자공정 품질보증이란 개념은 물론 필자가 처음 언급하는 것은 아니다. 도요타와 같은 품질이 우수한 선진기업에서 널리 활용되는 개념이지만, 이 개념을 정확하게 이해하고 올바르게 적용하는 기업은 많지 않다. 자공정 품질보증은 처음부터 제대로 하자는 것이다. 목적은 결함을 고객에게 제공하지 않는다는 것을 보증하기 위함이다. 자공정 품질보증이 성공하기 위해서는 일반적인 품질관리에서 한 발 나아가 품질이 조직의 시스템과 문화에 뿌리내리도록 해야 한다.

제품의 품질보증은 기업에서 무엇보다도 우선되어야 할 대전제이다. 모든 공정에서 후공정(고객)이 필요로 하는 것(요구하는 품질)을 필요한 만큼 필요한 때에 확실히 만드는 능력이 필요하다. 요구하는 품질을 보증하기 위해서는 단 한 개의 불량이라도 발생하면, 그 현상과 근본 원인을 규명하여 재발 방지를 위해 노력해야 한다. 불량이 발생하면 즉시 라인을 정지하면서까지 품질을 공정에서 만들어내는 것이 중요하다.

우리 옛 속담에 "빈대 한 마리 잡으려다 초가삼간 다 태운다"라는 말이 있다. 하찮은 빈대 한 마리 잡으려고 집에 불을 질러 다 태운다는 뜻으로, 작고 하찮은 일을 해결하기 위하여 정작 그보다 수천수만 배의 손해를 보는 경우를 일컫는 해학이 담긴 속담이다. 그러나 품질에 있어서만큼은 이 속담을 반대로 적용해야 한다. 빈대가 한 마리라도 있다면 초가삼간을 다 태우는 한이 있어도 잡아야 한다는 말이다. 이런 사상과 의지만이 완벽한 품질에 가까워질 수 있는 정도이다.

품질은 사람에 의해서 결정된다. 좋은 품질 만들기에서 가장 중요한 것은 그 기능을 인식하는 것이며, 약속을 반드시 지킬 수 있는 체계를 만드는 것이다. 자연스러운 흐름 속에서 검사를 실시하고, 품질 우선주의로 작업을 진행해야 한다. 검사에서 불량품이 발견되었을 때는 불량품이 나온 공정을 고쳐야 한다. 검사원의 임무는 양품, 불량품을 구별하는 것이 아니라, 불량품이 나오지 않도록 기계와 설비를 고치는 일거리를 찾아내는 일이다. 작업자는 이상이 발생하면 즉시 라인을 정지시켜야 한다. 불량품은 절대로 후공정으로 흘리면 안 된다. 즉시 근본 원인을 탐구하고 대책을 수립해야 한다. 앞공정이 책임이 있는 경우, 즉시 앞공정으로 제품을 반환하고 결코 자기 판단으로 손실이나 선별하지 말아야 한다. 불량을 만든 공정에서 원인을 추구해야 하기 때문이다. 검사원은 왜 불량이 발생했는가를 현장 현물로 해석하여 근본 원인을 찾아 재발을 방지해야 한다. 양품만 만들어지는 체계를 만드는 것이 바로 검사원의 역할이다. 작업자는 자신이 만든 것이 양품인지 전수검사를 해야 한다. 후공정에 품질을 보증하고 검사를 반복해서 작업 요소에 반영하는 것이 바로 작업자의 역할이다.

누구나 생각하는 것은 똑같다. 요점은 생각한 것을 실제 어느 범위까지 실천할 것인가이다. 무엇을 우선적으로 할 것인가를 정하고, 어떤 방법으로 어느 범위까지 실천할지를 결정해야 한다. 필자는 이런 고민을 기업과 함께 오랫동안 해 왔으며 조직에서 좋은 품질을 만들기 위한 체계, 즉 Built-in Quality(이하 'BiQ'로 부른다)의 프레임워크를 정립하였다.

[그림] BiQ의 Framework

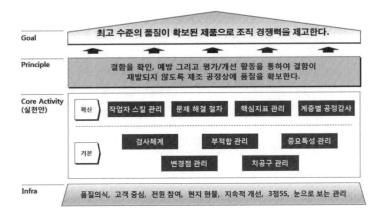

조직은 좋은 품질을 위해 지금 당장 해야 할 일이 무엇인가를 짚어봐야 한다. 전투에서는 전선을 넓게 확산하지 않고, 주요한 거점에서 승리를 거두는 일이야말로 승리의 지름길이다. 초조한 나머지 이것저것 손을 대서는 문제를 해결할 수 없다. 일단 가장 중요한 거점을 확보하는 일이 필요하다. 쉽게 말하자면 지금 우선적으로 해야 할 일을 잘 선별한 다음에 이를 집중적으로 공략해서 성과를 내는 일이다. 일단 이것에 성공하고 나면 그 다음에는 실타래처럼 얽히고설킨 문제들도 어렵지 않게 해결할 수 있다. 모든 문제의 해결책은 문제를 문제로 깊이 인식하는 데서부터 시작된다. 문제를 직시하면 절실함이 생기고, 절실함이 있어야 어떤 문제든 해결할 가능성이 생기기 때문이다.

BiQ가 추구하는 목표는 최고 수준의 품질이 확보된 제품으로 조직 경쟁력을 높이는 것이다. 이 BiQ의 목표 달성을 위해 결함을 확인하고 예방해야 하며, 평가·개선 활동을 통해 결함이 재발하지 않도록 제조 공정상에서 품질을 확보하는 것을 원칙으로 삼아야 한다. 이 원칙을 준수하기 위한 실천안으로 9개를 제시한다. 실천안은 레벨에 따라 '기본실천안'과 '확산실천안'으로 구분한다. 기본실천안은 '검사체계', '부적합 관리', '중요특성 관리', '변경점 관리', '치공구 관리'로 총 5개다. 확산실천안은 기본실천안에 이어서 실행함으로써 기본실천안의 실행 효과를 높이고, 유지 관리를 위한 실천안으로 구성하였다. '작업자 스킬 관리', '문제 해결 절차', '핵심지표 관리', '계층별 공정감사'로 총 4개다.

9개 실천안들은 각각 개별적으로 적용이 가능하다. 만약 조직에서 특정 부분이 취약하다고 판단되면 그 실천안을 집중적으로 실행함으로써 단기간에 원하고자 하는 성과를 얻을 수 있을 것이다. 근본적으로는 9개 실천안들을 모두 적용하는 것을 추천하며, 공장장이 총괄책임을 지고 담당자 지정, 추진 일정계획을 수립해서 계획적으로 실행하는 것이 바람직하다.

9개 실천안이 효과를 얻기 위해서는 기본 인프라가 바탕이 되어야 한다. 직원들의 품질의식, 고객 중심적인 사고, 전원이 참여하는 풍토, 현지 현물을 중시하는 문화, 지속적인 개선 등이 요구되는 인프라다. 물론 3정5S 활동, 눈으로 보는 관리 활동은 말할 것도 없다. 3정5S는 공장의 기본이라고 할 수 있는 활동이기 때문에 정리, 정돈, 청소가 안된 공장은 불량이 많을 수밖에 없다. 불량과 양품이 섞일 가능성이 많고, 작업자의 의식이 분명히 떨어져 있을 것이기 때문이다. 인프라는 단기간에 만들어지는 것이 아니므로 중간에 멈추거나 포기하지 말고 끈기를 가지고 꾸준히 노력해야 형성될 수 있다.

3부에서는 기본실천안 5개에 대해 자세히 소개할 것이며, 이어서 4부에서는 나머지 확산실천안 4개에 대해 소개할 것이다. 필자가 다년간 공장 혁신, 품질 혁신 프로젝트를 수행하면서 얻은 경험과 노하우를 공개할 것이며, 이해를 돕도록 다양한 사진과 사례를 보여줄 것이다. 필자가 직접 개발하지 못한 사례(사진 포함)는 어쩔 수 없이 동료 컨설턴트들의 자료를 활용했다. 이 점에 대해서는 너그러이 양해를 바란다.

3부

리얼팩토리

실천안 갖추기
(기본篇)

09

검사게이트를 운영하라

· ·

– QP(Quality Post), 검사체계

"불량은 받지도, 만들지도, 보내지도 말라"는 말이 있다. 제조업 종사자라면 한 번쯤은 들어보았을 테다. 제조업에서는 이를 철칙으로 삼는다. 협력업체로부터 공급받는 부품이 품질이 확보되었는지 확인해야 한다. 제조현장에서 결함이 포함된 제품이 생산되지 않도록 공정에서 품질을 확인해야 한다. 완성된 제품을 고객에게 보내기 전에 고객 요구 사항이 제품에 모두 구현되었는지 확인해야 한다. 행여 잘못된 제품이 만들어지더라도 봉쇄, 검출, 예방 활동을 통해 공정 내에서 제조 품질을 확보하려는 노력이 필요하다.

열악한 기업일수록, 수준이 낮은 기업일수록 검사를 생략하는 경우가 많다. '잘 만들어졌겠지' 하는 방심은 금물이다. 검사자는 정해져 있지도 않고, 검사 방법도 모른다. 검사를 했다고 하나 후공정에서는 불량이 수시로 발생한다. 검사게이트^{GATE}를 운영해도 빠져나가는 불량을 자동차 분야에서는 '파렴치 불량'이라고 부른다. 품질에 대한 엄격함, 절실함이 없어서 생긴 일이다. 조금이라도 의심이 가는 제품은 사이드로 빼고, 30분 내에 담당자가 확인해야 한다.

공정품질을 확보하기 위해서는 첫째, 검사 행위를 하게 해야 한다. 설비 가공 형태로 로트(LOT, 묶음) 생산을 한다면 반드시 초중종물검사를 해야 하고, 부득이한 경우에는 초종물 검사라도 해야 한다. 둘째, 검사 방법을 명확히 세워줘야 한다. 이는 검출력의 문제다. 검사자가 불량품과 양품을 명확히 구분하기 위해서는 검사기준, 검사 방법이 기본이다. 제품이나 공정에 따라 한도견본을 운영할 수도 있고, 도장공정이라면 도장 상태에 대해 A/B/C Zone 검사를 할 수도 있다. 셋째, 검사 도구를 준비해야 한다. 검사 도구가 없는 경우 육안검사라도 시작해야 하고, 계측기나 3차원 측정기와 같은 검사 툴을 비치해줘야 한다. 넷째, 지그jig, 고정구fixture, 금형 관리를 잘해야 한다. 이것들은 공정에서 품질을 만드는 뿌리이자 밑바탕이다. 적합한 치공구를 비치하고 점검 관리를 해야 한다. 치공구관리가 안 되는 순간 만드는 족족 불량이다. 마지막 다섯째는 조건 관리다. 공정작업표준에 조건을 정확히 설정해주고, 그 조건을 잘 준수하게끔 감사audit하는 행위가 필요하다.

검사체계의 실행은 크게 '검사체계 설계', '검사공정(수입/공정/출하검사) 설계', '검사공정 운영', '품질 문제 피드백'과 '측정시스템 분석' 순으로 진행한다. 지금부터 각 단계를 어떻게 실행해야 하는지 자세히 살펴보자.

검사체계 설계

　검사체계는 제품을 제조하는 과정에서 기준에 적합한지 여부를 판정하는 중요한 활동이다. 검사 활동을 위한 계획을 수립하고, 제조현장에서 제품의 품질을 보증하기 위한 수입검사, 공정검사, 출하검사를 포함하는 검사공정을 설계하고 운영함으로써 고객만족을 추구하는 활동이다.

　모든 제품에는 고객과 약속한 규격(품질표준, 품질특성이라고도 함)이 있다. 일례로 길이를 측정했을 때 5±0.5cm가 규격이라고 한다면 5.5cm가 규격상한이 되고, 4.5cm가 규격하한이 된다. 결함은 요구되는 규격을 만족시키지 못하는 제품이다. 검사는 제품을 특정 방법으로 시험한 결과를 품질 판정 기준과 비교하여 그 제품에 대해 양품·불량품 판정을 내리는 행위다. 로트생산의 경우, 로트 판정 기준과 비교하여 합격·불합격 판정을 내리는 행위가 검사다. 검사를 하는 목적은 규격에 맞지 않는 물품이 나오지 않도록 예방하기 위해서다. 규격에 맞지 않는 물품이 나오더라도 다음 공정이나 고객에게 전달되지 않아야 한다.

　조직에 적합한 검사체계를 설계해야 한다. 검사체계는 다음의 그림과 같이 수입검사, 공정검사, 출하검사가 기본이다. 공정검사는 다시 자주검사, 초중종물검사, 모니터링검사(패트롤검사라고도 함)로 세분화된다. 전수검사는 검사 대상 로트 전부를 검사하는 방식으로, 주로 양불 판정을 한다. 샘플링 검사는 제품의 로트에서 시료를 채취한 뒤, 그 결과를 판정 기준에 비추어 로트의 합격·불합격을 결정하는 방식이다. 자주검사는 공정 작업자가 작업한 것을 스스로 검사하는 방식이다. 검사체계가 설계되면 검사공정 운영 위치를 지정하고, 공장 레이아웃도상에 표시하여 현장에 게시하는 것이 좋다.

[사례] 검사체계 설계

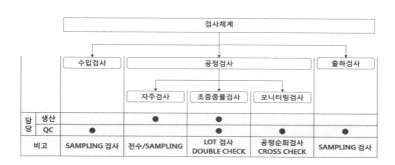

검사공정 설계

검사공정은 '검사게이트', '관문^{關門}'이라는 표현을 쓰기도 한다. 혹자는 '보초를 세운 곳'이라고도 한다. 제조공정상에서 어느 지점에 검사게이트를 운영할 것인가는 매우 중요하다. 검사공정을 너무 많이(촘촘하게) 두면 검사원, 검사 시간이 과다 소요되어 생산성이 떨어지고 원가가 올라간다. 반대로 검사공정을 너무 부실하게(띄엄띄엄) 두면 불량이 후공정으로 전달될 확률이 높다. 조직 상황에 맞는 검사공정을 설계해야 하며, 제품특성, 고객 요구 사항, 과거 불량 이력 등을 종합하여 의사결정이 필요하다.

결함 없는 제품을 생산하기 위해 제조현장에서 검증해야 할 합리적인 검사 항목을 선정한다. 검사 항목별로 표준화된 검사 방법을 설정해야 하며, 이 검사 방법에는 검사 주기, 검사 요령, 검사 도구, 합부 판정 기준 등이 포함된다.

■ 수입검사 [incoming Inspection]

수입검사는 입고검사라고도 부른다. 검수와 검사는 다르다. 많은 사람들이 잘못 사용하는 경우가 많다. 검사는 실제 물품이 규격조건과 일치하는지 여부와 합격 기준에 만족하는지 확인하는 행위이고, 검수는 단순히 물품의 규격과 수량 정도를 확인하는 것으로 인수인계의 목적이 강하다. 흔히 볼 수 있는 행태가 입고검수 해 놓고, 입고검사 제대로 다 했다고 말한다.

원재료, 부품, 반제품이 외부에서 입고되면 제조공정에 투입하기 전에 검사기준과 규격을 만족하는지 확인하는 검사다. 수입검사와 관리방법을 명확히 해서 제조과정 상에서 발생할 수 있는 품질 문제를 최소화해야 한다. 외주 부품 품질을 체계적으로 관리해서 신뢰성 있는 부품을 확보할 수 있다. 수입검사절차 또는 수입검사기준, 수입검사성적서 등의 문서를 총칭해서 '수입검사표준'이라고 부른다.

수입검사기준은 전수검사, 샘플링검사, 무검사로 나뉜다. 전수검사는 불량품이 한 개도 혼입되면 안 될 때, 검사 시간과 비용이 적게 들고 효과가 클 때, 검사 항목이 적고 비파괴검사일 때 채택한다. 샘플링검사는 파괴검사, 연속체나 대량 물품으로 어느 정도 불량 혼입이 허용될 때, 검사 항목이 많아서 검사 비용을 줄이고자 할 때, 생산자에게 품질 향상의 자극을 주고 싶을 때 채택한다. 샘플링 로트 생성, 시료 크기, 시료 채취 방법, 판정 기준은 경제적 여건을 고려하여 통계적 방법으로 결정한다. 샘플링 기준은 보통 '계수 발췌표'를 활용하며 검사 방식은 수월한 검사, 보통 검사, 까다로운 검사 순서로 실시한다. 연속 3회 이상 불량이 발생하면 엄격도를 조정할 수 있다.

무검사는 장기간에 걸쳐 검사 결과가 우수하고 품질 실적도 양호한 경우 수입검사를 공급자의 검사성적표 확인으로 대체하는 방법이다. KS 지정 상품과 같이 품질보증표시가 있는 상품 구매를 할 때 채택한다. 특히, 검사기획자는 무검사 품목을 선정하거나 무검사로 전환하는 기준을 명확히 설정해야 한다. 법으로 규제하거나 보안 부품은 반드시 무검사에서 제외한다.

수입검사에서는 전환 기준 설정을 빠트리지 말아야 한다. 초도품부터 연속 3LOT 이상 납품되어 수입검사와 생산라인에서 불량이 없고, 품질이 안정되었다고 판단될 때 검사 방식을 수입검사 또는 출장검사에서 자율검사로 변경할 수 있다. 반대로 자율검사 부품 중에 생산라인에서 비가동이 발생하거나, 필드에서 부품 문제로 클레임이 접수된 경우, 수입검사 또는 출장검사로 변경할 수 있다. 검사방식의 변경 사항은 별도로 그 이력을 관리한다.

■ 공정검사 Process Inspection

공정검사는 제조공정에서 품질이 확보된 제품을 만들기 위해 작업 표준에 따라 작업을 수행하기 전, 수행 중, 수행 후에 작업 내용의 이상과 정상을 판단하는 것이다. 작업자와 검사자의 상호 협조가 기반이 되어야 한다. 작업자와 검사자가 공정검사에 대해 효율적으로 업무를 분담하여 후공정으로 불량이 유출되는 것을 방지해야 한다. 불량 발생요인에 대해 사전조치를 취하고 개선하기 위한 공정검사절차 또는 공정검사기준, 검사체크시트 등의 문서를 총칭해서 '공정검사표준'이라고 부른다. 검사기준은 검사기준서 또는 작업표준서에 명기한다.

검사기획자는 공정검사 항목을 선정하는 기준을 명확히 설정해야 한다. 법 규제, 보안 또는 안전과 관련된 기능부품을 특별특성이라고 부르는데, 이 특별특성과 관련된 공정은 반드시 검사공정으로 선정한다. 공정검사는 세 가지 형태를 많이 사용한다. 자주검사, 초중종물검사, 모니터링검사가 그것이다. 공정의 특성에 맞게 적절히 선정하여 운영하면 된다. 예를 들면, 작업자 자주검사를 실시하면서, QC요원이나 현장감독자가 모니터링검사를 하는 형태이다.

자주검사는 작업자가 작업 내용의 이상과 정상을 직접 판단하는 검사다. 자주검사는 전수검사를 기본으로 한다. 불량제품이 후공정으로 이동되면서 발생할 수 있는 LOT불량을 방지하는 효과가 있다. 이상 원인을 추적하고 대책을 신속하게 수립할 수 있다. 공정품질을 확보함으로써 완제품의 품질 확보도 수월하다. 자주검사체계를 구축하면 사후검사에 드는 품질 비용을 절감할 수 있다. 자주검사 결과는 일반 항목의 경우 자주검사시트에 O/X로 기록하고, 특별특성항목의 경우 장비에서 측정값 확인이 가능하면 전수로 측정값을 기록한다.

초중종물검사는 작업자와 검사자가 작업 초반·중반·종반에 작업

내용의 이상과 정상을 이중 점검^{double check}하여, LOT성 불량을 사전에 예방하는 검사다. 불량제품이 후공정으로 이동하는 것을 사전에 방지하는 효과가 있다. 4M 변동으로 인한 불량을 사전 예방할 수 있고, 결함 요인을 사전에 제거하여 품질을 확보할 수 있다. 프레스공장이나 사출공장을 예로 들어보자. 프레스물이나 사출물은 금형을 장착하고 한번 조건을 설정해 놓으면 반복해서 제품을 찍어내는 구조다. 찍어내는 속도도 빨라서 작업자가 전수로 자주검사를 하기 힘든 경우도 많다. 이런 경우 초물을 통해 조건 설정이 완전한지, 양품이 나올 수 있는 조건이 되었는지 확인한다. 중간에는 일정한 주기로 중물을 통해 조건이 유지되고 있는지만 보면 된다. 마지막 종물을 통해 LOT 내의 모든 제품이 양품임을 확인하는 방식이다. 일정 기간 불량 이력이 없거나, 공정이 안정화되었다고 판단되는 경우 중물검사 주기를 늘리거나 생략할 수도 있다. 철판 원재료를 투입하여 자동절단설비로 동일한 크기의 부품으로 절단하는 공정도 초중종물검사를 실시할 수 있는 대표적인 사례.

초중종물검사에서 기업들이 내부에서 자주 논쟁하는 부분은 누가 검사를 할 것인가와 중물을 어떤 주기로 취할 것인가이다. 초중종물검사는 반드시 조장이나 반장급 이상이 시행하고, 작업자는 전수검사만 시행해야 한다. 간혹 작업자에게 초중종물 중 일부를 맡기는 경우가 있는데, 이는 잘못된 상황이다. 생산부서 조반장급의 맨파워가 부족한 경우에는 초중종물검사 일부를 QC부서에서 맡기도 한다. 초중물은 조반장이, 종물은 QC요원이 검사하는 식이다. 초중종물은 보관함을 별도로 만들어 보관하고, LOT 종료 후 전체 양품에 포함시키면 된다.

초물은 첫 제품이고, 종물은 마지막 제품이기에 혼란이 없으나 중물은 혼란의 여지가 있다. LOT 크기가 100개라면 50번째 제품이 중물이고, LOT 크기가 1000개라면 500번째 제품이 중물이다. 이런 경우, LOT 크기가 다른데 중물을 1회만 검사한다는 것은 자칫 불량을 놓칠 수 있는 가능성이 크다. 따라서 LOT 크기에 따라 중물은 50개의 배수로 한다든지, 30분 간격으로 한다든지 기준을 명확히 설정해야 한다. 점심시간 직후나, 설비를 일시정지한 후 재가동하는 경우에도 나오는 첫 제품을 중물로 간주하여 검사하는 것이 바람직하다.

[사례] 초중종물 검사표준

모니터링검사는 작업자의 작업 내용에 대해 검사자가 크로스체크 cross check하여 사전에 이상 유무를 진단하고, 필요시 조치를 함으로써 LOT성 불량을 예방하는 검사이다. 모니터링검사는 이상이 발생된 경우 신속하게 해당 공정으로 피드백하여 조치할 수 있는 효과가 있다. 공정결함을 사전에 발견함으로써 불량이 후공정으로 이동하거나, 다량으로 결함이 발생하는 것을 방지한다.

■ 출하검사 Outgoing Inspection

출하검사는 제조공정에서 최종검사 결과 합격 처리되어 완제품 창고에 입고 후, 고객의 납품 요청에 따라 출하 전에 실시하는 QC검사다. 생산부서에서 최종 검사한 제품을 QC검사원이 샘플링으로 검사한다. 고객라인에서 품질 트러블이 발생하지 않도록, 필드에서 문제가 발생하지 않도록 사전에 차단하고 예방하기 위함이다. 출하검사는 불량제품이 공장에서 출고되는 것을 방지하고, 결함제품을 사전에 제거하여 고객품질을 확보하는 효과가 있다. 결함 발생 공정의 문제점을 도출시켜 개선함으로써 공정품질 문제의 재발을 방지할 수 있는 효용이 있다.

출하검사절차, 출하검사기준서, 출하검사성적서 등의 문서를 총칭해서 '출하검사표준'이라고 부른다. 특히, 출하검사기준서는 고객(또는 자사)이 배포해준 도면과 일치시키는 것이 중요하다. 법 규제나 안전·보안과 관련된 특별특성 품목은 별도 식별 표기를 해야 한다. 고객과 검사협정서를 체결한 경우 출하검사기준서는 고객의 승인을 받는 것이 일반적이다. 나머지 샘플링 방식이나 엄격도 조정 등은 앞에서 설명한 수입검사와 동일하다. 단, 주의해야 할 점은 고객이 수입검사게이트를 운영하는 경우, 출하검사가 고객의 샘플링 기준보다는 엄격해야 한다는 것이다. 만약 고객이 20개 시료를 추출하여 수입검사를 한다면 자사 출하검사에서는 최소한 20개 이상을 검사해야 하지 않겠는가.

수입, 공정, 출하검사 모두 관리 포인트는 유사하다. 첫째, 공정FMEA를 실시하고 현재 검출도 수준을 고려해서 관리계획서^{CP, Control Plan} 내의 관리 방법과 일치시킨다. 둘째, 검사기준서와 검사성적서 또는 검사체크시트를 일치시킨다. 여기에는 검사 항목, 규격, 방법, 주기, 샘플 크기 (또는 시료수) 등이 포함된다. 셋째, 계측기나 한도견본과 같은 적합한 검사구를 확보하고 검교정 유효기간을 확인한다. 넷째, 적정 검사 인원을 확보하여 검사자를 선정하고 검사원 교육을 제공한다. 교육 내용은 검사 항목별 검사 방법, 샘플링 방법, 검사구 사용법, 부적합품·불합격품 처리 방법, 데이터 정리 방법 등이다. 다섯째, 검사구 또는 검사원에 대한 검출력을 확인하고 개선을 진행한다. 이를 '게이지Gage R&R'이라고 하며, 이 장의 뒤에서 자세히 다룰 것이다. 마지막 여섯째, 정기적인 자체 감사를 통해 검사 실시 상태, 불합격품 처리 상태, 사후관리 상태 등을 확인한다.

검사에 필요한 '한도견본' 관리도 중요하다. 한도견본이란 품질특성 중에서 관능官能에 의해 판단되는 특성에 대해 합·부 상태를 시각적으로 나타낸 것이다. '관능'의 사전적 의미는 생물이 살아가는 데 필요한 모든 기관의 기능이다. 고급 관능에는 시각·청각이 속하고 저급 관능에는 촉각·미각·후각이 속한다. 관능에 의해 판단되는 특성이란 합·부 판정을 오감에 의해 판단할 수밖에 없는 외관, 색상, 형상, 거칠기 등을 말한다. 만약 색상 요구 사항이 '빨간색'이라고 했을 때 사람마다 느끼는 시각의 차이가 있다. 연한 빨간색도 빨간색이고 진한 빨간색도 빨간색이기 때문이다.

보는 사람마다의 차이를 최소화해주는 것이 한도견본의 역할이다. 한도견본 관리는 먼저 한도를 설정하고 목록을 작성한다. 한도견본을 제작·설치하고 운영하면서 유효성을 점검한다. 유효하지 못한 한도견본은 폐기하고, 필요시 갱신해 가며 사후관리를 하면 된다.

[사례] 한도견본 보관

검사공정 운영

검사 항목을 선정하기 위해서는 먼저 도면, 공정FMEA, 관리계획서를 검토하여 제조현장에서 수행해야 할 검사 항목을 분류한다. 공정 FMEA를 실시하고 나면 고장 형태에 따른 공정관리 기준이 도출된다. 이것을 바탕으로 관리계획서에 점검 항목, 주기, 방법을 기술하면 된다. 관리계획서를 각 공정과 연계하여 수입검사, 공정검사, 출하검사에서의 검사 항목, 검사 방법, 검사기준을 설정하고, 이를 작업표준과 검사표준서로 작성하면 된다. 다시 요약하면 공정FMEA, 관리계획서, 검사표준 순으로 전개하면 되고, 검사 항목·방법·기준은 서로 일치해야 한다. 검사표준은 '검사작업요령서' 또는 '검사기준서'라는 이름으로 회사마다의 규정된 양식을 활용하면 된다.

검사 항목은 한번 정하면 변하지 않는 것이 아니다. 고객의 추가 요구 사항이 있거나, 검출되는 불량 항목, 일정 기간의 불량 추이를 판단하여 수시로 업데이트해야 한다. 검사 항목이 명시된 표준문서는 그 적합성, 적절성에 대해 주기적으로 검토가 필요하다. 도면과 표준류 간의 일치성과 연계성도 포함된다.

검사를 실시하는 구역에는 검사대를 세팅한다. 검사대 명판을 부착하여 식별하고, 바닥에는 녹색으로 구획선을 긋는다. 검사대기품과 검사완료품을 두는 구역도 구획선을 명확히 긋고, 바닥에 '검사 대기', '검사 완료' 식별표를 붙여 놓는다. 훼손이 쉽게 되는 경우, 글자를 각인^{刻印}하여 페인트로 칠하는 방법도 있다. 검사대기품과 검사완료품이 섞여 검사가 되지 않은 제품이 출하되는 것을 방지해야 하기 때문이다. 검사 표준문서를 게시하고 검사기록지를 비치한다. 검사에 사용되는 치구, 검사구는 가능한 검사대 주변에 위치시키고 식별관리한다. 3정^(정품, 정량, 정위치)은 기본이다.

검사원이 제대로 검사할 수 있도록 조명기구를 비치하여 적절한 조도를 제공한다. 특히 도장 상태, 프레스물의 찍힘 불량 상태 등 육안검사를 하는 구역은 조도가 매우 밝아야 한다. 2012년도에 전남 광주에 있는 가전업종의 D사를 지도할 때 있었던 일이다. 대형 프레스로 냉장고 도어^{door}를 생산하는 업체인데, 출하검사에서는 불량이 없었지만 고객라인에서 불량이 갑자기 발생하였다. 도어에 미세한 찍힘 불량이 발견된 것이다. 라인이 발칵 뒤집어졌다. 프레스 공정에서 찍힘 불량은 일반적으로 금형으로 타발할 때 칩^{chip} 상승에 의해 발생한다. 불량품을 확인해보니 보통의 육안으로는 잘 식별이 되지 않아서 '이것이 불량이 맞나' 싶을 정도로 작은 찍힌 자국이 있었다.

유저(일반사용자)의 눈높이가 예전보다 훨씬 까다로워져서 정말 미세한 찍힘도 반품을 시키기 때문에, 고객사에서도 눈높이(검사기준)를 까다롭게 할 수밖에 없다고 호소했다. 찍힘 불량이 대략 20%를 넘었고 공장 마당에는 반품된 불량 도어로 넘쳐날 지경이었다. 고심 끝에 대책을 수립한 내용 중의 하나가 출하검사 공정에 조도를 강화하는 것이었다. 눈이 부시다 싶을 정도로 밝은 상태에서 검사를 진행하니, 검출력이 향상되어 일단 고객사로 불량이 넘어가는 현상은 방지할 수 있었다. 이후에 다행히 근본 원인을 찾아 개선되었는데, 개선되기 전까지 2~3개월간 바짝 긴장했던 기억이 있다.

초중종물 검사대에는 초중종물을 보관할 수 있는 보관대가 필요하다. 다음 사례와 같이 계측기, 검사구, 초중종물 체크시트, 한도견본 등을 비치하여 초중종물 검사대를 운영하면 된다.

[사례] 초중종물 보관대, 검사대

품질 문제 피드백

불량은 날 수 있다. 신이 아닌 이상 사람은 완벽할 수 없기 때문이다. 100% 자동화 공장을 가동한다 하더라도 어차피 기계는 사람이 돌린다. 한번 발생한 불량은 다시 재발하지 않도록 하는 것이 중요하다. 제조현장에서 품질 문제가 발생하면 문제의 심각도와 응답 리드 타임에 따라 품질 문제를 상위 계층으로 피드백해야 한다. 문제가 신속히 해결될 수 있도록 유도하기 위해서다. 문제를 상부로 보고하는 기준을 '상부보고escalation 체계'라고 부른다.

예를 들면, 레벨1을 '가동 중 동일불량 연속 3개 발생' 또는 '한 시간 가동 중 5개 이상 동일불량 발생'하는 상황으로 설정한다면, 긴급조치로 생산직장과 품질담당자를 호출해야 한다. 30분 이내에 경보조치에 대한 응답이 없거나, 한 시간 가동 중 10개 이상 동일불량이 발생하면 레벨2로 상승된다. 레벨2 상황에서는 생산부서장과 품질부서장을 호출한다. 60분 내에 경보조치에 대한 응답이 없거나, 한 시간 가동 중 15개 이상 동일불량이 발생하면 레벨3으로 상승된다. 라인을 정지시키고 공장장에게 보고한다. 이런 식으로 레벨 수준에 따른 경보작동, 긴급조치, 응답내용을 설정하고 운영하는 것이다.

품질 문제에 신속하게 대응하기 위한 4가지 기본 활동이 있다. 일일 품질결산회의, 신속대응 현황판, 큐포인트Q-Point, 큐차트Q-Chart가 그것이다. 이 4가지 활동은 품질 문제를 신속하게 피드백해서 재발을 방지하는 데 매우 유용하면서도 효과적이다. 하나씩 자세히 살펴보도록 하자.

일일 품질결산회의는 '일일 품질반성회'라고도 부른다. 현장에서 당일에 발생한 공정불량 시료를 놓고 불량원인과 대책을 설명하는 방식이다. 회의 진행은 보통 입식(서서 한다는 의미)으로 한다. 대책이 수립되지 않은 불량 건에 대해서는 불량의 증상을 설명하고 현물을 자세히 보도록 한다. 원인과 대책에 대해 작업자들과 간략히 논의하는 것도 좋다. 설명은 현장감독자가 하고 참석 대상은 라인 내 모든 작업자이다. 직원들 퇴근 시간을 이유로 당일이 아닌 다음 날 아침에 반성회를 하는 기업도 있지만, '당일 불량, 당일 처리' 원칙을 세워서 하루를 넘기지 않는 것이 좋다.

[사례] 품질회의체

구분	일일 반성회	주간 개선회의	월 평가회의
이미지			
추진방법	현장에서 일일 발생한 공정불량 시료를 놓고 불량 원인 및 대책 설명	1주일 동안 발생한 자공정 및 고객 공정(In-Line) 불량의 개선 대책 회의	월 품질 목표 달성여부/미비점 반성 및 만성불량의 개선대책 수립
참석자	현장 감독자 및 전 작업자	관리자 및 현장 감독자	공장장 및 전 관리자
실시주기	매일 실시	1회 / 주	1회 / 월

앞서 말한 레벨1 상황이 발생하면 신속대응 현황판에 등재하여 개선 대책을 실시해야 한다. 레벨2 상황이 발생하면 주간 품질회의에서 개선 대책을 보고토록 하고, 레벨3 상황이 발생하면 월간 품질회의에서

개선 대책을 보고토록 한다. 위 그림은 기본적인 품질회의체를 보여주고 있는데, 이마저도 실시하지 않는 기업들이 많다.

신속대응 프로그램은 신속대응 현황판을 중심으로 품질 문제에 대하여 24시간 이내에 조치될 수 있도록 운영하는 것이다. 다음 그림처럼 보드를 설계·제작하여 현장에 비치하고 발생 문제를 건건이 수기로 작성한다. 품질 문제를 해결하는 단계마다 해제기준일(D+?일 형태)을 설정한다. 예를 들면, 발생 문제에 대해서는 24시간 이내 임시(봉쇄)조치가 될 수 있도록 설정하는 방식이다. 해결단계는 임시조치, 근본 원인 분석, 대책 수립, 대책적합성확인, 대책실시, 유효성검증 등 6단계를 주로 사용한다. 각각의 문제에 대해서는 GYR$^{Green, Yellow, Red}$ 관리를 통해 진행 상황에 대한 눈으로 보는 관리가 필요하다. 초록색은 조치가 완료되었다는 의미이고, 노란색은 조치 중, 빨간색은 조치가 지연되고 있음을 의미한다.

[사례] 신속대응 현황판

R 조치 실행전 / Y 조치 실행중 / G 조치 완료 / N/A 해당 없음	발생일	발생공정	품번	품명	발생내용	수량	업체명	발생원인	목표완료일 24H	임시조치 D+5	근본원인분석	대책수립 D+7	대책적합성확인	대책실시 D+20	유효성검증 D+25	비고
G	7/1	IQC	P1245	LEFT	치수불량 발생	4	A산업	홍길동	7/25	7/2 G	7/4 G	7/6 G	7/8 G	7/21 G	7/25 G	
Y	7/2	압입	P1111	RIGHT	베어링 압입깊이 미달	2	B테크	임꺽정	7/26	7/3 G	7/6 G	7/7 G				
R	7/5	도장	C2223	FRONT	FRONT 표면 불량으로 도장 불가	1	C정공	홍길동	7/30							

Q-Point는 '품질급소'라고도 부른다. 문제가 발생한 해당 공정의 품질 또는 불량에 대한 핵심적인 체크포인트 사항을 말한다. 흔히, 단순

한 작업이지만 작업자가 실수하기 쉬운 것들이다. 작업자에게 '이것만은 꼭 확인해라'는 주의를 환기시켜 준다. Q-Point는 작업장에 작업자 눈높이 정도 높이로 게시하고, 재발하지 않도록 반복교육을 실시한다.

[사례] Q-Point (품질급소)

2011년부터 3년간 전남 광주에 있는 J사를 지도할 때 있었던 일이다. J사는 세탁기, 냉장고, 에어컨 사출물 전문업체이다. '전자동 Top Cover(세탁기 윗면)'를 사출기로 성형하고, 그 사출물에 몇 가지 부품을 조립하여 반제품 형태로 대기업에 납품하였다. 어느 날인가 갑자기 조립라인 후반부에 있는 '전원검사 공정'에서 자꾸 불량이 나는 것이다. 원인을 찾아가보니 'Power Code 조립 공정'이 있는데 작업자(40대 후반의 주부 사원이었다)가 실수로 빨간색 단자와 파란색 단자를 거꾸로 조립한 것이 문제였다. 반장이 여러 번 주의를 주어도 불량이 완전히 없어지지 않았다. 본인도 자꾸 깜빡깜빡 해서 속상하단다. 고민 끝에 그 주부 사원이 항상 볼 수 있도록 Q-Point를 만들기로 했다. Q-Point를 게시하는 날, 마지막으로 그 주부 사원에게 신신당부했다. "아주머니! 작업하실 때

이거 항상 보고 하세요. 그리고 나중에 다른 사람한테 인수인계하실 때 이것만 꼭 전달해주고 가세요!" 중소기업이라 임시직, 계약직이 많기 때문이다. 이후 자연스럽게 불량은 사라졌다.

Q-Chart는 '품질 캘린더'라고도 부르며, 부적합 발생 실적을 일일차트에 표시하는 것이다. 무결점 공장 운영을 목표로 직원들에게 환기를 주기 위한 목적으로 운영한다. 해당 날짜에 색깔 스티커 또는 자석을 부착한다. 고객 클레임이 발생한 날은 '빨간색', 내부에서 공정불량이 발생한 날은 '노란색', 부적합 발생이 없는 날은 '초록색'으로 표시한다.

[사례] Q-Chart(품질 캘린더)

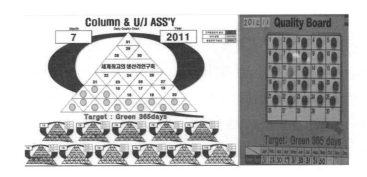

측정시스템 분석

검사도 사람이 하는 일이기에, 사람이 버튼만 누르면 되는 자동검사기가 아닌 한 측정 결과에 대한 산포가 있을 수 있다. 한 검사자가 동일한 제품을 검사한다고 해도 한 번은 양품으로 판정하고, 다른 한 번은 불량으로 판정할 수 있다. 이런 경우 '반복성이 떨어진다'라고 표현한다. 또한 두 사람이 동일한 제품을 검사한다고 해도 한 명은 양품으로 판정하고, 다른 한 명은 불량으로 판정할 수도 있다. 이런 경우 '재현성이 떨어진다'라고 표현한다.

측정시스템이란 측정값에 영향을 주는 제반 요소의 총칭으로 절차, 계측기, 소프트웨어, 측정자 등 측정치를 얻기 위해 사용되는 전체 과정을 일컫는다. 측정시스템의 오류로 인한 산포가 최종 관측된 산포에서 얼마나 많은 비중을 차지하는지를 분석하여 측정시스템의 신뢰성을 평가하는 방법이다. 현재 능력을 파악하기 위해 데이터를 수집하기에 앞서, 데이터가 믿을 수 있는지를 확인하는 데 활용한다. 좋은 측정 품질이란 측정치가 기준값 또는 참값에 근접함을 의미하고, 나쁜 측정 품질이란 측정치가 기준값과 차이가 큼을 의미한다. 완벽한 측정값, 즉 측정 부품이 오誤분류될 확률이 없는 이상적인 측정시스템은 결코 존재하지 않는다.

측정 정밀도는 반복성repeatability과 재현성reproducibility으로 구분된다. 측정시스템의 반복성과 재현성에 대한 분석을 '게이지 R&R'이라고 부른다. 정확하고 정직한 데이터를 확보하는 것이 게이지 R&R의 목적이다. 동일한 부품의 동일한 특성을 동일한 계측기로 한 명의 측정자가 여러 번 반복하여 측정하였을 때 얻어지는 측정값들의 변동이 '반복성'이다. 이 변동이 작을수록 반복성이 좋다고 평가한다. 또한, 동일한 부품의 동일한 특성을 동일한 계측기로 여러 명의 측정자가 여러 번 반복하여 측정하였을 때 얻어지는 측정값들의 변동이 재현성이다. 이 변동이 작을수록 '재현성'이 좋다고 평가한다.

[그림] 측정산포 – 반복성/재현성

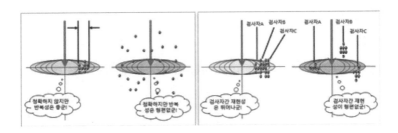

측정시스템 평가는 연간단위 월별로 평가 일정계획을 수립하여 계획에 준해 평가를 실시한다. 최소 년 1회 정기평가를 실시하고, 측정자 또는 계측기가 변경되었을 때 수시로 평가한다. 측정시스템을 평가하는 절차는 먼저, 측정시스템 평가 대상 공정을 선정하여 일정계획을 수립한다. 둘째, 측정 방법에 대한 작업요령서를 숙지한다. 측정기 조작 요령과 측정값 판별 요령에 대해 작업자 간 차이가 없도록 사전에 준비한다. 셋째, 측정 마스터샘플의 유효성을 확인한다. 이를 위해 사전에 정상적인 제품을 통해 측정이 이루어지도록 마스터샘플에 대한 검사기준을 수립한다. 마지막으로 넷째, 측정시스템 평가 결과를 공유하면 된다.

게이지 R&R을 정확히 수행하기 위해서는 '미니탭Minitab'과 같은 통계패키지를 활용하면 편리하다. 하지만 규모가 작은 중소기업에서는 통계의 개념을 이해하기가 쉽지 않을뿐더러, 통계패키지를 사용하는 데 어려움을 많이 느낀다. 게이지 R&R 결과를 해석하고 판별하는 방법과 기준은 여기에서 상세히 기술하기에는 다소 무리가 있기에 생략한다. 대신 필자가 규모가 작은 조직에서 간이로 계수형 게이지 R&R을 수행하는 방법을 소개한다. 참고만 하기 바란다.

먼저 양품과 불량시료를 합해서 n개를 준비한다. 검사원에게 n개를 모두 검사시켜본 후, 그 결과를 기록지에 OK$_{(양품)}$, NG$_{(불량)}$으로 기록한다. 양품을 양품으로 판정하고, 불량을 불량으로 판정한 확률^{probability}, 즉 Prob(OK→OK, NG→NG)이 90%이상, 양품을 불량으로 판정한 확률, 즉 Prob(OK→NG)이 10% 이하, 불량을 양품으로 판정한 확률, 즉 Prob(NG→OK)이 5% 이하라면 게이지 R&R이 확보되었다고 간주한다. 양품을 불량으로 판정하는 것도 문제지만, 불량을 양품으로 판정하면 불량이 고객으로 전달될 가능성이 있으므로 더 엄격한 기준을 적용하는 것이다. 이 방법은 통계 패키지 없이도 엑셀 프로그램을 활용하여 간단히 쉽게 실행할 수 있는 장점이 있다.

10

부적합을 봉쇄하라

- NCC(Non-Conforming Control), 부적합관리

공장에서 제품을 생산하는 과정에서 '불량제품(이를 부적합품으로 부른다)'이 생길 수 있다. 한두 번은 나올 수 있다고 치더라도 중요한 것은 이를 잘 관리하여 다시는 발생하지 않도록 하는 것이다. 그러기 위해서는 어떤 활동이 필요할까?

살인 사건이 발생했다고 가정해보자. 용의자가 발견되었고 다행히 잡혔다. 하지만 용의자는 유력한 범인일 뿐 아직 범인으로 확정된 사람은 아니다. 잡힌 용의자는 도망가지 못하게 '이 사람이 용의자다'라고 표시하고 철장에 가두어야 한다. 용의자를 격리하지 않으면 다시 범죄를 저지를 가능성이 크기 때문이다. 그래서 우선 격리하고 봐야 한다. 그 다음 이 용의자가 진범인지를 증명할 만한 결정적인 증거를 찾고, 다른 여죄가 있는지 조사해서 최종 판결을 내리면 된다. 판결을 받은 범인은 교도소로 이송하여 거기에서 죄를 뉘우치게 하고 새사람이 되도록 교

화도 시킨다. 생산 현장도 마찬가지다. 살인 사건은 불량이 발생한 상황이며, 용의자는 의심 제품, 표시를 하는 것은 '식별', 철창에 가두는 것은 '격리', 범인으로 판결하는 것은 '부적합 판정', 교도소로 보내는 것은 '부적합 처리', 교도소에서 교화시키는 것은 '부적합 개선'에 비유될 수 있다.

살인범을 체포하여 벌하지 않으면 사회가 혼란에 빠지듯, 생산 현장도 부적합품을 관리하지 않으면 회사가 혼란에 빠진다. 회사가 혼란에 빠진다는 것은 불량이 재발하여 늘 문제 상황에 허우적대는 공장이 되거나, 최악의 경우 불량이 고객에게 전달되고, 울며 겨자 먹기로 클레임 비용까지 지불하게 되어 경영에 큰 타격을 입을 수도 있다는 의미이다.

제조현장에서 발생한 모든 부적합품은 차기 공정으로 진행되는 것을 방지해야 한다. 식별, 격리, 억제 방안을 적용하고 개선을 실시해야 한다. 개선 활동 이후 그 유효성을 확인함으로써 제품의 생산에서 출고까지 제조의 전 과정에 있어서 발생되는 부적합품에 대해 합리적인 관리 활동을 수행해야 한다. 생산라인 및 고객에게 인도되는 제품이 만약 규정된 요구 사항을 충족하지 못하는 경우 추가적인 문제가 발생하지 않도록 다음과 같은 4가지 핵심 활동을 수행해야 한다.

- 정상 제품과의 혼용 방지 및 구분을 위한 **식별**
- 의도되지 않은 사용을 방지하기 위한 **격리**
- 후공정 및 고객에게 유출되지 않도록 **봉쇄**
- 발생 문제점에 대한 경영진의 의사결정 및 **처리**

부적합품을 관리하는 목적은 첫째, 제조현장에서 발생한 모든 의심 제품, 부적합 제품이 후공정과 고객에게 유출되는 것을 봉쇄하는 데 있다. 둘째, 생산공정과 라인에서 반복되는 문제점들을 감소시키는 개선 활동을 활성화할 수 있다. 셋째, 내·외부 고객과의 의사소통을 통해 모든 문제점이 누락 없이 해결됨을 보장할 수 있다. 마지막 다섯째는 불량 유출이 발생한 경우, 적절한 의사소통을 통해 문제를 통보하고 대책을 적용하기 위함이다.

부적합품 관리의 범위는 생산 제품·부품은 물론, 완성되지 않은 공정 제품(재공품)까지 포함된다. Proto 및 Pilot 생산을 위한 설계 샘플이나, 시험생산 샘플도 포함하는 것이 좋다. 또한, 조직의 상황에 맞는 '부적합제품 관리 프로세스' 구축을 통해 업무 절차를 포함하여 책임과 권한을 명확히 하는 것이 필요하다.

부적합 식별

부적합제품과 관련된 용어부터 먼저 살펴보자. 부적합품이란 시방서 도면, 작업표준 등 규정된 품질요건을 충족시키지 못한 것을 말하며 일반적으로 '불량품'이라 부른다. 공정 중에 기계 고장이나 작업 미스, 설계 미스 등으로 불량이 발생된 제품이며, 취급 부주의로 손상, 파손, 긁힘, 찍힘 등이 발생된 제품이다. 의심품은 검사 또는 재검사가 필요한 자재 또는 제품을 말한다. 검사 또는 시험 상태가 불완전한 상태이거나, 장기 보관 등의 사유로 인해 열화^{deterioration}나 손상이 예상되는 제품,

취급 부주의로 인해 품질이 변형되거나 저하가 우려되는 제품이다. 수정품은 부적합품을 사용 목적이나 규정된 품질 요건에 적합하도록 재작업 또는 수리한 제품을 말한다. 마지막으로 특채란, 부적합품을 필요한 절차에 의해 사용 가능한 것으로 승인하는 것을 말한다. 원칙적으로 사람의 안전과 직결된 아이템은 특채할 수 없다. 특채제품은 반드시 기록하고 추적관리해야 한다.

부적합 또는 의심 제품의 식별은 매우 중요한 활동이다. 고객을 부적합제품으로부터 보호하기 위해 생산라인 내에서 불량제품을 봉쇄하고 시정조치를 취해야 하기 때문이다. 공급업체의 책임 있는 조직(일반적으로 품질부서)은 규정된 요구 사항에 부합하지 않는 제품이 의도되지 않은 사용 또는 혼용을 방지할 수 있는 방법을 수립하고 실행해야 한다. 대표적인 방법은 태그^{tag}(꼬리표라고도 부른다) 부착, 전용 용기 사용, 페인트 마킹^{marking} 등이 있다.

부적합 식별 태그는 생산 현장에서 발생한 불량품과 의심 제품을 식별함으로써 양품과의 혼입을 방지할 수 있다. 부적합품의 식별 태그 색상은 빨간색이다. 태그에는 불량 장소, 수량, 검사자, 불량 내용을 필수 항목으로 QC에서 기입한다. 재작업이 불가능하거나 폐기 제품에 한해 적용한다. 의심 제품의 식별 태그 색상은 노란색이다. 기입 내용은 부적합품 식별 태그와 동일하며, QC 또는 작업자나 감독자가 기입한다. 선별이 필요한 제품이나 재작업이 필요한 제품에 한해 적용한다.

[사례] 부적합 식별 TAG

차종		품명	
발생일		품번	
발생장소		조치부서	
부 적 합			
수량		검사자	
불량내용			

차종		품명	
발생일		품번	
발생장소		조치부서	
의 심			
수량		확인자	
의심내용			

　　의심 제품이 발생하면 의심 제품에 대한 추적관리를 위해 규정된 양식을 활용하여 의심 제품의 발생 현황과 이력을 기록한다. 이 양식을 보통 '의심 제품 처리 시트'로 부르며, 반드시 QC와 지정된 책임자가 확인한다. 의심 제품 격리 장소에는 의심 제품 조치 현황을 눈으로 보고 관리할 수 있도록 '의심 제품 처리 현황판'을 제작하여 운영하는 것이 좋다.

부적합 봉쇄

　　부적합품을 격리하고 억제하는 활동을 통틀어서 '부적합 봉쇄'라고 부른다. 2015년 초여름에 대한민국을 불안으로 떨게 했던 메르스도 감염 환자에 대한 초기 격리가 미흡했기 때문이라는 사실은 우리가 너무도 잘 알고 있는 사실이다. 공장도 마찬가지다. 부적합품이나 의심 제품을 격리하지 않으면 부지불식간에 제품은 흘러간다. 어느 순간에 고객 손으로 들어가 있을지 모른다.

　　봉쇄 활동을 통해 모든 부적합 또는 의심되는 제품은 의도되지 않은 사용이나 설치가 방지되도록 격리해야 한다. 퇴근 전 또는 매 Shift(교대근무)의 마지막에 부적합제품 수량을 파악하여 지정된 봉쇄 지역이나 불량 폐기 지역으로 이동시켜 공정이나 생산 지역에서 반드시 제거시킨다.

[사례] 부적합품 격리 방법

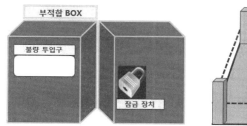
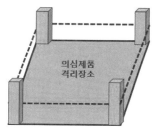

부적합 격리는 생산 현장에서 발생하는 불량제품, 의심 제품을 격리함으로써 정상 제품과의 혼입을 방지하기 위함이다. 부적합 식별과 부적합 격리는 가능하면 연속되어 실행되어야 한다. 격리 지역은 작업장 바닥에 구역을 표시하거나 다른 형태로 식별한다. 불량제품 보관대, 보관대차, 격리함, 격리 장소는 모두 빨간색을 사용한다. 마찬가지로 의심 제품 보관대, 보관대차, 격리함, 격리 장소는 노란색을 사용한다. 격리함 속 불량품 또는 의심 제품은 권한 있는 자만이 접근할 수 있도록 잠금장치를 통해 격리한다.

위 사례는 부적합품 격리 구역을 보여주는데 좌측은 소형 제품, 우측은 대형 제품을 격리하는 방식이다. 형상이 크고 무거운 제품의 경우, 먼저 공장 내에 적정 공간을 확보해야 한다. 부적합품을 격리 지역까지 운반하는 방법도 정할 필요가 있다. 대형품은 자재비가 비싸기 때문에 불량이 나면 대부분 바로 폐기하지 않고, 재작업이나 수정하여 사용한다. 부적합 유형에 따라 수정 작업과 부적합 격리조치 할 사항에 대한 구분 기준을 설정해야 한다. 수정 작업 대상일지라도 부적합에 대한 식별은 필수다. 작업자는 불량이 발생해도 수정할 것이라는 핑계로 격리 지역으로 이동하지 않는 경우가 많다. 무거운 대형 제품을 운반하는 것이 귀찮기 때문이다. 현장의 기본^{rule}을 정해 놓고 지키지 않는 대표적인 경우다.

부적합품 격리 구역을 정했으면 적절한 운영 방식이 같이 설정되어야 한다. 첫째, 부적합·의심 제품 태그를 부착하여 격리한다. 부적합 유형별 또는 부품 종류별, 공정별로 보관함을 세분화하는 것도 좋다. 둘째, '부적합·의심 제품 처리 프로세스'를 잘 보이는 곳에 게시한다. 셋째, 바로 기록할 수 있는 '부적합품 처리대장'을 비치하거나, '부적합·의심 제품 처리 현황판'을 운영한다.

부적합품 억제라는 용어에서 억제는 영어로 'containment'를 사용한다. 이 단어는 좋지 않은 일의 방지, 임시대책 등을 뜻한다. 일단 부적합이 발생한 경우 그 제품에만 문제가 있다면 다행이겠지만, 제품은 동일한 설비나 제조 방식으로 반복적으로 생산되기 때문에 부적합 증상이 어디까지 퍼져 있는지, 즉 오염되어 있는지를 조사해봐야 한다. 누가 책임지고, 어느 공정과 제품을 대상으로, 어떤 방식으로, 언제까지 등 6하 원칙을 적용하여 그 오염 정도를 조사하겠다는 계획과 그 결과를 기록하는 문서가 바로 '억제시트^{containment work sheet}'이다.

불량 유출 억제시트 작성 방법에 대해 알아보자. 크게 세 가지 세부 내용이 들어가야 한다. 첫째, 부적합 발생 현황에 대한 기록이다. 품명, 품번, 발생 공장, 부서, 라인 불량 내역, 불량 수량 및 추적 가능한 LOT No까지 기록한다. 둘째, 격리 대상에 대한 내용이다. 세로 열에 억제 활동 대상 위치^{location}를 나열한다. 이 대상 위치는 발생공정에서 고객까지의 Pipe Line일수도 있고, 필요하다면 협력업체에서 발생공정까지의 Pipe Line일수도 있다. 가로 열에는 억제 활동에 대한 결과 항목을 나열한다. 억제 활동의 대상, 확인 수량, 담당자나 확인자가 그것이다. 이렇게 매트릭스 형태로 가로 열과 세로 열을 구성하고 실제 결과 값을 기입하면 된다. 셋째, 억제 활동 결과를 요약해서 정리한다. 격리된 의심 제품의 위치, 선별 방법과 선별 기준, 합격품과 부적합품 표시 방법을 기록한다. 중소기업에서는 맨파워 부족을 핑계로 억제시트 작성을 힘들어하는 것이 사실이다. 억제시트는 공장 규모, 제품특성, 공정의 복잡성 등을 고려해서 간소화하여 실행하는 것도 한 방법이다.

억제 작업을 위한 부적합품을 선별할 때 주의할 사항이 있다. 부적합으로 확인된 제품을 표준재공품 용기 또는 최종완제품 용기에 담아서는 안 된다는 것이다. 또한, 억제작업을 수행하는 동안 제품을 표준규격에 맞도록 조치하는 작업 장소(예. 재작업 구역)에 대해 고객승인이 필요할 수도 있다.

부적합 억제 활동에는 문제점의 의사소통을 위해 품질경보quality alert 통지시스템을 포함해야 한다. 품질경보는 문제점과 규격으로부터 이탈된 상태를 정의하고, 규격 이탈을 설명하기 위하여 그림이나 샘플을 포함한다. 작업자가 품질경보를 통보받고 내용을 이해했다는 것을 보장하기 위해 문서에 각 작업자별 확인 서명을 받기도 한다. QC는 품질경보를 제기하고, 고지하며, 해제할 책임이 있다. 품질경보는 개선 조치의 유효성이 검증되고, 작업지침서가 적절하게 개정된 이후 해제한다.

또한, 부적합 억제 활동에는 문제점에 대해 고객에게 적절히 의사소통하고 공지하는 것을 포함해야 한다. 잠재적으로 예상되는 의심자재 수량이 발견된 의심 수량보다 많은 경우, 공장 내에 생산한 지 가장 오래된 제품에 부적합품이 포함되어 있는 경우, 문제 발생시점이 불분명한 경우 등에는 모든 자재가 봉쇄되었음을 확신하지 못한다. 그렇기 때문에 잠재적인 외부 문제가 유발될 가능성이 크기 때문에 반드시 고객에게 통보한다. 연락해야 할 대상은 고객 공장의 품질담당자, 서비스부품 담당부서, 필요하다면 외주업체까지 포함한다.

고객과 의사소통할 때에는 직접적인 대화가 필요하다. 휴대폰 음성 녹음(메시지)이나 이메일 연락은 허용되지 않는다. 연락망을 위한 전화번호 목록을 평소에 작성해 두어야 하고, 고객이 요청할 때 전화(요즘은 'conference call'이 활성화되어 있다) 또는 화상회의를 진행한다. 컨퍼런스 콜이나 화상회의를 할 때에는 외주업체를 포함한 모든 관련 담당자들이 참석하면 의사소통이 보다 효과적이다.

고객과의 의사소통은 공급업체의 임원급이 책임자로 활동하고, 모든 의사소통이 한 곳으로 이루어지는 단독 연락담당자를 선정해야 혼선이 생기지 않는다. 가장 답답할 때가 연락은 분명히 했는데 상대방은 연락 못 받았다고 하는 경우, 아니면 그 반대의 상황이다. 회사 대 회사로 이루어지는 일인 만큼 충분히 일어날 수 있지만, 이런 사태를 미연에 방지하는 것도 실력이다.

부적합 처리

공장장이 "김 반장, 지난 주 발생한 A제품 불량 건은 모두 처리했나?"라고 물었다. 김 반장이 하는 말, "하하하. 처리한 지가 언제인데요. 협력사 인원 투입시켜서 선별 모두 끝냈습니다." 선별은 부적합 처리가 아니다. 선별은 선별일 뿐이다. 부적합을 처리하기 위해 사전에 어쩔 수 없이 하는 것이 선별이다. 부적합 처리는 발생된 부적합 제품에 대해 재작업, 수정하여 재투입하거나, 불가능한 경우 폐기하는 활동을 말한다. 부적합 처리 활동은 크게 세 가지, 즉 재사용, 재투입, 폐기로 구분된다. 각각에 대해 알아보자.

'재사용'은 재작업rework, 또는 수정repair(수리)이라고도 부른다. 부적합 제품을 분해하여 수정한 제품으로 고객에게 납품하기 위한 처리 방법이다. 그렇다면 재작업과 수리의 차이를 아는가? 대부분의 사람들이 헷갈려 하는 용어이다. 수리는 부적합한 제품과 공정을 그대로 놓아두고, 부적합한 부분만을 개선시켜 적합한 상태로 만드는 것이다. 재작업이란 부적합한 제품이나 공정을 완전히 후퇴시켜 다시 작업을 하는 것이다. 수리는 현 상태에서 부적합 사항을 개선하는 것인데 품질을 훼손할 가능성이 있어 QC 확인이 필요하고, 업종에 따라서는 수리 과정에 QC가 입회하기도 한다. 재작업은 일단 원점으로 되돌아가서 다시 작업을 하는 것이기 때문에 일단은 품질 측면에서도 다시 시작하는 셈이다. 이제 이해가 되었는가.

'재투입'은 검사에서 NG 처리된 제품, 또는 수정 작업이 완료된 제품에 대해 제품의 기능, 성능을 인증하기 위해 생산라인 완료 시점에 제품을 다시 투입하는 것을 말한다. 이때는 관리계획서 상의 모든 검사와 시험이 이행되어야 한다. 표준공정라인에서 수거된 제품은 수거된 공정의 이전 공정이나 해당 공정으로 재투입되어야 한다. 재투입되는 제품은 별도 식별이 필요하고, 제품을 두 번 이상 재투입하지 않을 것을 권한다. 수거된 공정이나 이전 공정으로 재투입이 불가능할 경우에는 모든 특성이 일치하고 시험 요구 사항을 만족함을 보증하기 위하여 품질관리자가 승인하고, 문서화된 재작업절차서와 검사절차서가 사용되어야 한다.

'폐기'는 말 그대로 사용할 수 없어 버리는 것, 물리적으로 파괴하는 처리 방법을 의미한다. 수리 혹은 재투입을 통해 품질을 보증할 수 없는 제품은 폐기되어야 하고, 폐기된 제품은 반드시 사용되지 못함을 증명할 수 있도록 처리되어야 한다.

부적합 처리 기준은 생산라인 또는 생산제품별로 부적합 유형을 분류하고, 각 부적합 유형별로 처리 기준을 수립하면 된다. 생산라인의 부적합 유형별로 부적합 확인을 위한 '작업요령서'를 작성하여 게시하고 작업자와 공유한다. 작업요령서는 부적합 사항에 대해 작업자가 쉽게 확인할 수 있도록 작성하고, 부적합 사항을 판정하기 위한 기준을 단순하고 명확하게 설명하고 있어야 한다. '재작업요령서'도 필요하다. 공정에서 작업지도서나 작업표준서를 활용하여 작업을 진행해야 하듯, 재작업도 표준이 있어야 한다. 그러나 대부분의 기업이 재작업표준의 필요성을 인식하고 있지 않거나, 표준문서 없이 재작업을 진행하는 경우가 많다. 재작업을 할 때 중요 작업 포인트에 대해 재작업 작업자가 참조할 수 있는 재작업표준을 작성하여 현장에 게시한다. 재작업표준도 일반 작업표준과 마찬가지로 작업완료 후에 작업자가 확인해야 하는 중요 검사 포인트와 기준이 포함되어야 한다.

생산라인에서 발생한 부적합 처리를 위해 재작업을 한 경우, 반드시 재작업 수행의 추적성 확보를 위해 작업일지에 기록한다. 재작업일지 또는 수리일지는 재작업 작업자가 직접 기록하고, 그 결과를 라인작업자와 현장감독자에게 피드백하면 된다.

부적합 개선

제조현장에서 문제가 발생하면 QC는 문제가 더 이상 유출되지 않도록 봉쇄 활동을 진행하고, 문제점에 대해 귀책을 판단 후 조치부서를 지정하여 '시정조치 요구 통보서^{CAR, Corrective Action Required}'를 발행한다.

먼저, 부적합품 발견자는 즉시 조치부서 작업자(또는 담당자)와 현장감독자에게 구두로 통보하고, CAR을 작성하여 소속 직·반장에게 보고한다. 소속 직·반장은 신속하게 부적합품을 확인하고, CAR에 서명하여 조치부서로 송부한다. 이때 반드시 QC부서에 사본을 보관토록 한다. CAR을 접수받은 부서는 제조공정에서 즉시 해당 제품의 전후 LOT에 대해 확인하고, 동일 부적합 사항이 발견되면 추가로 계속해서 전후 LOT에 대해 확인한다.

시정조치 요구 사항은 반드시 CAR을 기준으로 등록번호, 문제점, 개선책임부서, 조치 내용, 진행 사항에 대한 진행 관리를 실시한다. 시정조치 요구 사항 발행 전에 반드시 유출 봉쇄를 위한 식별, 격리, 억제 활동을 잊지 말아야 한다.

CAR이 발행된 문제는 반드시 재발 방지를 위해 근본 원인에 대한 개선을 실시한다. 부적합 개선을 위해 표준화된 문제 해결 절차를 적용할 수도 있다. 표준화된 문제 해결 절차는 다음의 4부 '실천안 만들기, 확산편'에서 자세히 다룰 것이다. 부적합 개선 결과는 반드시 작업자, 소속 현장감독자, 부서장에게 보고한다.

CAR 발행부서장은 취해진 시정조치 결과에 대해 유효성을 확인하며, 등록된 문제가 어떻게 해결되고 있는지 진행 사항에 대해 점검한다. 시정조치 책임이 있는 부서장은 긴급조치 내용과 원인, 개선 대책에 대해 CAR 접수일로부터 순수 작업일 기준 5일 이내에 CAR 발행부서와 품질부서로 회신한다. 기일 내 회신 불가한 사항에 대해서는 지연 사유와 함께 시정조치 진행 사항을 사전 통보한 후, 시정조치 완료 즉시 '시정조치 결과 통보서^{RCA, Report of Corrective Action}'로 회신한다. CAR 발행부서는 책임부서의 개선조치 완료 여부를 확인하고 미흡한 경우 추가 개선을 요구한다.

뭔가 일을 하면서 배우게 된 교훈을 'Lesson Learned'라고 부른다. 부적합 개선을 하면서 배우게 된 교육, 개선 결과는 '원 포인트 레슨^{OPL, One Point Lesson}'이라는 형태로 작성해서 공유하는 것이 좋다. 부적합에 대한 개선 사례가 우수하거나, 수평전개의 필요성을 감안하여 생산부서장이 OPL 대상을 선정한다. 작성된 OPL에 대해서는 라인별로 공유하고, 현장감독자는 아침 조회 시간에 OPL에 대해 작업자 교육을 실시한다. 작성되는 모든 OPL은 공유 폴더에 저장하여 누구나 수시로 열람할 수 있도록 한다.

11

중요특성을 관리하라

- CTQ(Critical To Quality), 중요특성관리

　　2014년 중국에 진출한 한국 기업의 공장 혁신 프로젝트를 진행할 때였다. OEM 형태로 건설 장비 굴삭기의 운전석('캐빈'이라고도 부른다)을 생산·조립하여 대기업에 납품하는 1차 협력사였다. 공장을 둘러보니, 중국말로 쓰여 있는 여러 게시물 가운데 'CTQ'라고 적혀있는 식별 명판이 자주 눈에 띄었다. "저것이 무슨 표시입니까?"라고 물었더니, "중요한 공정이라는 표시입니다"라고 하였다. "중요한 공정으로 선정하는 기준이 무엇입니까?"라고 다시 물었더니, 딱히 정형화된 선정 기준은 없고, 고객라인이나 필드에서 불량을 유발한 공정이나, 모기업의 VIP급이 방문해서 중요하다고 한마디 하면 CTQ 공정이라고 간판을 건다고 한다. 이를테면, 모기업 사장이 방문하여 "도장공정관리를 철저히 해야 합니다"라고 말하고 가면 도장공정이 바로 CTQ 공정이 되고, 품질담당임원이 방문하여 "용접 품질이 중요합니다"라고 한마디 하고 가면 바로

용접공정에 CTQ 간판을 거는 식이다. 불량이 발생할 때마다, 고객사 VIP가 방문할 때마다 간판이 하나씩 하나씩 늘어나다 보니, 공장 곳곳에 CTQ 간판으로 도배를 할 정도가 된 것이다.

소개한 이런 현상은 기업이 CTQ에 대한 의미와 선정 방법, 관리 방법 등을 정확히 모르고 실행한 데서 오는 오류이다. CTQ란 용어는 'Critical To Quality'의 약자다. 품질에 중요한 특성이 있는 공정이라는 의미다. 품질이 중요하지 않은 공정이 어디 있겠는가. 이런 의미라면 모든 공정이 CTQ 공정이다. 지금부터 CTQ에 대해 자세히 알아보자.

'중요품질특성CTQ'은 고객 요구 사항이나 법규 또는 안전을 충족시키기 위해 특별히 중요하게 관리되어야 할 중요 '제품특성'을 말한다. 또한, 공정에서 특별히 중요하게 관리하여야 할 '공정특성'으로 정의된다. 중요품질특성은 관리도, 공정능력, 실수 방지mistake proof 장치 등의 관리 도구를 활용하여 고객에게 결함이 유출되지 않도록 공정에서 품질이 확보되도록 하는 활동이다.

어떠한 품질 문제도 고객에게 유출되지 않도록 공장 내에서 검출되고 예방됨을 보증하기 위해 CTQ 관리 활동을 전개해야 한다. 이를 위해서는 첫째, 고객 요구 사항을 파악하여 업체에서 자체 관리해야 할 중요 제품특성과 공정특성을 도출해야 한다. 둘째, 중요 제품특성과 공정특성을 관리하기 위한 관리 기준을 설정하고, 이를 관리계획서에 집약해야 한다. 셋째, 통계적 공정관리 또는 실수 방지 장치를 설치하여 불량을 검출하고 예방 활동을 수행해야 한다. 특히 중요특성의 검출과 예방 관점에서 관리 도구를 선정하는 것이 중요하다.

CTQ 선정

조직은 CTQ를 선정하는 프로세스를 명확하게 가지고 있어야 한다. CTQ 선정은 한 번으로 끝나는 것이 아니라, 신제품을 생산하게 될 때는 물론, 주기적으로 CTQ 항목의 적정성이 검토되어야 하기 때문이다.

[그림] CTQ 선정 프로세스

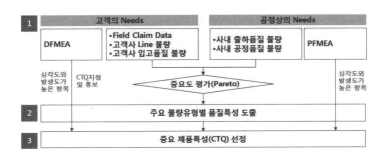

■ 고객 니즈 및 공정상의 니즈 파악

CTQ 선정의 출발점은 고객의 니즈와 공정상의 니즈이다. 고객에게서 중대한 불량이 발생한 이력은 반드시 내부로 피드백되어 관리 수준을 올려야 하고, 외부에서는 불량이 없더라도 내부공정에서 발생한 중대한 불량은 뭔가 특별한 조치가 취해져야 하기 때문이다. 먼저 고객이 중요시하는 특성은 무엇인지에 대해 검토한다. 고객이 중요시하는 특성을 파악하기 위해 '제품기능 및 요구 사항'을 파악한다. 우리가 생산한 제품이 고객사 완성품에서 어떠한 기능을 하는지 이해하고, 기능 만족을 위한 품질과 설계 요구 사항, 제품 사양을 확인하기 위함이다.

다음으로 '부품기능 및 요구 사항'을 파악한다. 제품을 구성하는 부품의 기능과 구조를 이해하고, 고객이 요구하는 제품의 품질특성과 연계된 구성 부품의 품질특성을 이해하기 위함이다. 이 두 가지 활동을 진행하다 보면 복잡한 제품·부품이라 하더라도 쉽게 이해가 되고 공부가 된다.

고객이 중요시하는 특성은 불량이 발생했을 때의 심각도^{severity}와 발생도^{occurrence}가 높은 항목이다. 이것은 설계FMEA를 통해 도출된다. 마찬가지로 공정 운영에서 중요시하는 특성은 무엇인지에 대해 검토하고 공정FMEA를 통해 심각도와 발생도가 높은 항목을 도출한다.

FMEA의 목적은 기본 설계 단계에서부터 제품이 의도한 대로 기능을 발휘할 것인가를 평가하고, 만족하지 못할 때에는 개선 활동을 통해 고장을 사전에 예방하고자 하는 신뢰성 활동이다. 제품설계 단계에서는 설계대로 만들면 되는지를 평가하기 위해 설계FMEA를 진행하고, 공정설계 단계에서는 설계대로 만들 수 있는 공정인지를 평가하기 위해 공정FMEA를 진행한다. 생산 단계에서는 설계대로 만들어졌는지를 평가하기 위해 관리계획서를 작성한다. 결론적으로 설계FMEA와 공정FMEA 결과를 반영하여 불량 발생이 예상되었을 때 심각도와 발생도가 높은 항목을 CTQ로 선정하면 된다. OEM 방식의 생산에서는 일반적으로 양산이관 시점에 고객이 직접 CTQ 항목을 지정해주기도 한다.

고객의 니즈에서 빠트리지 말아야 할 것이 바로 과거 고객사에서 발생한 불량 유형을 파악하는 것이다. 과거 불량 이력을 말하며 필드 클레임, 고객라인 불량, 고객 입고검사 불량 등이 해당한다. 공정상의 니즈를 파악하기 위해서는 과거 사내에서 발생한 불량 유형은 무엇인지를 검토한다. 사내 출하검사 불량, 사내 공정검사 불량이 해당한다. 파악된 과거 불량 이력에 대해서는 중요도 평가를 해야 한다. 중요도가 높은 항목만 특별관리를 하기 위해서다. 모든 것을 다 관리한다는 말은 모든 것을 다 관리하지 못한다는 말과 같다.

대부분의 현상은 '파레토 원리'가 적용된다. 이탈리아의 경제학자 알프레도 파레토Alfredo Pareto는 자국의 부富의 구조를 조사해 보았는데, 약 20%의 사람들이 국가 부의 80%를 차지하고 있다는 사실을 알게 되었다. 이 학자의 이름을 따서 파레토 원리가 만들어졌고, 쥬란 박사에 의해 처음으로 품질관리 분야에 적용되었다. 파레토 원리는 즉, 중요한 20%의 원인이 전체 문제의 80%를 발생시킨다는 것이다.

심각도와 발생도 측면에서 중요도를 평가하고 파레토 원리를 적용하여 상위 20%에 해당하는 주요 불량 유형을 결정하면 된다. 심각도와 발생 빈도를 평가하는 기준은 자체적으로 수립한다. 심각도 평가 기준은 일반적으로 1~10점 척도를 사용한다. 불량 유형이 안전에 치명적인 경우 9~10점, 주요 기능의 상실을 유발하면 7~8점, 일반 기능의 상실을 유발하면 5~6점, 외관 문제를 유발하면 3~4점, 기타 항목에는 1~2점을 부여하면 된다. 주의할 점은 평가과정을 통해 주요 불량 유형을 선정하는 과정에 유관부서가 같이 참여하는 것이다. 또한 CTQ 선정을 위한 과거 주요 불량 이력 조사는 주기적으로 수행하여 신규로 CTQ를 선정하거나, 기존 CTQ의 관리를 해제할 수도 있다. 주기는 최소 연

1회 이상으로 한다.

■ 중요제품특성 선정

주요 불량 유형이 선정되었으면 주요 불량 유형별 제품특성(규격, 공차 등)이 무엇인지를 검토한다. 규격이나 공차는 고객이 제시한 도면이나 설계명세서 등에 명시되어 있다. 제품특성은 1개 이상 있을 수 있으므로 누락되지 않게 모두 조사해야 한다.

이제는 CTQ를 결정하는 일만 남았다. 이 단계에서는 품질에 심각한 영향을 주는 항목은 무엇인지, 제품특성들 중에서 중요한 것은 어느 것인지를 검토한다. 이 검토의 결과로 선정된 제품특성이 중요 관리항목이 된다. 특별특성은 관리항목에 반드시 포함시킨다. 특별특성이란 안전 또는 품질에 심각한 영향을 미칠 수 있어서 공정상 특별한 관리가 필요한 항목을 말하며, CTQ, SRP, 특수공정으로 구분된다.

CTQ는 품질에 심각한 영향을 주는 항목으로, 공정FMEA 검토 결과 심각도 7점 이상 또는 위험우선순위^{RPN, Risk Priority Number} 100점 이상으로 평가된 항목이다. SRP^{Safety Required Process} (보안특성)는 사용자의 안전에 심각한 영향을 미치는 항목으로, 공정FMEA 검토 결과 심각도 9점 이상의 작업이 있는 공정을 말한다. 특수공정은 공정에서의 작업 결과가 해당 공정 또는 다음 공정에서의 검사 활동을 통해 품질을 확인할 수 없는 공정으로, 공정의 주요 파라미터 관리를 통해 품질을 보증하고 확보하는 공정을 말한다. 일반적으로 도장공정, 용접공정, SMT^{Surface Mounter Technology} (표면실장기술)공정 등이 특수공정으로 분류된다.

조직은 특별특성으로 선정된 항목에 대해 명확한 표기 방법을 정해 놓고 있어야 한다. 예를 들면 CTQ는 '☆', SRP는 '★'과 같이 표기하는 식이다. 고객에게 제출하는 도면이나 공정표준류는 고객이 요구하는 기호와 일치시켜야 한다.

관리계획서 작성

CTQ 항목이 선정되면 어떻게 관리할 것인가를 결정해야 한다. 이 관리 방식이 정의된 문서가 관리계획서다. 관리계획서를 작성하기 위해서는 먼저 공정흐름도와 특성매트릭스분석을 선행해야 한다.

'공정흐름도^{PFD, Process Flow Diagram}'는 제품·부품의 요구 사항을 제조·조립공정의 시작부터 끝까지 기계, 재료, 방법 및 인력을 분석하는 데 사용되는 도구이다. 사전에 문제점을 점검·조치하고, 요구특성이 공정에 적절하게 반영되었는지를 검토하기 위한 목적도 있다. 공정흐름도는 공정FMEA 전개를 위한 기준을 제공하고, 관리계획서 작성을 위한 정보를 제공한다. 공정을 흐름 방식으로 도식화한 후 공정 구성 요소를 파악하여 기입한다. 공정 구성 요소에는 설비, 금형, 게이지, 시험장비, 소요 인원, 작업 방법 등 각 요소의 특성·사양이 포함된다. 신제품이 아닌 기존 제품의 개량제품인 경우에는 공정흐름도 작성을 생략할 수 있다. 기존 제품과 공정 순서가 동일하고, 각 공정의 특성이나 공정 구성 요소가 큰 차이가 없다면 특성매트릭스분석으로 바로 넘어갈 수 있다.

다음 단계는 CTQ에 영향을 주는 공정과 중요공정관리인자는 무엇인지를 검토할 목적으로 '특성매트릭스분석'을 진행한다. 제품특성은 검사를 통해 불량을 검출할 수 있지만, 불량은 발생하지 않도록 미연에 방지하는 것이 더 바람직하다. 제품특성이 관련 공정에서 어느 파라미터를 관리하면 되는지 찾아가는 것을 '중요공정특성'(CTP, Critical To Process) 전개'라고 부른다. 예를 들면 대형제관 제품이 필드에서 '용접 부위 크랙(crack, 깨짐을 의미)'이 자주 발생한다고 가정해 보자. 이 크랙은 깨진 부위를 볼 수도 있지만, 육안으로 식별하지 못하는 경우도 많다. 크랙과 관련된 공정이 용접공정이며, 용접공정에서는 '기공(Blow hole)'과 '틈새 길이'가 기준치 이상으로 생기면 크랙이 일어나기 쉽다. 기공이 생기지 않기 위해서는 전류나 전압 같은 용접환경을 관리해주어야 한다. 이 경우 '용접 부위 크랙'이 CTQ가 되고, '전류 및 전압'이 CTP가 되는 것이다.

[사례] 중요공정특성 도출

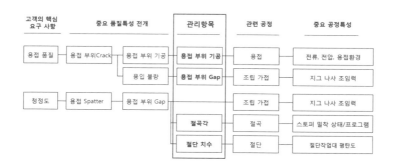

CTQ에 관련된 공정과 CTQ에 영향을 주는 공정관리인자에 대해 어떻게 관리하고 운영할 것인가를 정의한 CTQ 관리항목이 바로 CTP이다. 이 단계는 CTP 선정에 있어서 매우 어렵고도 중요한 과정이다. 공정특성을 전개할 때에는 엔지니어와 현장작업자 등 해당 업무에 능통한 현업부서에서 반드시 참여해야 한다.

특성매트릭스분석은 제품특성 및 제조공정 간의 관련성을 분석하여 공정변수를 도출하기 위해 권장되는 기법이다. 특히 선정된 CTQ가 전체 공정 중에서 어느 공정과 관련이 있는지, 그 공정에서 관리해야 할 CTP는 무엇인지를 체계적으로 도출하는 데 매우 유용하다.

특성매트릭스분석을 진행하는 요령에 대해서 알아보자. 먼저 매트릭스 형태로 세로 열에 이미 선정된 제품특성과 스펙을 나열한다. 가로 열에는 해당 제품을 만들기 위해 거쳐야만 하는 모든 공정을 순서대로 나열한다. 이때는 앞서 작성한 공정흐름도를 참고하면 된다. 이 매트릭스에서 행렬을 대조해 가며 각각의 제품특성이 어느 공정과 연관이 있는지를 결정하고 '●' 마크를 한다. 그 다음 각 공정별로 품질특성에 영향을 주는 요인 즉, 공정특성과 공정조건(작업 방법)을 기입하면 된다.

품명	로터				특성 매트릭스						
기종	DWR-TK,TL										
작성일				NO	10	20	30	40	50	60	70
N O	특성	스팩	특성	공정명	풀핀메탈 압입	오일레스 메탈 압입	C-RING 삽입	커버벤딩	솔더링	로터 삽입, P/T제거	스테이터 2축체결
1	소음	60db이하	C		●	●					
2	토크	95±20kgf	C							●	
3	전류	3.0A이하	C		●	●	●				●
4	RPM	60±12 (정격)	C								
5	절연	500V,1MΩ	S					●			
6	작동불량										
7	파형	이상파형없을것							●	●	●
8	전류흔들림	0.1A이하									
품질 특성 영향 요인					•메탈 내경불량 •부품누락 •FRAME 축간불량 •압입불량 •FRAME파손	•메탈내경불량 •구리스미도포 •원활R/OUT불량	•부품누락 •이탈및파손 •부품불량	•밴딩불량 •SEAL RING누락 및 휘칭	•냉땜 •액남땜	•P/TAIL미제거 •C/BRUSH 송풍불량 •로토위칭	•체결불량 •스무루누락
공정 조건 (작업 방법)					•AIR 프레스압력	•구리스 미도포	•실딴대 압력	•자주관리	•납땜전압	•위칭	•토오크누락
특별 특성 표시 (특별 공정)					C	C	C			C	C

공정흐름도와 특성매트릭스분석을 입력 자료로 활용하여 공정 FMEA를 다시 한 번 실시한다. 공정FMEA는 공정을 설계할 때 잠재적 고장 유형과 그 영향을 분석하여 고장의 영향을 사전에 예방하기 위해 작성하는 문서이다. 공정FMEA를 다시 해봄으로써 위험도가 얼마나 줄어들 수 있는가를 파악하는 것이 주목적이며, 이 활동은 선택적 optional으로 수행할 수 있다.

마지막으로 CTQ를 어떻게 관리할 것인지(표준문서화) 정의할 목적으로 관리계획서를 작성한다. 관리계획서는 고객 요구에 맞추어 양질의 제품을 제조하는 과정에서 도움을 준다. 공정 산출물이 수입, 공정, 출하 각 단계에서 관리 상태임을 보장하기 위해 필요한 단계별 공정 감시, 관리 방법, 조치 방법을 제공하기 위함이다. 관리계획서는 제품수명사이클(시작품~선행양산~양산) 전체에 걸쳐 유지되고 이용되어야 한다. 궁극적으로 관리계획서는 현재 사용되고 있는 관리 방법과 측정시스템을 반영하는 살아 있는 문서로 활용되어야 한다. 따라서 시간이 경과함에 따라 바뀔 수 있고, 정확성을 기하기 위해 주기적인 검토가 필요하다.

관리계획서는 공정FMEA 실시 결과를 입력으로 활용하면 쉽게 작성할 수 있다. 필수적으로 다루어야 할 사항은 6가지로 다음과 같다. 첫째, 관리항목인 '제품특성과 공정특성'이다. 제품특성은 도면 또는 다른 기술정보에 기술된 부품, 구성품 또는 조립품의 특징이고, 공정특성은 파악된 제품특성과 인과관계를 가지는 공정변수다. 둘째, 제품이나 공정의 '규격, 공차'다. 규격과 공차는 도면, 설계검토, 재료표준, CAD자료, 제조·조립 요구 사항과 같은 다양한 기술문서로부터 얻을 수 있다. 셋째, '평가·측정 방법'이다. 현재 사용되고 있는 측정시스템을 파악한다. 여기에는 부품·공정·제조장비의 측정에 요구되는 게이지^{gage}, 고정구^{fixture}, 공구^{tool} 또는 시험장비를 포함한다. 측정시스템의 정밀성과 정확성 분석은 시스템이 사용되기 전에 분석되고 개선되어야 한다. 측정시스템 분석은 이미 기본실천안 '검사체계^{QP}'에서 자세히 다루었다. 넷째, '샘플 수량과 측정 주기'다. 샘플링이 요구될 때, 해당 샘플 크기와 주기를 기록한다. 다섯째, '관리 방법'이다. 현재 작업이 어떻게 관리되는지 해당 절차서 제목과 번호를 포함해서 간략한 설명을 기재한다. 작업은 공정 Audit 시트, SPC, 검사, 계수치 자료, 실수 방지, 샘플링 등으로 관리된다. 마지막 여섯째는 '이상 발생 시 조치 사항'이다. 부적합품 생산과 관리 범위 밖의 작업을 피하기 위해 적절한 시정조치를 필요로 한다. 시정조치는 작업자, 조장, 반장 등 현장감독자의 책임을 의미하며 명확하게 명시되어야 한다.

[사례] 관리계획서

공정 번호	공정명 / 작업 설명	기계, 장치, 지그, 공구	특성			특별 특성	방법					이상 조치
			조치 번호	제품	공정		제품/공정 사양 또는 공차	평가/측정 방법	샘플		관리방법	
									크기	주기		
#10-1	BLANKING	PRESS			BLANKING		제품 형상이 양호할 것	조,중,종물 검사	3	LOT	CHECK SHEET	- 작업 중지 - 직장보고
#10-2	Drawing	PRESS		평탄도	DRAW'G	★	제품 형상이 양호할 것	조,중,종물 검사	3	LOT	CHECK SHEET	- 작업 중지 - 직장보고
#10-3	Trimming	PRESS			Trimming		제품 형상이 양호할 것	조,중,종물 검사	3	LOT	CHECK SHEET	- 작업 중지 - 직장보고
#10-4	적재	팔레트			자율검사		크랙 및 버 없을 것	육안 검사	전수	LOT	CHECK SHEET	- 작업 중지 - 직장보고

CTQ 관리

CTQ 항목은 다음의 세 가지 공정관리 방법 중에서 한 가지 이상으로 관리되어야 한다.

- 100% 전수검사
- SPC 관리: Ppk 1.67, Cpk 1.33 이상, 지속적 산포 감소 활동
- 실수 방지(Mistake Proofing)

CTQ 항목은 기본적으로 해당 공정에서 100% 검사가 이루어져야한다. 추가적으로, 100% 전수검사를 하면서 측정된 데이터를 활용하여 '통계적 공정관리SPC, Statistical Process Control'를 진행한다. 관리도 관리 등을 통해 불량 검출보다는 사전 예방에 초점을 두고 활동하게 된다. 가장 바람직한 방식은 실수 방지 장치를 통해 불량이 생기면 바로 알 수

있도록 하는 것이다. 이는 고객에게 불량이 전달될 가능성을 원천적으로 차단하는 방법이다. CTQ 관리에 있어서 100% 전수검사만 하면 관리 수준이 '하$^{下,\ Low\ Level}$', SPC 관리까지 하면 관리 수준이 '중$^{中,\ Middle\ Level}$', 실수 방지 장치까지 구현해 놓으면 관리 수준이 '상$^{上,\ High\ Level}$'으로 우수하다고 표현할 수 있다. 앞서 소개한 '검사체계^{QP}' 실천안이 불량 검출에 초점을 맞춘 활동이라면, '중요특성관리^{CTQ}' 실천안은 불량을 예방하는 데 초점을 둔 활동이다. 이와 같은 효용이 CTQ가 매우 중요한 이유다. 실력 있는 공장은 불량의 검출보다는 예방에 주력하기 때문이다.

관리계획서가 만들어지면 이를 바탕으로 공정표준류 작성에 들어가야 한다. 공정표준류는 공정 작업에 직접적인 책임이 있는 모든 작업자에게 상세한 지침을 제공한다. 작업자가 이해하기 쉽게 작성해야 하고, 작업자 또는 관리자들이 수시로 열람할 수 있어야 한다. 공정표준류에는 작업표준서, 작업지침서, 검사기준서, 설비점검서 등이 있다. 기존에 작업표준이나 검사표준을 보유하고 있는 경우에는 관리계획서 내용을 반영하여 개정하면 된다.

현장에서는 CTQ 공정이 명확히 식별되어야 한다. 중요공정을 표시하는 방법을 정하고, 누구에게 물어보지 않아도 중요공정임을 알 수 있어야 한다. 중요공정 식별과 함께 해당 작업표준 또는 작업요령서를 게시하고, 공정담당 또는 인증된 작업자 투입 현황을 알 수 있는 표식이 필요하다. CTQ 공정에는 초보 작업자를 투입해서는 안 되며, 최소한 중·상급 이상의 숙련된 작업자를 투입하는 것이 바람직하다.

CTQ 공정에는 'CTQ 명판' 등을 통해 공정을 식별하고 주요 관리 포인트를 명확히 게시하는 것이 중요하다. 추가적으로, 관리 포인트를 준수하지 않았을 경우, 고객라인 또는 필드에서 발생할 수 있는 불량 현상을 어떤 형태로든 작업자가 쉽게 인식할 수 있도록 게시하는 것이 좋다. 이때 유용한 방법이 Q-Point 또는 불량전시대다.

[사례] CTQ 공정 식별

다음은 SPC 관리에 대해 알아보자. 중요 관리항목에 대하여 '관리도 control chart' 관리와 '공정능력 process capability' 관리를 하는 것이 SPC 관리다. 제조공정상의 5M 산포와 그로 인한 제품 품질상의 변동을 극소화하여 공정을 안정시키고 공정품질을 관리하기 위한 목적이다. 제품특성과 공정특성에서 선정된 중요 관리항목에 대해 관리도와 공정능력을 활용한 통계적 관리를 수행한다.

관리도 관리는 특히, 불량이 발생하는 것을 사전에 감지하여 조치함으로써 미연에 방지할 수 있는 장점이 있다. 만약, 담당자가 매일 측정된 데이터로 'X Bar R 관리도'를 현장에서 일일 타점한다고 가정하자. 타점 결과 추이를 보면서 현재는 규격 spec 을 벗어나지는 않았지만, 조만간 관리한계(UCL, LCL)나 규격을 벗어날 수 있음을 예상할 수 있다. 예상되는 순간 5M(사람, 방법, 재료, 설비, 측정)에서 무엇이 문제인지, 어떤 변동이 생겼는지 조사에 착수할 수 있다. 그 원인을 제거하고 조치한다면 타점 결과가 다시 관리한계 안으로 들어오게 되어 공정이 안정화될 수 있는 것이다. CTQ 관리 방법 가운데 SPC 관리를 수행함에 있어서 이와 같은 예방 활동으로 연결하지 못한다면 SPC 관리를 할 이유가 없다. 관리력만 낭비하고 있는 셈이 된다.

결과적으로 이상 원인 제거를 통한 공정의 안정화와 우연 원인 제거를 통한 공정능력 향상을 통해 양산 공정에 대한 예방 품질관리체계가 구축되는 것이다. 데이터 유형에 따른 관리도를 선택하는 방법이나, 관리도를 작성하는 방법에 대해서는 지면 관계상 생략하겠다.

[그림] 관리도를 통한 통계적 공정관리

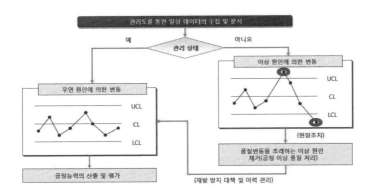

공정능력이란 공정이 관리 상태에 있을 때 그 공정에서 생산되는 제품·서비스의 품질변동이 어느 정도인지를 나타내는 양이다. 공정능력은 고객의 요구 사항(규격한계, Spec Limits)과 프로세스 관리 범위($\pm 3\sigma$, Control Limits)의 정량적 비교로써 판단한다. 공정능력을 정량화하기 위해 가장 많이 사용하는 것은 '공정능력지수(Cp, Cpk)'이다.

일정 기간(예. 3개월) 공정능력^{Cpk}이 1.33이상으로 유지되는 경우나, 관리도 관리한계 이탈이 없는 경우 공정의 유효성이 검증되었다고 판단한다. 유효성이 검증되었다면 해당 CTQ의 관리는 종결할 수 있다. 종결의 의미는 CTQ 항목에서 제외한다는 의미다. 단, 고객이 지정한 CTQ 항목은 고객의 별도 요구가 없는 한 CTQ 관리를 지속해야 한다. CTQ 항목은 전수검사를 원칙으로 하되, 일정 기간 동안(또는 5LOT 이상) 공정능력이 1.33 이상으로 파악되는 경우 샘플링 검사로 전환할 수 있다. 안정된 공정의 경우, 전수검사를 계속 유지하는 것도 인력이나 시간 측면에서 관리 낭비일 수 있기 때문이다. 단, 고객이 지정한 CTQ 항목은 별도 요구가 없는 한 전수검사를 유지해야 한다. 관리도 관리에서 관리한계선을 이탈하는 경우 이상으로 판정하고, 해당 제품은 '부적합 처리 절차(부적합관리(NCC) 실천안 참조)'에 의거 조치하면 된다.

실수 방지 | Mistake Proof

CTQ 관리 방법 중 실수를 방지하거나 실수를 검출해내기 위한 목적으로 '실수 방지'를 운영한다. 사람의 부주의로 인한 실수를 미리 방지하거나 또는 발생된 실수를 검출해내기 위해 고안된 장치 또는 방법을 일컫는 말이다. 사람은 누구나 뜻하지 않은 실수를 할 수 있다는 생각에서 출발했다. 주로 작업의 안정성을 유지하기 위하여 고안된 장치들을 이르던 'Fool Proofing'의 개념에서 출발하여 '포카요케poke-yoke'란 말이 생겼다.

'Poka'는 부주의한 실수를 의미하며, 'Yoke'는 예방을 의미한다. 이는 도요타자동차에서 주로 사용하는 용어다. 한마디로 말하면 Mistake Proof는 실수 방지, 에러 제거를 위한 기술이다. 실수하는 것을 불가능하게 만드는 것이다. 도요타의 신고 시게오新郷重夫 선생은 "인간에 의해 수행되는 어떠한 작업에 대한 모든 에러를 제거하는 것은 불가능하다. 진실로 부주의한 에러는 발생 가능하며, 피할 수 없다. 그러나 만일 피드백과 조치가 에러 단계에서 취해진다면 에러는 결함으로 바뀌지 않을 것이다"라고 말했다.

- 정의1. 누가 하더라도 절대로 잘못되는 일이 없는 자연스러운 작업으로 한다.
- 정의2. 만일 잘못되어도 그것을 깨닫도록, 그리고 영향이 나타나지 않도록 한다.

사용자가 조작 실수를 하더라도 사용자에게 피해를 주지 않도록 설계하는 개념이다. 주위에서 흔히 볼 수 있는 사례가 자동차 시동장치다. 기어 상태가 'D'에서는 시동이 걸리지 않는 원리다. 프레스 설비도 오른손과 왼손으로 동시에 버튼을 눌러야 작동하게 되어 있다. 프레스기가 작동할 때 실수로 한 손이 설비 안으로 들어가 안전사고가 발생할 위험을 원천적으로 차단하는 것이다.

[사례] 다양한 Mistake Proof의 종류

자동차 시동장치
(D에선 시동 안 걸림)

프레스 안전장치

커넥터의 삽입 오류
(비대칭적 설계)

실수 방지 장치는 꼭 돈을 많이 들여야 좋은 것은 아니다. 직원들의 지혜로 짜낸 실수 방지 장치가 가장 바람직하다. 요즘에는 센싱 기술이 발달하여 간단한 센서 몇 개로도 바로 불량을 감지할 수 있도록 설치가 용이해졌다. 다음 그림을 통해 큰 돈 들이지 않고 직원들의 지혜로 만들어진 실수 방지 장치 두 가지 사례를 소개한다.

[사례] Mistake Proof 장치

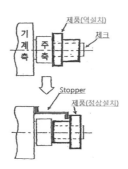
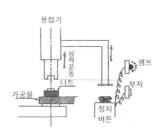

좌측 그림은 가공물의 형상 차이를 이용하여 가공물 역설치를 방지한 사례다. 제품을 거꾸로 설치해도 불량인지 모르는 상황에서 간단한 'Stopper'를 설치하면 거꾸로 설치가 될 수가 없도록 고안한 것이다. 우측 그림은 가공물에 너트를 넣고 용접을 해야 하는데, 너트를 누락시킨 경우 즉시 부저와 램프가 작동되도록 해서 바보라도 알 수 있도록 한 사례다.

Mistake Proof에서 주의할 사항은 운영 장치를 검증하는 활동을 빠트리지 말고 해야 한다. Mistake Proof 샘플리스트를 작성하고 Mistake Proof 위치도^{map}, Mistake Proof 체크시트도 필요하다. 정기적으로 검증 활동을 통해 Mistake Proof 장치를 유지 관리해야 한다. 다시 한 번 강조하지만 중요공정에 대해서는 100% 전수검사, SPC 관리, Mistake Proofing이 이루어져야 한다. 기본실천안 'CTQ'에서 이것만은 꼭 기억하기 바란다.

12

변경 포인트를 관리하라

- ECM(Engineering Change Management), 변경점 관리

 2016년도 초에 산업차량 완성차를 만드는 대기업과 함께 프로젝트를 진행했을 때의 일화이다. 산업용 지게차를 해외로 수출했는데, 필드에서 큰 문제가 발생했다. 운전석에서 누수漏水(물이 세는 현상)가 발생하여 필드 클레임이 걸린 것이다. 협력업체에서 원가절감 한다고 Seal 자재(누수방지 기능을 하는 자재)를 변경해서 운전석을 조립하여 납품했는데, 이것이 사고가 터진 것이다. 제조공정상의 중대한 변동(이를 5M 변동이라고 한다)이 발생하면 협력사는 고객에게 의무적으로 신고하도록 되어 있다. 고객사와 협력사 간에 서로 약속한 바는 '바뀌는 것에 대해 신고하겠다'는 것인데 이를 준수하지 않아서 생긴 일이다. 그 협력사는 신고의 의무를 다하지 않은 것이고, 고객과의 약속 자체를 깨트린 셈이다. 그런데 문제는 협력업체가 입 싹 씻으면(알면서도 신고하지 않는다는 의미) 고객라인에서 다행히 발견되지 않는 이상, 사고(필드에서 사용상의 품질 문제를 의미)가 나야 알게 된다는 것이다.

대기업도 인력 변동이 있는데, 규모가 작은 협력업체라고 인력 변동이 없겠는가. 오히려 더하면 더했지 덜하지는 않을 것이다. 그런데 변동할 때마다 신고하지 않는다. 보통 신고는 품질부서에서 책임을 맡고 있는데 미처 몰랐기에 신고를 하지 않았을 수도 있고, 사전에 알았으면서도 신고하지 않는 경우가 비일비재하다.

5M 변동이란, 고객으로부터 승인받은 주요 관리 파라미터 즉, 작업자, 작업 방법, 자재, 설비, 측정(검사방식) 등에서 변동이 생기는 경우를 말한다. 5M 변동이 발생하면 협력사는 규정된 방법으로 즉시 신고해야할 의무가 있는데, 이를 '변경점 신고'라고 부른다. 자사로 납품하는 협력사도 마찬가지다. 협력사에서 중대한 변동사항이 발생했는데 사전에 통보나 신고를 하지 않게 되면, 문제의 소지가 있는 우리의 제품이 우리도 모르는 사이에 고객사로 흘러들어 가게 된다. 이런 경우 고객에게 다량의 클레임 비용을 물거나, 기업 신뢰도에 큰 손상이 갈 수 있다. 소위 '괘씸죄'에 걸리는 것이다. 괘씸죄 한두 번 받으면 물건 빼야 한다. 거래 중지라는 말이다.

고객사의 설계 변경이 자사에 내려왔을 때도 변경점 관리가 필요하다. 이를테면, 사급품 하나가 다른 부품으로 변경되어 설계 변경이 떨어졌는데, 공정 작업자는 그 사실을 모른 채 기존 사급품을 투입하여 가공이나 조립을 하는 경우다. 만드는 족족 불량 판정을 받을 것이다. 이렇게 변경점 관리는 제조업에서 매우 중요하면서도 기본적으로 실천해야 하는 활동이다. 언뜻 보면 단순한 활동처럼 보이지만 현장에서 실행과 관리가 어려운 활동이기도 하다. 지금부터 변경점 관리가 무엇인지, 변경점 관리는 어떻게 해야 하는지 자세히 알아보자.

변경점 관리 준비

변경점 관리는 고객사 또는 협력업체에서 발생한 변경점에 대해 변경 내용을 검토하여 양산 적용할 때 품질에 영향을 주지 않도록 하기 위한 활동이다. 설계 변경과 5M 변경 사항이 품질, 생산성, 원가 등에 영향을 미치는 경우, 변경으로 인한 문제를 사전에 검증하여 지속적으로 품질을 유지하고 개선하는 활동이라고 할 수 있다. 제품 규격, 원·부자재 재질, 주요 설비를 포함한 제조공정, 검사기준과 방법의 변경 등 제품의 품질에 영향을 줄 수 있는 변경 사항에 대한 모든 관리 활동을 의미한다.

- 자사의 변경 사항: 고객사의 변경 신고 기준 + 실시 및 관리 기준 중점
- 협력사의 변경 사항: 변경사유 발생, 변경검토 및 승인 프로세스의 전반에 걸친 관리 필요

제품 품질에 중대한 영향을 미치는 변경 사항을 고객과 내부 관련 부서에게 알림으로써 변경 사항으로 인해 발생할 수 있는 문제점을 검토하여 품질 사고를 사전에 방지할 수 있다. 고객사와 1차 협력업체, 1차 협력업체와 2차 협력업체 간 변경 적용 방법에 대해 유연한 프로세

스와 적용 기준이 필요하다.

'변경점'의 정의는 고객사의 경우 설계사양이나 규격변경을 말한다. 협력업체(1차, 2차 포함)의 경우는 사람^{Man}, 설비^{Machine}, 작업 방법^{Method}, 원재료 ^{Material}, 측정^{Measurement} 등의 변경을 말한다. 고객사와 1차 협력업체 간의 변경점 관리는 보통 고객이 '변경관리규칙'을 별도로 제시하며 그 규칙을 따르면 된다. 1차 협력업체와 2차 협력업체 간의 변경점 관리는 별도로 5M 변경기준을 만들고 변경 신고, 승인, 실시 등의 프로세스를 만들어야 한다. 자체 브랜드를 가지고 있는 기업의 경우도 이와 동일하게 적용하면 된다.

변경관리 프로세스는 고객사와 1차 협력업체, 1차 협력업체와 2차 협력업체 간 설계 변경과 5M 변경에 따른 업무 수행 과정을 대상으로 정의한다. 변경관리 업무 절차는 크게 4단계로 진행되는데, 변경 사유 발생, 변경 신고·통보, 변경 검토, 변경 실시·관리 등의 단계를 밟아야 한다. 자사에서 수행하는 변경관리에 대해서는 영업, 품질, 생산 등 부서별로 세부화해서 업무 분장을 명확히 해야 한다. 영업부서는 고객과의 변경관리 채널이다. 고객으로부터 변경 요구 사항을 접수받고 이를 관련 부서에 통보한다. 필요한 경우, 변경에 따른 견본(샘플)과 변경신고서를 고객에게 제출한다. 변경 사항에 대한 고객의 승인서를 내부 관련 부서에 전달한다. 특정 고객의 경우 영업을 거치지 않고, 품질부서를 변경점 관리와 관련한 창구$^{contact\ point}$로 일원화하도록 요구하는 경우도 있다.

[사례] 변경관리 프로세스

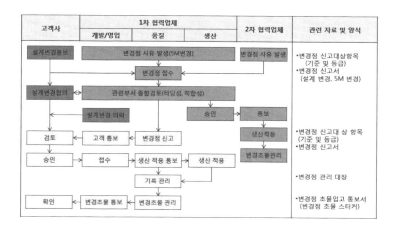

생산(생산기술 포함)부서는 변경점을 검토하고 변경 사항을 적용하여 실행한다. 대상제품의 생산 적용에 대한 이력을 관리한다. 변경 사항에 대한 기술 검토, 변경된 제품의 현장 식별관리, 변경 사항에 대한 직원교육, 변경초도품 제작과 검사를 의뢰한다. 관리가 원활히 이루어지는지 총괄책임을 맡는다는 의미다. 주로 변경초도품을 확인하고 견본을 보관한다. 변경승인서를 관리하고 변경초도품과 검사성적서에 식별 표시를 한다. 필요시 검사 규격도 개정해야 한다.

[사례] 변경점 기준

구분	신고 대상	세부 내용	주관 부서	고객사 승인
Man	인력 변경	주요 공정 담당자 변경	생산	불필요
Material	원자재 변경	원료 및 재질 변경 원재료 구매업체 변경	품질	필요
Machine	금형	금형 파손, 수명 만료로 재제작 금형 수리, 이동(외주)	생산기술	필요
	설비, 치공구	품질/생산성 향상을 위한 수리, 신규 구매 공정 레이아웃 변경, 공정 삭제, 통합	생산	불필요
	검사 설비	검사 설비 및 검사 방법 변경	품질	필요
Method	생산공정 변경	주요공정 작업 방법 및 관리 기준 변경 공장 이동, 외주화 등으로 생산 장소 변경	생산	필요
	검사 변경	검사 환경 변경 측정 및 시험 설비 변경 검사 규격 및 검사기준, 합부판정 기준 변경	품질	불필요
고객사 변경		고객사 요구에 의한 설계 변경	영업/품질/생산	필요

변경점 관리 준비에서 가장 중요한 사항 중의 하나가 변경점 기준을 만드는 일이다. 2014년에 어느 대기업과 프로젝트를 진행할 때였다. 그 기업도 당연히 협력사에서 변경점이 발생하면 신고를 의무화하고 있었는데, '변경점 신고 항목 리스트'를 들여다보니 업종별로 세분화하여 무려 160가지가 넘었다. 많아도 너무 많았다. 여러 선진기업들을 벤치마킹하고 내부 관련 인원들이 수차례 고민한 결과로 그렇게 많은 항목들이 나온 것일 테다. 디테일한 것은 좋지만 실행 측면에서 보면 그리 현실적이지는 않다. 협력사 입장에서는 고객사의 변경점 기준이 머리에 각인되어 있지 않으면, 그때그때 일일이 고객이 배포한 변경점 신고 기준을 들여다봐야만 한다. 사람은 귀찮으면 안 한다. 하기 쉽게 만들어 줘야 한다. 20개 항목 이내로 줄일 필요가 있다고 조언했던 기억이 있다. 실제로 S전자 생활가전사업부도 협력사 변경점 신고 대상이 15개 항목을 넘지 않는다.

변경 신고를 위한 기준과 등급은 변경 항목의 품질 영향도를 반영하여 설정한다. 고객 요구가 있을 때마다 고객 기준에 따라 수행하는 것을 원칙으로 삼아야 한다. 등급 기준은 보통 ABC로 구분한다. A등급은 정해진 승인 절차에 따라 검토를 필요로 하는 변경이다. B등급은 샘플 또는 데이터 검토로 가능한 변경이다. C등급은 고객에게 신고 없이 자체 검토로 가능한 변경이다. 특히, 중요공정^{CTQ}, 과거 품질 이력, 고객사 요구 품질 등에 대해서는 A등급 관리를 해야 한다.

자사의 변경점 기준은 물론, 자사의 협력업체에게도 변경점 기준을 만들어서 전달해야 한다. 중소기업들이 매우 취약한 부분이다. 변경점 기준을 배포만 하고 끝날 것이 아니라, 반드시 교육을 해주고 협력업체 현장과 사무실에 게시토록 한다. 다음의 사례처럼 전기전자업종의 S사는 직접 자비를 들여 게시용으로 명판을 제작해서 전 협력사에 배포한다.

[사례] 협력사 변경점 신고 항목

변경점 관리 실행

변경점 신고 기준이 정해지고 변경점 관리 준비가 완료되면 실제 변경점이 발생할 경우 변경점 관리 실행에 들어갈 수 있다. 변경점 관리를 실행한다는 것은 변경점을 신고 또는 접수받아 변경점을 검토하고, 변경 사항을 실시하고 관리하는 일이다.

■ 변경점 신고

변경 사유가 발생하면 변경점 신고 기준과 등급에 따라 판단하여 '변경점 신고서'를 작성하고 그 결과를 기록한다. 고객이 변경한 사항이 변경점 등급의 A·B등급인 경우, 협력업체로부터 입수된 변경점 신고 사항이 변경점 등급 A·B등급인 경우, 고객의 변경 요청 사항에 대해 적용할 때 적용 일정과 적용 사항의 통보를 요구하는 경우 등이 해당한다.

변경점 등급이 A·B등급에 해당하는 변경점이 발생하면 '변경점 신고서'를 작성하여 고객에게 신고한다. 변경점 신고는 양산 적용 전에 신고하고 고객의 승인을 득한 후 양산에 들어간다. 필요한 경우, 변경점에 의한 품질특성의 변화 여부를 검토해야 하며 그 결과를 변경점 신고서와 함께 제출한다. 변경점 신고는 고객 통보와 승인을 위해 통상적으로 변경 예상 시점 전 최소 4주 이전에 제출한다. 장시간 소요되는 변경의 경우 예상 적용 시점을 표시해야 한다. 중요공정 작업자가 변경되는 경우에는 교육과 함께 자격 부여를 진행한다. 변경점 신고서와 함께 제출되어야 하는 문서에는 변경전·후 내용(그림, 사진 첨부), 변경전·후 공정능력 조사, 공정FMEA, 관리계획서, 작업표준, 측정시스템 분석, 교정성적서,

작업자 교육 실시 기록 등이 있다.

　구체적인 상황별로 변경점 신고 방식에 대해 조금 더 자세히 알아보자. 첫째, 고객사 설계 변경점이 발생하는 경우 도면이나 변경사양서 등과 같은 고객사의 설계 변경 사항을 접수받으면, 변경 내용을 '변경점관리대장'에 기록하고 관련 부서로 통보한다. 둘째, 자사의 변경점이 발생하는 경우 관련 부서로부터 변경 사항을 접수받아 변경 내용을 '변경점관리대장'에 기록한다. 변경 적용 적합성을 검토하여 변경점 적용이 불필요한 사항은 관련 부서에 통보하고 종결 처리한다. 셋째, 협력사의 변경점이 발생하는 경우 변경 사항을 변경점 신고서로 접수받고, 변경 내용을 '변경점관리대장'에 기록한 후에 관련 부서로 통보한다. 변경점 적용이 불필요한 사항은 협력업체로 통보하고 종결 처리한다.

■ 변경점 검토

　변경점 통보를 받은 관련 부서는 제조타당성, 생산적합성, 품질영향도 등에 대해 검토를 실시한다. 변경점 신고 항목을 중심으로 검토하되, 특히 품질방법에 대해 상세하게 검토하고 그 결과를 피드백하면 된다.

　설계 변경에 대한 검토 항목은 재고 소진 계획, 불용재고의 처리 방안(외주업체 재고 포함), 설계 변경 제품의 원자재·부자재 수급 계획, 제품별·부품별 설계 변경 적용 범위, 금형·치공구·검사구·설비의 수정과 신규 제작 유무 등이 있다. 5M 변경에 대한 검토 항목은 변경사유, 대상 부품을 포함한 변경 내용의 명확화, 비용, 가공성·조립성·생산성, 품질목표 등이 있다. 추가적으로 품질보증 방법에 대해 검토해야 한다. 시험

제작^{trial} 시기, 방법, 시료수, 공정능력, 관련표준 승인, 기준류 작성, 재고 처리 방안, 작업자 교육, 초물관리, 팔레트^{pallet} ·대차와 같은 용기 등이 해당된다. 고객과는 적용 일정과 초도품 확인 방법에 대해 협의한다.

고객에게 변경점을 신고한 경우에는 변경점 검토 결과를 고객으로부터 접수받는다. 검토 결과가 '승인'으로 판정되면 양산 적용에 들어간다. 이때 고객사의 승인원, 변경점 신고서 검토 결과, 회의록 등을 같이 입수하고, 구두 또는 유선 사항으로 접수할 경우 통화자와 통화 시간을 기록해 두는 것이 좋다. '반려'되면 해당 부서로 통보하여 보완 조치를 요청한다.

■ 변경 실시 및 관리

변경 실시와 관련해서는 변경 승인 이후 초품생산에서 양산 적용에 이르기까지 수행해야 할 활동과 방법을 명확화하는 것이 중요하다. 생산부서는 변경초품을 제작하여 품질부서로 검사를 의뢰하고, 품질부서는 검사를 실시한 후 검사성적서를 작성한다. 변경점 적용생산 LOT는 '변경초품' 스티커를 부착해야 하는데, 통상 최초 5LOT 까지만 부착한다. 검사성적서와 변경초품을 고객에게 제출하고 '변경점관리대장'에 결과를 기록한다. 변경 사항을 양산에 적용하기 위해 관련 표준을 제·개정하고 품질 변경 상태를 검토하여 문제가 발생하면 별도로 조치한다. 변경점 신고서와 변경점관리대장은 추후 발생될 수 있는 책임소재 규명을 대비하여 통상 10년 정도 보관한다.

설계 변경에 대한 적용 포인트도 부서별로 명확화해야 한다. 자재담당은 재고 현황을 파악하여 자재를 통제하고, 재고 사용 기한과 방법을 조정하여 BOM$^{Bill\ of\ Material}$$_{(자재명세서)}$을 수정한다. 생산담당은 작업자를 교육시키고 작업표준서를 수정한다. 품질담당은 검사도구와 검사기준, 검사 방법 등을 확인한다. 개발담당은 설계 변경 완료 후 '개발이력대장' 또는 '설계변경관리대장'에 기록한다. 필요하다면 '설계 변경 완료보고서'를 작성하여 보고하기도 한다.

생산 현장에서는 초물 품질 확인이 중요하다. 이를 위해 먼저 제조공정도, 관리계획서, 작업표준서 등을 확인한다. 생산 적합성을 확인해야 하는데, 통상 연속 5LOT 검사할 때까지 부적합품이 나오지 않으면 적합하다고 판단한다. 변경전·후 부품 구별을 철저히 하고, 변경품 최초 적용 이력을 기록한다. 추후 문제가 발생할 경우 어느 제품부터 적용했는지 추적할 수 있기 때문이다. 현장작업자는 작업내용이 변경된 해당 표준문서를 확인하고 작업초물을 확인한다. 원부자재에 이종자재가 혼입되어 있는지 여부를 확인하고, 치공구는 교환 전·후에 반드시 품질을 체크한다. 설비는 변경 전·후 공정능력지수$^{Cp,\ Cpk}$를 비교해보고, 이상이 없는지 확인한다.

변경 항목이 품질에 큰 영향을 미친다고 판단될 경우 '양산 초도품 확인$^{ISIR,\ Initial\ Sample\ Inspection\ Report}$'에 준하는 프로세스를 통해 요청 서류를 제시하고 검토할 수도 있다. ISIR은 부품의 유효성과 공정의 유효성을 검증하기 위한 '양산부품 승인 절차'다. 기존 부품이 제품상, 제조공정상 임의의 어떠한 변경이 있을 때 그 부품이 설계도면에서 요구하는 품질을 여전히 만족하며, 균질한 품질이 기존과 같이 유지될 수 있는지 QC

에서 최종 확인하는 것을 말한다. 주로 품질이 까다로운 자동차업종에서 사용한다.

현장에서는 라인 변화점에 대해 눈으로 보는 관리가 필요하다. 작업자로 하여금 변경된 사항에 대해 확실하게 주지시켜주기 때문이다. 다음 사례와 같이 현장감독자가 5M 중에서 변경된 부분을 마킹하거나, 자석을 부착하여 쉽게 표시할 수 있다.

[사례] 변경점 눈으로 보는 관리

랙rack, 대차, 박스 등의 용기에는 '변경초물' 라벨 또는 스티커를 부착함으로서 식별을 명확히 한다. 작업자로 하여금 5M 변경 사항이 있으니 주의를 기울이게 하기 위함이다. 변경점을 적용한 최초 양산 LOT를 납품할 때에는 '변경초물 입고통보서'를 작성하여 첨부하기도 한다. 고객사에게 초물 품질 확인 후 이상이 없다고 통보를 받으면 양산 적용일을 '변경점관리대장'에 기록한다.

[사례] 변경초물 스티커

변 경 초 물	
변경내용	
변 경 일	

MSQP-D080-03(B)　　　　　주식회사 0000

변경초물			
MODEL		품　명	
생산일자	200 . . .	생산LOT	- - -
승인부서		승인일자	200 . . .
변경내용			
검 사 자			인

　현장에서 변경점 관리가 잘 안 되는 이유는 무엇일까? 그것은 변경점 관리의 중요성에 대한 이해가 부족하기 때문이다. 또한, 복잡한 변경점 관리 업무를 핑계로 형식적으로 관리하는 행태를 주의해야 한다. 변경점 신고, 검토, 실시, 관리에 이르기까지 꼭 해야 할 항목 중심으로 진행하는 것이 바람직하다. 변경점 신고 항목은 5M 측면에서 세분화하고 중요도에 따라 등급관리 기준을 설정한다. 중요공정의 품질 영향도가 큰 항목을 중심으로 운영하면 된다. 변경검토는 주요 확인 사항 중심으로 빠른 피드백이 되어야 하고 형식적인 자료 요청은 최소화한다. 변경 실시 측면에서는 초물관리, 특히 초품의 식별관리에 신경 쓰고, 아주 중요한 경우에만 '양산부품 재승인'PPAP, Production Part Approval Process'을 진행한다. 변경 이력은 누락 없이 기록하고, 변경품 양산 적용 시점과 납품 시점은 사전에 고객에게 통보한다. 할 일이 많은 것처럼 보이지만, 실제 실행해보면 그리 어렵지는 않다.

　변경점 관리의 중요성에 대한 인식을 높이기 위한 방법의 하나가 5M 변경 규정을 이행하지 않아서 발생한 사례를 게시하고 전파하는 것이다. 군대에서 사고사례 전파와 같은 개념이라고 보면 된다. 다음은 실제로 자동차업종의 G사에서 전파용으로 사용된 사례이다.

- 협력업체가 예상되는 품질 문제를 개선하기 위하여 설계 변경을 요청(좋은 의도!), 하지만 G사의 설계 변경 승인 및 검증, 부품 품질 승인(PPAP) 없이 금형 변경을 진행함(나쁜 결과!)
- 재작업(Rework) 승인 절차 및 부품 품질 승인 없이, 재 외주업체(Tier2)가 불량 부품을 재작업 처리함
- 검증절차 및 부품 품질 승인 없이, 미승인된 자재/원재료를 사용, 재 외주업체(Tier2) 및 제조현장을 변경함

대기업과 거래를 하는 기업은 변경점 관리가 필수적이고 기본적인 사항이다. "이걸 고객이 어떻게 알겠어?" "신고하면 시끄러워져. 무슨 일 있겠어?" 하다가 서로 간의 약속을 어긴 것이 드러날 경우, 고객의 신뢰를 잃을 각오를 해야 한다. 불량 한 번 잘못 들어간 것하고는 차원이 다르다. 신뢰란 것이 쌓기는 힘들지만 무너지는 것은 한순간이기 때문이다.

13

치공구를 관리하라

- TF(Tool and Fixture Management), 치공구관리

'실천안 만들기 기본편'에서 소개한 첫 번째 실천안인 '검사체계[QP]'를 기억할 것이다. 현장에서 기본적인 공정품질을 확보하기 위해서는 첫째, 검사 행위를 하게 해야 하고, 둘째, 검사 방법을 명확히 세워줘야 한다. 셋째, 검사 도구를 준비해야 하고, 넷째, 지그[jig]·고정구[fixture]·금형관리, 마지막이 조건관리라고 말하였다. 이번 실천안에서 다룰 사항이 이 중에서 마지막 두 개인 치공구관리와 조건관리다.

공작물의 위치를 결정하고 움직이지 않도록 클램프[clamp] 하거나 지지하여 허용 공차 내에서 제조하는 데 사용되는 생산용 공구류를 통틀어서 '치공구'라고 부른다. 이러한 치공구는 작업자의 생산성을 높여주고, 작업마다의 편차를 줄여 균일한 품질을 확보해주기 때문에 공정에서 품질을 만드는 기본 틀이자 밑바탕이 된다. 만약 문제가 있는 치공구로 생산을 한다면, 그 지그나 금형으로 만드는 제품은 모두 불량일

수밖에 없다. 또한, 문제가 있는 검사구나 계측기로 검사를 진행한다면 양품을 불량으로, 불량을 양품으로 판정하게 될 것이다. 치공구관리가 중요한 이유가 바로 여기에 있다.

치공구는 작업 용도에 따라 기계가공용 치공구, 조립용 치공구, 용접용 치공구, 검사용 치공구로 분류한다. 세분화된 치공구의 종류와 개별적인 정의를 알아보자. 지그는 공작물의 위치를 결정하고 유지시키며, 작업에 알맞은 절삭 공구를 안내하는 생산용 공구를 말한다. 고정구는 작업을 수행할 때 공작물의 위치를 결정하고 지지해주는 생산용 공구다. 지그와 유사한 개념으로 사용되기도 한다. 측정기^{instrument}는 측정하는 목적으로 사용되는 기계나 기구를 통틀어서 이르는 말이다. 중량, 용량, 속도, 진동, 소음, 온도, 열량, 길이 등을 크기를 측정할 때 사용한다. 측정기 중에서도 조립작업을 할 때 각도, 절단작업을 할 때 길이 등은 간단한 템플릿^{template}을 만들어서 신속하게 검사하는데 이를 '검사구'라고 부른다. 금형^{die}은 주물, 프레스, 사출공정 등에서 제품의 모양을 성형하기 위해 만든 기본적인 틀을 말한다. 마지막으로 공구^{tool}는 기계공작을 하는 과정에서 작동 기계의 보조적인 역할을 하는 도구를 총칭한다. 예를 들면 CNC 선반의 경우 척^{chuck}, 맨드릴^{mandrel} 등이 해당한다.

치공구의 사용 목적은 가공물의 정밀도를 향상시켜 가공물인 부품이나 제품의 균일한 품질을 확보하기 위해서다. 생산의 대량화로 인하여 가공 공정을 단축하거나 제조 시간을 단축할 수 있다. 검사 시간을 단축하거나 일부 검사작업을 생략할 수 있고 미숙련자도 정밀한 검사

작업이 가능하다. 작업자의 정신적, 육체적 부담을 경감시켜 능률을 높이고 작업 안전을 확보할 수 있다.

[그림] 치공구 유형별 관리 방안

구분	공통 사항	유형별 핵심 관리 사항			
		①지그	②측정기	③금형	④공구류
치공구 등록	사용 조건에 맞게 치공구를 설계 제작하고, 검수 기준에 의하여 검수 후 등록 관리함	검수/등록	등록	검수/등록	수량관리
치공구 식별관리	찾기 쉽고 확인하기 쉽도록 보관 관리하고, 치공구 현황판을 운영하며 식별 관리함	식별관리, 현황판 운영	보관 조건	식별관리, 현황판 운영	식별관리
치공구 일상관리	사용 전후 치공구의 상태를 확인 점검하여 정상 상태를 유지함	사용 후 상태 확인	영점 조절	사용 후 청소, 점검	마모 및 교환 (수명관리)
치공구 정기점검	정기적인 점검과 검교정을 실시하고, 수명 관리를 통하여 적정 교환 시점을 관리함	정기점검, 검교정, 이력관리	검교정 일정, 검교정 식별, 이력관리	정기점검 타발관리, 이력관리	-
치공구 조건관리	치공구의 작업 최적 조건을 표준화하여 생산성과 품질 향상	-	-	금형 조건 관리 표준	가공 및 절삭 조건 표준

치공구관리의 영역은 크게 치공구를 식별하는 활동과 치공구를 유지 관리하는 활동으로 구분할 수 있다. 치공구 식별 방법은 치공구 유형에 상관없이 큰 차이가 없으나, 유지 관리 방법은 치공구 유형에 따라 매우 다양하다. 치공구 유형에 따라 일상관리가 중요한 치공구가 있는 반면에, 정기점검이 중요한 치공구, 조건관리가 중요한 치공구가 있기 때문이다. 치공구 유형별로 핵심적인 관리사항을 파악하고, 각각의 특성에 맞는 관리 방안을 적용하는 것이 포인트라고 할 수 있다.

치공구 등록

지그류는 용도에 맞게 설계되어 제작되었는지 확인, 즉 검수를 진행한 후 등록한다. 검사 대상은 신규로 제작한 지그, 고장 후 수리한 지그, 정기점검 계획에 따른 점검 대상이 모두 해당한다. 검사 항목은 지그의 치수와 형상, 지그의 재질과 열처리 상태, 조립 상태와 분해 조립의 용이성 등이 있다. 먼저 지그별로 검사 체크리스트를 준비해야 한다. 설계 도면을 기준으로 치수와 형상을 확인하고, 마스터 지그가 있는 경우는 비교 점검을 한다. 대상 지그를 세팅하여 시험적으로 제품을 생산한 후 품질검사를 통해 점검한다. 이때 최소한 연속 5개의 생산품은 확인해야 한다.

검수 기준에 부합하여 합격 판정된 지그는 '지그등록대장'에 등록하고, 중요 지그에 대해서는 별도의 식별표를 부착하여 현물을 관리한다. 지그 식별표에는 기본적으로 지그명, 지그등록No, 모델, 제작년월일, 점검일자(최근/향후)가 포함된다. 특히, '지그등록No' 부여를 위해서는 지그를 포함한 모든 치공구의 사용 용도별 또는 사용 설비별 기준으로 분류 코드 기준을 가지고 있어야 한다.

금형은 조건과 사양이 복잡하므로 별도의 '제작사양서'를 관리하고, 입고 시점에 정확한 검수와 점검을 통해 이상 여부를 확인한다. 금형을 검수할 때에는 금형 제작상의 점검 항목과, 제품 생산에 관련된 점검 항목으로 구분하여 점검 내용을 구성한다. 점검 항목을 합격/불합격으로 평가하거나 점수(평점)로 평가한다. 금형 검수는 설계, 품질, 생산, 생산기술 등 관련 부서원이 함께 참여하여 진행하는 것이 좋다.

지그나 금형은 제작 후 생산에 사용하기 전에 성능에 대한 시험확인을 진행해야 하는데, 이를 '트라이 아웃TRY-OUT'이라고 부른다. 도면에 의해 제작 완료된 지그나 금형을 양산 라인에 설치하고 테스트하는 업무를 일컫는다. 트라이 아웃에서 발견된 문제점은 당연히 원인을 규명하여 개선 조치해야 한다. 통상 1차, 2차, 이렇게 차수를 붙여 가며 모든 문제가 해결될 때까지 n차로 진행한다.

검수 점검에 합격한 금형은 '금형등록대장'에 등록하여 관리한다. 먼저 금형코드를 부여해야 하는데, 모기업의 기종을 기준으로 금형코드를 운영하는 것이 효과적이다. 제작업체와 금형 도면번호를 기록하여 보수나 A/S 처리가 신속하게 운영될 수 있도록 한다. 별도의 '금형관리 기준서'를 작성하여 점검관리 기준과 세척·점검 주기, 실시 포인트를 관리하는 것이 좋다. 금형의 소유권을 명시하고 폐기할 때에는 회계 처리 절차를 확인해야 한다. 일반적으로 금형은 고객이 제작하여 이관하는 경우, 자사가 비용을 들여 제작하는 경우, 고객과 자사가 일정 부분씩 비용을 분담하여 제작하는 경우로 나뉜다. 대형 금형일수록 제작 비용이 많이 들기 때문이다. 대부분의 금형은 고객 재산인 경우가 많으므로 항상 관리 상태에 유의해야 한다. 간혹 고객 실사나 고객 현장 방문이 있는 경우, 금형 등록 여부와 관리 상태는 현장에서 실물을 보며 반드시 확인하는 사항이다.

치공구 식별관리

등록된 지그는 보관 기준을 표준화하여 쉽게 확인하고 찾을 수 있어야 하고, 작업자가 사용하기 편한 위치에 보관해야 한다. 지그는 사용하는 설비 또는 작업 진행 장소에서 가까운 위치에 보관하는 것이 원칙이다. 지그 사용을 위해 작업자가 도보 이동 없이 손으로 잡을 수 있는 위치가 가장 좋다. 그럴 수 없는 경우, 작업장 내에서 지그 적치대 또는 캐비닛이나 서랍에 보관하여 이동 시간을 최소화한다.

지그는 종류별 보관보다는 해당 공정별 보관이 바람직하다. 각 작업장에서 사용하기 수월한 방식으로 관리 기준을 정립해 놓아야 한다. 이때 사용 빈도와 관리의 중요도를 고려하여 보관 기준을 정한다. 예를 들어 제관업종의 용접 작업장에서는 용접 중에 수시로 사용되는 소모성 공구(슬래그 해머, 브러시, 니퍼 등)는 개인별 보관함에서 관리하는 식이다. 주요 설비의 세팅과 점검에 필요한 공구, 검사·측정 공구류는 공정별로 공통 관리한다. 분실이 잦고 사용 빈도가 많은 치공구, 취급 주의·고가·특별관리가 필요한 치공구는 별도 담당자를 지정해서 관리한다. 그렇지 않으면 매번 잃어버리고는 공구가 부족해서 작업 못 하겠다고 칭얼댄다.

[사례] 지그/고정구 보관

　지그류는 현장에서 '지그 보유 현황판'을 통해 실시간으로 관리하면 가장 좋다. 현황판을 비치하지 못하는 경우에는 최소한 '지그류 관리대장'이라도 현장에 비치해서 실시간으로 작성해야 한다. 지그 현황판에는 지그 보유 현황 즉, 어떤 종류를 몇 개씩을 보유하고 있는지, 각 지그가 현재 정상 상태인지, 고장인지, 수리 중인지 알 수 있도록 표시한다. 생산 현장에서 사용 중인 지그는 현재 어느 공정 또는 어느 설비에서 사용하고 있는지 표시한다. 자석이나 각종 태그를 활용하여 지그의 사용 예정 일자를 미리 예고함으로써, 해당 지그를 사전에 확보할 수 있도록 한다. 정기점검 또는 검교정 계획 일정이나 주기도 기입하는 것이 좋다.

　보수 또는 A/S가 필요하거나 장기간 사용하지 않는 지그는 별도 식별 표시를 하고, 작업장과 별도의 장소에 격리 보관한다. 고장 또는 파손이 발생한 지그, 정밀도나 정확도에 문제가 있는 지그, 정기 검교정 주기가 지난 지그, 기타 보수 및 수리가 필요한 지그는 태그 또는 스티커를 부착하여 식별하고 A/S 또는 수리를 의뢰한다. 고객 주문이 없어서 6개월 이상 사용하지 않는 지그, 양산이 종료된 제품의 지그, 사용 빈도가 매우 낮은 지그는 작업장이 아닌 별도의 공간으로 이관하고, 생산계획이 발생하면 작업장으로 이동하여 사용토록 한다. 수리가 불가능할 정도로 고장이 발생하였거나, 수리 조치하여도 정상적인 성능이 구현되지 않을 경우, 설계 변경으로 사용이 불가능한 경우, 신규 지그가 제작되어 해당 치공구가 불필요한 경우, 파손·마모로 인해 사용이 불가능한 경우는 폐기 대상 치공구로 판정하고 폐기 의뢰한다. 폐기 조치와 동시에 자산성 치공구에 대한 회계 처리를 진행한다.

[사례] 검사구(Template) 보관

　측정기는 정밀하게 제작된 기기이므로 정해진 온습도 환경에서 오염과 충격이 가해지지 않도록 보관한다. 사용하기 전이나 후에 지속적으로 측정기가 깨끗한 상태를 유지해야 한다. 먼지, 땀, 물기 또는 기타 이물질이 묻은 채로 보관하지 않도록 한다. 이물질이 있는 경우에는 면직물, 가죽, 탈지면 등을 가지고 세척유나 알코올에 약간씩 적셔 이물질을 깨끗이 닦아낸다. 측정기에서 금속으로 제작된 부분은 녹이 슬기

쉬우므로 이물질 제거 후 방청유를 발라 둔다.

측정기는 가능한 온도와 습도가 일정하게 유지되는 곳에서 보관한다. 온도는 측정기의 사양에 따라 20~40℃를 유지한다. 습도는 일반적으로 58%가 적당하다. 70% 전후에서 녹이 가장 잘 발생하기 때문이다. 항온항습기를 보유하고 있지 않을 경우에는 에어컨을 이용하여 적정 온습도 환경을 유지한다.

측정기 보관함에는 측정기와 공구, 기타 소모 자재 등을 혼용해서 보관하지 않도록 한다. 측정기는 작은 충격이나 하중에도 변경과 고장이 발생할 수 있으므로 포개거나 겹쳐서 보관하지 않도록 주의한다. 측정기 전용 보관함 또는 진열장을 갖추고, 보관 테이블 바닥면은 충격에 대비하여 융, 카펫, 고무, 스펀지와 같은 완충재를 깔아 놓으면 도움이 된다. 별도의 측정기 보관실이 있는 경우, '측정기 반출입 관리대장'을 이용하여 사용과 반납 현황을 관리한다.

[사례] 측정게이지 보관

금형은 보관대에 식별해서 보관하며, 현황판을 활용하여 현재의 상태와 사용 위치, 점검·세척 계획 등을 확인할 수 있도록 관리한다. 금형보관대에는 정상 상태의 금형만 보관하고, 수리가 필요한 금형이나 설계 변경된 금형은 별도 장소에 격리해야 한다. 각각의 사용 빈도를 고려하여 보관대 구역을 설정하여 보관한다. 자주 사용하는 금형은 이동이 편하고 작업장과 가장 가까운 위치에, 가끔 사용하는 금형은 반대의 위치에 보관하면 된다. 사용자가 찾기 쉽도록 식별표를 반드시 부착하고, 정밀금형은 오염과 발청을 방지하도록 항상 덮개를 씌워서 보관한다.

[사례] 금형 보관

금형 현황판에는 보유 중인 금형을 종류별로 표기하고, '정상·고장·수리' 등 세 가지 형태로 상태를 구분해 놓는다. 정기점검 계획 일정 혹은 점검 주기를 명기하여 정해진 일정에 누락됨이 없이 금형이 점검되도록 한다. 자석이나 각종 태그를 활용하여 금형의 사용 예정 일자를 미리 예고함으로써 해당 금형을 사전에 확보할 수 있도록 한다.

공구는 철저한 식별관리를 통해 찾는 낭비를 없애야 하며, 이를 위해서는 정리·정돈 수준을 레벨업 하는 것이 중요하다. 십자드라이버로 풀린 나사 하나 조이면 되는 일을, 아무리 찾아도 드라이버가 보이지 않아 아까운 시간을 낭비한다. 이와 유사한 경험이 누구나 한 번쯤은 있을 것이다.

치공구 일상점검

지그류는 사용 전·후에 상태를 점검해야 한다. 특히, 사용 후에는 상태를 점검하여 이상을 발견하면 즉시 식별 표시한 후 수리 조치해야 한다. 사용 후 지정된 장소로 이동 보관 예정인 지그에 대해서는 다음 사용 시점까지의 기간을 판단하여 청소하고 방청하여 보관한다. 작업 중 또는 작업 후에 이상이 발견된 지그는 반드시 조치될 수 있도록 별도로 보관하고 식별 표시한다.

지그의 일상점검 항목은 통상 5가지다. 첫째, '각 부분의 상태'이며 작업 전후의 이상 여부를 확인한다. 둘째, '장치 상태'이며 장비와 지그 상태를 확인한다. 셋째, '조임 상태'이며 고정 볼트 등의 분실이나 풀림 상태를 확인한다. 넷째, '게이지 점검'이며 정상적인 눈금 상태와 작동 여부를 확인한다. 다섯째, '작업 후 점검'이며 각 부분의 정리·청소, 필요한 부위에 따라 수리한다. 지그 일상점검 실행 결과(OK/NG)와 문제점, 조치 사항 등을 '지그점검 일지'에 기록한다.

다음은 측정기의 일상점검이다. 측정기의 정밀정확도를 유지하기 위해서는 정기적인 검교정만으로는 불충분하며 평상시 간헐적으로 실시하는 일상점검이 필요하다. 측정기 일상점검 항목은 통상 5가지다. 첫째, '영점조정 점검'이며 측정기의 영점조정이 틀리는 경우 측정 데이터에 많은 영향을 미치게 되므로 작업 전에 측정기에 대한 영점조정을 실시한다. 둘째, '외관상태 점검'이며 측정기의 손상, 변형, 각부의 느슨함 등이 측정 오차를 발생시킬 수 있으므로 작업 전에 측정기 외관상태를 점검한다. 셋째, '작동 상태 점검'이며 측정자는 작업 전에 측정기 각 부위의 작동 상태를 점검한다. 넷째, '전력공급상태 확인'이며 정밀 측정장비를 사용하는 경우 전원 및 공기압 등이 일정하게 유지되어야 한다. 항상 전력공급상태를 확인하고 원활한 측정이 이루어질 수 있도록 적정압을 유지시켜준다. 다섯째, '이물질 제거'이며 측정기 사용 후 보관할 경우 절삭유, 먼지 등 이물질을 제거하고 보관한다. 1개월 이상 장시간 미사용하는 경우에는 측정면에 녹 발생이 우려되므로 방청유를 도포하여 보관하고, 이 경우 최소한 월 1회 정도 측정기의 보관 상태를 점검해주는 것이 좋다.

다음은 금형의 일상점검이다. 금형은 사용 전후에 일일점검 체크리스트 항목을 위주로 점검 관리해야 하며, 이상 발생 시 즉시 신고하여 격리조치 한다. 파손이나 마모, 기능부품의 정상 작동 여부 등을 위주로 일상점검을 진행하며, 개별 금형의 특징에 따라 점검 항목은 달라질 수 있다. 작업 전에는 육안점검을 통해 이상 여부를 확인한다. 작업 후에는 금형을 청소하고 파손이나 마모, 부품의 이상 여부를 확인하며, 작업 중에 발생한 특이사항을 중심으로 점검한다. 특히, 금형의 체결 혹은 취출 과정에서 발생한 충격이나 파손, 불량 발생이나 작업성 문제 발생 여부, 작업 중 발생한 소음이나 과열 문제, 온도나 압력 등 금형 작업 조건의 변화가 의심되는 경우 반드시 점검이 필요하다. 상판과 하판은 함께 점검하여 유격 문제를 확인한다.

필자가 2011년에 생활가전용 사출제품을 제조하는 공장을 지도할 때 있었던 일이다. 사출물이 불량이 많아 원인을 조사해보니 금형이 문제였다. 일상점검은 수시로 한다고 하고 정기점검은 금형담당자가 주기적으로 진행한다고 한다. 담당자가 말하길 해당 금형은 최근에도 별 문제가 없었다고 한다. 원인은 못 찾고 애꿎은 시간만 잡아먹고 있었다. 금형이 낡아서 그렇다는 추측성 의견 정도만 오고갔다. 어쩔 수 없이 무식한(?) 방법으로 불량 문제를 개선할 수밖에 없었다. 사출공정 작업자는 외국인 근로자여서 LOT 종료 후 일상점검을 하기는 무리였다. LOT가 종료되면 금형보관대로 바로 이동하지 않고 마지막 제품과 함께 무조건 금형유지보수장으로 이동시켰다. 일반적으로 전문성이 보유된 금형보전원은 마지막 제품의 상태를 보고 금형에 이상이 있는 부위를 판단할 수 있다. 금형보전원은 금형의 일부를 분해해서라도 열화 부분 혹은 불합리개소를 정상 상태로 복원토록 했다. 금형유지보수장에 점검받기 위한 대기 금형이 쌓여 갔다. 반발이 있었지만, "이전 LOT 종료 후 점검을 받지 않은 금형은 차기 LOT 생산을 못 한다"는 원칙을 정하고, 금형보전원이 잔업을 해서라도 점검과 조치를 마치고 퇴근토록 했다. 효과가 바로 나타났다. 불량은 급격하게 줄어들었고, 공장장은 이 원칙이 효과가 있다고 판단되었는지 지속적으로 실행을 지시했다.

이러한 활동은 금형의 강제열화를 복원하고 약점을 개선해서 금형을 바람직한 상태로 유지하기 위한 활동이다. 작업자가 발견한 열화, 불합리 개소 중 작업자 자신이 복원 불가능한 부분에 대한 수리를 실시하는 것이다. 작업자가 능력이 부족하면 시간을 가지고 교육을 해야 하고, 할 수 있을 때까지는 금형담당자가 지원해주어야 한다. 금형의 일상점검에서 중요한 포인트이다.

금형은 일상점검과 함께 타발수 관리도 필요하다. 누적 타발수를 관리하여 금형 노후화 정도와 점검관리사항을 재정의하고 보수 기준을 정비한다. 사람도 나이가 들어 갈수록 건강검진 주기를 줄여 나가고 암 검진 항목도 늘려 나가는 것과 같은 이치다. 금형도 마찬가지로 한계 수명에 가까울수록 일상점검 항목도 늘리면서 집중점검을 해야 한다.

다음은 공구의 일상점검이다. 공구는 마모 및 교환관리가 중요하다. 공구 마모 정도는 제품 품질과 생산성에 직접 영향을 주는 요인이며 공구 적정 교환 기준과 마모 정도를 파악해야 한다. 공구류 마모 상태를 확인하는 방법은 적정 가공 시간과 적정 생산 수량을 기준으로 치공구 교환 시기를 판단하는 방법이 있다. 기준 치수 및 허용값과 치공구를 실측한 치수를 비교하여 교환 여부를 판단하기도 하고, 치공구 점검 포인트에 대해 육안검사를 통하여 교환 여부를 판단하기도 한다.

마지막으로 강조하고 싶은 것은 일상점검은 작업자가 해야 한다는 것이다. 규모가 작은 기업일수록 전문 보전원을 충분히 확보하기가 쉽지 않다. 설비나 지그, 금형 등의 치공구에 대한 일상점검을 별도의 보전원이 수행한다는 것은 사실상 불가능한 일이다. 만약 한다고 하더라도 형식적으로 진행할 가능성이 높다. 작업자에게 일상점검을 지시하면 대부분 반발한다. 그 일은 내 일이 아니라고 생각하기 때문이다. 작업자는 보통 물건 만드는 일(작업)만 내 일이고, 치공구를 세팅하고 점검하는 일은 부수적인 일, 남의 일이라고 생각하는 경향이 있다. 따라서 작업자의 일이란 작업은 물론 일상점검과 일상점검을 통해 발견된 문제를 개선하는 것까지 마쳐야 일을 모두 다 한 것이라는 인식을 심어줄 필요가 있다.

치공구 정기점검

　치공구 일상점검이 작업자 중심으로 수행되는 반면, 정기점검은 해당 치공구를 설계제작한 부서(보통 생산기술부서)에서 담당한다. 정기점검 항목은 작업자가 수행하기에는 전문적인 면이 있고, 해당 치공구를 분해하여 진행하는 경우가 많기 때문이다.

　지그 정기점검은 제작부서에서 정기적으로 변형과 파손 여부를 확인하고 유효성을 관리해야 한다. 치공구 정기점검 일정계획을 수립하여 운영한다. 지그 등급과 점검 항목 중요도에 따라 점검 주기를 설정하고 일정계획 수립 시 반영하면 된다.

　검교정이 필요한 지그는 연간·월간 검교정 계획을 별도로 수립하여 계획대비 검교정 실적을 관리한다. 검교정 대상 지그의 검교정 주기와 일정계획을 명시하여 식별 라벨을 부착하고, 검교정 판정 결과와 성적서 등은 별도의 '검교정 이력 관리대장'에 기록한다.

　지그 검교정에 대한 사례를 하나 소개한다. 제관업종에서 조립JIG는 사용할수록 휨 현상이 발생하게 되고, 틀어진 JIG로 조립작업을 하게 되면 불량이 나온다. 따라서 최소한 연간 단위로 틀어짐 정도를 파악해서 원상태로 복귀시키는 교정작업을 해야 한다. JIG 설계제작을 자사가 아닌 고객이 한 경우에는 고객이 알아서 교정해주기만 기다리면 안 된다. 주기를 정해 두고 때가 되면 고객에게 검교정을 요청하거나, 내부 인원이 할 수 있으면 직접 하는 것이 좋다.

지그류에 대한 점검 후에는 검사성적서를 확보하고, 특이사항은 '지그 이력 관리대장' 혹은 '이력 카드'에 기록한다. 치공구 등록 시점, 점검 사항 및 조치 결과, 검교정 이력, 고장 발생 및 수리 이력, 구성품 교체, 폐기 처리 사항 등을 포함하면 된다.

측정기는 검교정 관리가 중요하다. '검정test'은 계측기 정확도를 측정하는 것이고, '교정calibration'은 계측기 정확도가 허용오차를 벗어난 경우 눈금 등을 미세조정하여 허용오차 범위 내에 들어오도록 하는 것이다. 검교정의 정의는 측정기 기간의 소급성을 유지하기 위해 표준 계측기와 타 계측기를 비교·측정해서 타 계측기의 정밀도 및 정확도에 있어서 오차 한계를 검출·수정하는 행위다. 검교정을 어디에서 하느냐에 따라 외부 검교정과 자체검교정으로 구분한다. 외부검교정은 국가교정검사기관으로부터 교정행위가 이루어지는 것을 말하고, 자체검교정은 국가교정검사기관으로부터 검교정이 완료된 계측기 혹은 표준시료standard sample를 사용하여 사내 계측기 정비자가 하위급 계측기의 정밀도, 정확도에 있어서 오차한계를 검출 또는 수정하는 행위를 말한다.

측정기도 등급을 나누는데 A등급은 주기적으로 교정 및 보수보전을 실시하고 등록 관리한다. 제품 품질과 합부판정에 직접적인 영향을 미치는 측정기, 측정 데이터 신뢰성에 많은 영향을 미치는 측정기, 안전·환경 등 법규에서 관리 대상으로 지정한 측정기, 주요 보안부품을 생산하는 공정의 측정기가 해당된다. B등급은 일상적인 작동 상태 점검으로도 사용상 문제가 발생하지 않는 측정기로서, 등록 관리에서 제외될 수도 있다. 품질 및 측정 데이터 신뢰성에 직접적인 영향을 미치지 않는 측정기, 설비의 정상적인 작동 상태를 유지하는 데 필요한 작업 조건 확인용 측정기가 해당된다.

측정기 점검 방법은 기준기[master gage]와 표준측정 시료를 이용하여 측정 데이터를 산출하고, 설정된 합부판정 기준과 관리도를 이용하여 측정 데이터의 변화량을 파악한다. 문제점이 발생하면 측정기 사용을 중단하고 사외공인 교정기관에 교정을 의뢰하면 된다.

측정기 교정은 정기교정과 수시교정[임시교정]으로 나뉜다. 정기교정은 교정 주기에 따라 주기적으로 교정을 실시하는 것이고, 수시교정은 사용 중인 측정기가 충격이나 파손 등 이상 요인에 의하여 정밀정확도가 의심스럽다고 판단되는 경우 교정 의뢰하여 진행한다. 공통적으로 교정 결과·허용오차·불확도 등이 명시된 교정성적서 관리가 필요하고, 측정기 현물에 스티커 또는 라벨, 불합격 식별표를 부착해야 한다. 공인교정기관으로부터 '교정필증'을 배부받아 측정기에 식별 부착하고 차기 교정 일자를 확인한다. 자체 교정 관리 대상은 품질부서가 교정 후 '자체교정필증' 또는 '부적합[보류 또는 사용금지]' 식별표를 부착하면 된다.

금형은 정기점검, 보수계획, 세척계획을 수립하여 관리하며, 수리가 필요한 경우 '금형 수리 요청서'를 작성하여 조치한다. 금형PM^{Preventive} ^{Maintenance}실 또는 금형 수리장에는 현황판을 비치하여 금형 정기점검 계획과 실적, 수리 현황, 담당자 등을 관리하는 것이 좋다.

[사례] 금형 수리(PM) 현황판

금형을 정기점검하거나 수리하면 '금형 이력 카드'에 기록한다. 금형 이력 카드에는 제작업체, 금형 등급, 유효 타발수 등 금형의 기본정보를 포함하고, 금형 형상이나 도면을 삽입하여 점검개소를 표현한다. 금형 수리, 점검보수내역, 세척일자 등의 사항과 누적 타발수를 기록한다. 필요하다면 금형사양서, 금형점검표준서, 금형세척기준서 등을 별도로 운영한다.

치공구 조건관리

조건관리가 필요한 치공구는 금형과 공구류이다. 먼저 금형의 조건관리항목은 예열 기준, 금형 부위별 온도, 기계적 가공 조건 등이 있다. 금형 중 예열이 필요한 금형의 경우, 원재료 특성에 따라 예열 온도와 예열 시간을 표준으로 설정한다. 금형 부위별 온도는 계절에 따라 예열 기준을 구분해서 관리한다. 발열부와 냉각라인, 제품 부위 등 측정 포인트의 온도를 측정한다. 측정 포인트, 측정 시점, 측정 횟수를 정해 놓고 기준 온도와 차이가 발생하거나, 측정 시점별 편차가 발생하는 경우 즉시 관리자에게 통보한다. 기계적 가공 조건관리항목에는 타발, 스피드, 압력, 간극 등이 있다. 공구류는 가공 조건을 표준화한다. 설비와 공구의 최적 조건을 발굴하여 표준화함으로써 생산성을 높이고 균일한 가공품질을 유지한다. 부적합한 작업 조건에서 공구를 사용할 경우에는 공구 파손 발생과 수명 저하의 원인이 될 수 있다.

이상으로 치공구의 식별관리, 일상점검, 정기점검, 조건관리에 대해서 자세히 알아보았다. 치공구를 잘못 관리하면 품질에도 영향을 미치지만 생산에도 나쁜 영향을 미친다. 당장 생산계획이 떨어졌는데 해당 모델 금형이나 지그가 수리 중에 있으면 고객 납품에 차질이 생기기 때문이다. 이런 경우 대응 방안 수립을 위해 관련 인원 긴급회의도 해야 하고, 고객에게 양해도 구해야 하고, 생산계획도 변경해야 하고, 여러 가지 골치 아픈 일이 꼬리에 꼬리를 물고 생긴다. 치공구를 잘 관리한다는 것은 좋은 품질과 납기, 생산성을 위해 필수적인 활동인 셈이다. 필요할 때 이상 없이 사용할 수 있도록 하는 것이 우리가 추구하는 치공구관리의 근본적인 목적이 아닐까.

4부

리얼팩토리

실천안 갖추기
(확산篇)

14

다기능공을 육성하라

– OSC(Operator Skill Control), 작업자 스킬 관리

　다기능 또는 다능공화란 한 가지 일(작업)밖에 하지 못하는 단능공과 전문공을 계획적으로 교육·훈련시켜서 몇 가지 일(작업)을 할 수 있는 스킬을 보유하도록 하는 활동을 일컫는다. 여기서 스킬이란 용어의 사전적 의미는 모든 현상(작업)에 대하여 체득한 지식을 기초로 바르게, 또한 반사적으로 행동(작업)할 수 있는 힘이고, 장기간에 걸쳐 지속될 수 있는 힘이다. 오감을 통해 감지하여 현상을 발견하고, 가슴으로 판단하여 현상을 정확히 판단하고, 몸으로 행동하여 반사적으로 작업을 하는 능력을 말한다.

　다기능공이란 다기능화가 된 숙련된 작업자를 말한다. 숙련공 또는 숙달공이라고도 부르기도 한다. 숙달공은 작업자의 스킬이 익숙하게 통달한 상태에 도달해 있다는 점에 주안점을 둔 용어이며, 숙련공이란 작업자가 능숙해질 때까지 연습을 통해 익힌다는 계속성에 강조점이

있다는 것이 근소한 차이점이다.

우리의 현장에 이러한 다기능화 된 작업자가 많다면 조직의 유연성이 좋아진다. 주기성, 계절성 물량 변화에 따른 인원 조정이 가능하기 때문이다. 그러나 전문성이 떨어지고 다기능화에 시간이 걸린다는 점, 작업자 고용불안 해소와 신뢰가 필요하다는 단점이 있다. 원가절감 한다고 소인화를 해야 하는 상황에서 다기능 수준이 떨어지는 직원을 빼면 '나, 조만간 잘리는 거 아니야' 하고 불안해할 수 있다. 소인화를 할 때는 가장 스킬이 높은 직원을 빼서 다른 가치 있는 일에 전환 배치해야만 잡음이 생기지 않는다. 남아 있는 직원들에게는 '좀 더 잘해야겠다'는 일종의 자극도 줄 수 있다. 혁신을 통해 인원을 줄일 때는 이러한 원칙을 가지고 진행하는 것이 좋다. 그렇지 않으면, 혁신이 소위 '사람 짜르는 활동'으로 오인받을 수 있기 때문이다.

필자가 2013년에 LCD TV에 들어가는 커넥터 부품을 생산하는 기업을 지도한 적이 있다. 커넥터 생산라인은 대규모 설비투자를 통해 100% 자동화가 되어 있어서 2~3초마다 제품이 하나씩 나오는 수준이었다. 문제는 필드 불량 때문에 육안 출하검사를 200% 수행하다 보니 출하검사원이 과다하게 배치되어 있었다. 검사를 철저히 해서 불량을 고객으로 전달하지 않겠다는 의도는 좋지만, 검사를 한번 할 때 제대로 하면 될 것을 도급인원 등의 미숙련자가 배치되어 있다는 이유로 품질이 불안하니 검사게이트를 이중으로 세워 놓은 것이다. 검사 인원 중복 배치로 인한 인건비 부담도 큰 상황이었다.

전체 출하검사원 37명에 대해 제품별 검사 능력, 검사원별 검사 속도와 검출 능력 등 세 가지 항목에 대해 스킬 평가를 진행했다. 그 결과 검사원 수를 40% 줄여서 22명으로 운영이 가능했다. 도급직원들은 모두 필요 없게 되었고, 정직원의 경우 상위 숙련된 검사원을 빼서 타 업무로 전환시켰다. 이 사례는 다기능 수준을 반영하여 품질수준과 생산 물량에 최적화된 인원 재배치를 한 경우가 되겠다.

중소기업은 특히 인력 변동이 잦다. 이직도 많고 어제까지 출근한 직원이 전화 한 통화 없이 출근 안 하는 상황도 비일비재하다. 인정하기 싫어도 이것이 중소기업의 현실이다. 소위 '펑크'나면 현장감독자는 물론, 심지어 사무직 직원도 라인에 들어가 작업해야 한다. 이런 상황에서 현장감독자에게 "개선해라. 혁신해라" 이야기해 보아야 한 귀로 듣고 한 귀로 흘릴 뿐이다. 작업자의 다기능화가 잘되어 있다면 이런 상황에 유연하게 대처할 수 있다. 실제로 중소기업 관리자들에게 물어보면 다기능화가 절대적으로 중요하고 필요하다고 말한다.

생활가전과 관련된 제조업의 공장혁신을 3년간 수행한 적이 있다. 생활가전은 정말 물량이 계절별로 주기를 탄다. 초여름부터는 에어컨 물량이 많고 초겨울부터는 김치냉장고 물량이 많다. 결혼 시즌인 봄, 가을에는 세탁기 물량이 많다. 만약, 에어컨 라인 작업자가 김치냉장고 라인 작업은 못 한다고 상상해보라. 이런 상황이라면 직원이 3배는 더 필요할 것이다. 바쁘면 교육 대충 하고 스킬이 확보되지 않은 상태에서 급하게 투입하기도 한다. 제품 품질이 항상 불안하다. 성수기와 비수기가 확연히 구분되는 경우, 성수기 물량에 맞추어 인원을 가져가게 되면, 비수기 때는 라인이 놀게 된다. 따라서 대부분 비수기에 맞추어 인원을 유지하고, 성수기 때는 모자란 인력을 매우기 위해 용역직을 활용할 수밖에 없다. 용역직을 사용하면 당연히 품질 확보가 어렵다. 또한 높은 스킬이 요구되는 공정에는 투입하기 힘들고 단순작업 공정에 투입할 수밖에 없다.

고급 인력을 고용해서 중소기업을 운영하기란 말처럼 쉽지 않다. 성실한 사람을 고용해서 고급 인력으로 만드는 편이 오히려 쉽다. 열정까지 있으면 더할 나위 없다. 일류 직원이 입사할 때부터 일류는 아니다. 회사가 일류로 만들어야 한다. 인력이 많으면서도 정작 쓸 만한 인재가 없는 현상이 우리 현장에서는 비일비재하다. 해법은 다기능화에 있다.

작업자 1인이 일련의 다공정 작업을 담당하게 되면 그 공정에서의 로스나 불량의 발생은 작업자 자신이 발견할 수 있으며, 직원 결근 등 유사시 즉각 대응이 가능하다. 소품종 대량생산 체제하에서 작업의 전문화, 단순화에 의해 발생되는 인간의 소외감을 없앨 수 있다. 1인 1대 조립을 위하여 기능의 확대와 자신이 만든 제품이라는 의식을 강화시키는 한편, 제품의 품질의식 강화를 위한 중요한 기본 조건이 바로 다기능화다. 현장에서 기본적인 품질 균일화와 안전사고를 예방하고, 만성적인 인력 부족 속에서 시간 단축, 휴일·잔업 증가를 피하려면 작업자의 스킬 관리를 추진하여 인력을 효율적으로 운용해야 한다. 1인 다공정 담당이 가능해져 소인화를 쉽게 할 수 있고(셀 생산 방식이 대표적인 예), 작업량에 대한 능력의 불균형을 해소할 수 있다. 부문 간의 팀워크가 향상되고 작업자의 잠재 능력 발굴이 용이하다. 신선한 눈으로 새로운 일에 도전하는 것이므로 개선 제안 건수가 늘어나고 활기찬 분위기의 직장이 만들어질 수 있다.

다기능화의 장점에 대해 조금 더 알아보자. 작업 태도가 새로워지고 육체 피로가 경감된다. 작업자가 많은 공정을 담당함으로서 작업 개선점을 찾기 쉽고 개선이 용이하다. 안전, 품질, 원가, 생산물량 등 전반적인 정보를 알고 있으므로 전체 목표 의식이 높아진다. 최종 1인 1대 조립이 이루어지면 조립 곤란 부품에 대한 설계 피드백이 빨라져 작업성과 품질을 위한 설계 개선이 달성된다. 마지막으로 '내 작품'이라는 생각이 정착되어 목표와 품질에 대한 책임의식이 강화된다. 이와 같이 다기능화의 장점은 너무 많아 일일이 열거하기에는 지면이 모자랄 정도이다. 다기능화는 단시일 내에 이루어지는 것이 아니므로 계획을 세워 시간을 가지고 꾸준히 추진해야 한다.

작업자 스킬 관리의 실행 단계는 크게 '작업자 교육훈련', '작업자 스킬 평가', '작업자 스킬 사후관리'로 구분할 수 있다. 지금부터 각 단계를 어떻게 실행해야 하는지 자세히 살펴보자.

작업자 교육훈련

작업자 스킬 관리를 위해서는 우선적으로 조직의 다기능공 양성을 위한 기본 방향을 설정하고 작업자 스킬 관리 대상을 선정한다. 작업자 스킬 관리는 일반적으로 전 공정을 대상으로 해야 하나, 품질이 중요한 공정을 최우선 순위로 두고 시작하는 것도 한 방법이다. 즉, 작업자 스킬 관리의 기본 대상은 작업표준(표준작업)이 설정된 모든 공정이며 특히, 품질과 생산성에 큰 영향을 미치는 공정이 우선적인 대상이 된다. 예를 들면, 제관업종에서는 용접공정, 전기전자 업종에서는 특수공정인 SMT공정, 자동차 조립공장에서는 가장 정밀도가 요구되는 차체 조립공정 등이 될 수 있다. 작업자 개인 입장에서의 스킬 관리는 먼저 본인이 배정 받은 공정인 자공정부터 시작해서 타공정으로 확대하는 순서로 진행한다. 어느 공정부터 다기능을 추진할 것인가에 대한 문제는 '공정별 우선순위 결정 Matrix 기법'을 활용하여 해결할 수 있다.

전 공정에 대해 요구 스킬 레벨, 활용성, 전문성, 소요 기간 측면의 특성 분석을 통해 3점 척도(상-3점, 중-2점, 하-1점)로 점수를 부여하고, 작업자 스킬 관리 대상의 우선순위를 결정할 수 있다. '요구 스킬 레벨'은 해당 공정의 요소작업을 수행하는 데 있어서 요구되는 숙련도의 정도를 말하며 작업곤란도를 의미한다. '활용성'은 해당 공정의 요소작업 스킬을 타공정에서 얼마나 활용(응용)할 수 있는가의 정도를 말한다. '전문성'은 장비 제원, 작동법, 기계 원리, 금속의 과학적 성질, 설비 강제열화 등 전문적 지식에 대한 필요성 정도를 말한다. '소요 기간'은 해당 공정의 요소작업 스킬을 익히는 데 소요되는 기간의 정도를 말한다. 이 네 가지 측면에서 평가하여 가장 점수가 높게 나오는 공정부터 다기능을 추진하면 된다.

[사례] 공정별 우선순위 결정 Matrix

평가항목	공정	공정1 환봉	공정2 열처리	공정3 가공	공정4 고주파	공정5 연마	공정6 도금	공정7 용접	공정8 사상	공정9 도장	공정10 조립
요구 Skill Level	상			★	★		★	★		★	
	중	★	★			★					★
	하								★		
활용성	상			★				★			★
	중	★	★		★		★			★	
	하					★			★		
전문성	상		★				★	★		★	
	중			★							★
	하	★				★			★		
소요기간	상				★		★	★			★
	중		★							★	
	하	★				★			★		
계		6	8	10	10	5	11	12	4	10	9
우선순위		6	5	3	3	7	2	1	8	3	4

지도·훈련이란 어떤 목적에 대해 일상의 감독과 피훈련자와 접촉하는 과정에서 지식 체계에 기초한 행동을 가르쳐 숙련시키는 것을 말한다. 좀 더 세분화해 설명하면 '교육'은 지식 체계의 패턴을 가르치는 것이고, '훈련'은 지식 체계에 기초한 행동을 가르치고 숙련시키는 것이다. '지도'는 일상의 감독 접촉 중에 가르치고 지도하는 행동을 말한다. 지도·훈련 방법에는 '맨투맨man to man 훈련'과 '집합 교육'이 있다.

맨투맨 훈련은 1:1로 직접 피훈련자의 지식·경험·능력에 맞추어서 스킬 부족점을 훈련해 가는 방법이다. 작업 동작의 방법, 수순을 가르치기에 효과적이다. 집합 교육은 한 장소에서 다수의 훈련자를 집합시켜 한 번에 같은 것을 가르치는 방법이다. 다기능공 육성을 위한 교육훈련은 이 두 가지를 적절하게 혼합하여 제공해야 효과적이다. 교육훈련은 피훈련자는 물론이거니와 훈련자에게도 이익이 된다. 사람은 누군가를 가르칠 때 가장 많이 성장하기 때문이다. 직장에서는 직원이 가장 성장할 때가 후배를 가르칠 때다.

[사례] 작업자 교육훈련(1대1)

작업자 스킬교육
교육중

부품 및 BOM에 대한 이해를 높이기
위하여, 교육용 Tray를 제작하여 조립
부품을 Set로 제공함

교육·훈련·평가 방법에 대해 알아보자. 첫째, 필요한 지식을 정리하고 교육이 실행되어야 한다. 일반 작업에 있어서 필요한 지식이란 작업의 급소, 판단 기준, 결과 체크, 설비 제원, 설비 작동 원리, 작동 원리로부터의 관리 포인트, 주요 부품의 기능과 유지해야 할 정도, 정도 측정 방법, 부품 교환과 체크법, 조작 방법, 제어 방식과 시스템, 이상 분별하는 방법과 처리 방법 등이 있다. 이 사항들이 정리·체계화되어 있지 않거나 교육이 되지 않으면, 작업자가 지식이 없기 때문에 틀린 동작이나 작업을 하게 되고, 틀린 원인 추정과 그 대책을 내놓게 된다. 또한 이로 인해 트러블을 발생시키기도 하고 트러블을 크게 하기도 한다. 교육 내용은 짧은 시간에 교육 가능한 내용으로 하여 지루함을 없애고 기억하기 쉽도록 개발해야 한다. 교육은 하루에 한 가지씩 조회나 조례 등의 짧은 시간을 이용하거나, 라인 정지 또는 비가동시간에 실시하는 방법으로 유연하게 운용하여 교육의 효과를 높일 수 있다.

둘째, 반복훈련이 되어야 한다. 훈련이란 교육에 의해 얻어진 기초적인 지식을 기반으로 체험을 되풀이하여 실시함으로써 체득하고, 정확하면서도 신속하게 행동할 수 있도록 하는 것이다. 반복훈련에 있어서는 필요한 수고를 아끼지 말고, 끈기 있게 실시하는 것이 포인트다. 어떤 일을 이해시키고 제대로 해낼 수 있게 만들려면 몇 번씩 가르치고 반복시켜서 몸소 체험하는 과정이 반드시 필요하다. 가르친다는 것과 반복을 통해 몸으로 습득하게끔 하는 것은 근본적으로 차이가 있다. 가르친 부하 직원이 스스로 할 수 있어야 비로소 키워냈다고 말할 수 있다.

셋째, 스킬을 평가해야 한다. 작업자를 단기간에 다기능공으로 육성하기 위해서는 훈련 효과를 파악하고 연수 성과를 볼 수 있어야 한다. 작업자에게 자기의 스킬 레벨을 인식시키고 스킬 향상 방향을 명확하게 설정한다. 라인 현장감독자에게는 작업자 개개인의 지도 방향을 명확히 설정하게 한다. 스킬 평가는 가르친 대로 충실하고 정확하게 행하고 있는지를 작업의 실시 과정 중에서 체크하는 것이 중요하다. 작업의 결과가 아니고 그 프로세스를 체크하는 것이다.

작업자가 동일한 교육훈련 방법으로 훈련되는 것을 보장하기 위해 표준화된 '작업자 교육훈련 프로세스'가 필요하다. 모든 작업자가 안전하게 작업하고 표준작업을 준수하며 모든 품질 및 생산성 요구 사항이 준수됨을 보장하기 위해서다. 신규작업자 또는 전배작업자가 배치되거나 5M 변경이 발생하면 해당 작업자에게 정해진 훈련방법으로 교육훈련을 제공한다. 훈련자(현장감독자)는 교육훈련 결과를 '작업자 훈련추적표'에 기록하여 추적관리되도록 한다. 작업자 교육훈련 프로세스는 일반적으로 5단계로 구분된다. 기업의 상황에 따라 가감해서 진행하면 된다.

[그림] 작업자 교육훈련 프로세스

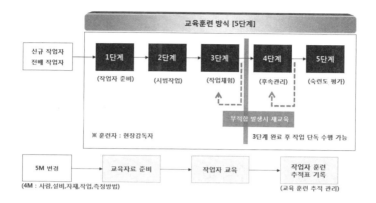

1단계는 '작업자 준비' 단계다. 훈련자는 작업과 관련해서 작업자 지식수준을 확인하고 안전지침, 기본 품질관리사항을 설명한다. 표준작업지도서 등 관련 문서를 이용하여 단위작업을 설명하고, 체크시트 작성 요령을 설명해준다.

2단계에는 '시범작업'을 한다. 훈련자가 제조공정 단계와 단위 작업에 대해 시범을 보이고 설명한다. 단위 작업마다의 중요 관리 포인트에 대해 이유를 들어 가며 설명한다. 특히, 작업이 잘못되었을 경우 발생될 수 있는 나쁜 영향, 불량현상 등을 자세히 설명해준다.

3단계에는 '작업체험'을 하게 한다. 작업자로 하여금 실습을 통해 단위 작업을 체험하게 하고 실수를 교정한다. 제조공정과 단위작업에 대해 궁금한 사항을 질문하게 하고 명확하게 설명을 다시 해준다. 작업자의 훈련도를 체크하여 문제 발생 시 교정한다. 이 활동을 최소 1주일 이상 실시해야 한다. 작업을 완전하게 알 때까지 계속 작업을 시킨다.

4단계는 '후속관리' 단계다. 작업자가 안전·품질·표준작업을 이해하고 Takt Time(고객수요속도) 이내에 작업을 수행할 능력을 갖추었는지 확인한다. Takt Time보다 속도가 느려도 문제가 되지만, 너무 빨라도 문제가 된다. 규정된 속도보다 빠르다는 것은 대기가 발생하고, 후공정이 바쁘게 됨을 의미하기 때문이다. 재공도 필요 이상으로 생긴다. 후속관리는 1개월 이상 실시하는 것이 좋다.

마지막 5단계는 '숙련도 평가' 단계다. 최소 3개월 이상 작업을 수행한 이후 평가하는 것이 좋다. 실기·필기(선택적) 평가를 통해 타인 지도가 가능한 수준인지 평가한다. 부적합 항목에 대해서는 재교육과 재평가를 반복한다. 작업자 인증 평가는 통상 4단계 이상 수준이 되어야 가능하다.

작업자 스킬 평가

작업자 교육훈련이 제공된 이후에는 작업자에 대한 스킬 평가를 진행한다. 스킬 평가는 '숙련도 평가'라고도 부른다. 숙련도 평가를 위해서는 평가 기준을 우선 명확히 수립해야 한다. 평가 기준이 애매한 상태에서의 평가는 오히려 독이 될 수 있다. 작업자들 간의 갈등을 불러올 수 있기 때문이다. 평가 기준이 객관적이지 못하면 평가 결과에 대해 작업자들이 수긍하지 못한다. 평가 결과에 대해 불만이 있는 경우, 겉으로 드러내지는 못하고 뒤에서 소위 '호박씨'를 깐다. "내가 분명히 스킬은 더 좋은데, 왜 A가 나보다 평가가 좋은 거야?"처럼 불신이 생기거나, "A가 평소에 B 반장하고 친했었지!"처럼 곡해가 생겨, 협력이 요구되는 현장 분위기를 해칠 수 있다.

숙련도 평가 기준을 수립할 때에는 먼저 평가 레벨을 정의하고, 각 레벨별 인증점수 기준과 평가 결과 의미를 부여한다. 1레벨의 인증점수 기준은 40점 이하이고, 작업자 준비 단계로 업무 수행이 불가함을 의미한다. 2레벨의 인증점수 기준은 41~60점이고, 단위작업과 주요 단계에 대해 인지하고 있음을 의미한다. 1레벨과 마찬가지로 업무 수행이 불가하다. 3레벨의 인증점수 기준은 61~80점이고, 약간의 도움으로 업무 수행이 가능함을 의미한다. 4레벨의 인증점수 기준은 81~90점이고, 필요한 교육훈련이 완료되었고 경험을 보유하였음을 의미한다. 단독 작업 수행이 가능한 레벨이다. 5레벨의 인증점수 기준은 91~100점이고, 타 작업자 지도와 트러블 조치가 가능한 수준임을 의미한다. 이것은 추천하는 하나의 예시일 뿐이며, 배점 기준과 평가 결과 의미는 조직에 따라 적절하게 결정하면 된다.

숙련도 평가 기준이 만들어졌으면 해당 작업자의 숙련도를 평가하고 평가 결과에 따라 등급을 부여한다. 평가 결과 80점 이상 획득한 경우 자격인증을 부여할 수 있다. 80점 미만인 경우 부적합 사항에 대해 재교육을 실시하고 조치 사항을 기록한다. 교육훈련 단계 중 4단계 종료 시점부터 3개월 이상 작업 수행 후 타 작업자 지도 가능 여부와 트러블 조치 수준을 평가한다. 평가 결과를 보완해서 지적 사항이 더 이상 없으면 훈련자는 5단계 인증을 부여할 수 있다.

각각 인원의 '작업자 훈련추적표'를 포함하여 교육훈련 평가 결과와 레벨(1~5 Level) 인증 결과를 '작업자 교육훈련 인증서'에 기록하고 단위 조직원들과 공유한다. 인증서와는 별도로 현장 게시용으로 '작업자 인증카드'를 제작하여 배부하기도 한다. 작업자가 일하는 현장에 작업자 인증카드를 게시함으로써 현재 인증받은 작업자가 투입되어 있다는 것을 표시하는 방법도 있다. 이를 '공정 실명제'라고 부른다. 현재 주 작업자가 누구이고, 대체 가능한 작업자가 누구인지를 표시하는 일종의 '눈으로 보는 관리' 방안이다.

[사례] 작업자 인증카드

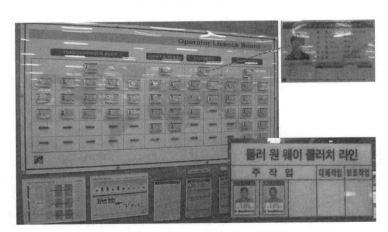

작업자 스킬 관리는 한 작업자가 가능한 많은 공정을 요구되는 수준으로 수행할 수 있도록 하기 위해 다기능화하는 활동도 중요하지만, 도급인원 운영, 노령화, 이직 과다 등 중소기업의 특성상 인증되지 않은 작업자가 투입되었을 때 스킬을 신속히 레벨업 할 수 있는지에 대한 대

응이 더 고민일 수도 있다. 무엇보다도 '인증작업자 부재 시 대응 프로세스'를 단시간 내에 신속히 실행함으로써, 비인증작업자가 투입됨으로 인해 생길 수 있는 부정적인 영향을 최소화할 수 있다.

현장감독자는 공정 작업에 인증작업자가 아닌 무ᵐ인증작업자를 투입할 수밖에 없는 경우, 빨간색 공정 깃발을 건다. 이는 해당 공정에 무인증작업자가 투입되었으니 품질에 이상이 있을 수 있다는 경고 신호다. 다음으로 10분간 안전·품질기본 사항을 포함한 표준작업 교육, 5분간 단위작업 시범 및 설명, 5분간 단위작업 체험 및 교정, 10분간 작업자 스스로 작업을 실시하고 작업 가능 여부를 판단한다. 이후 작업자가 정규 작업을 시작하게 되고 현장감독자와 관리자는 표준작업 준수 여부를 수시로 확인해야 한다. 공정순회검사자는 빨간색 공정 깃발이 걸린 공정에서는 검사 수량이나 검사 횟수를 두 배로 늘린다. 무인증작업자가 만든 제품은 불량의 소지가 많으므로 제품 검사를 강화하는 것이다.

앞에서 소개한 5단계의 '작업자 교육훈련 프로세스'를 모두 거치면서 단시간 내에 Quick으로 실행한다는 의미이며, 인원 변동이 잦은 기업에 효과적이다. 물론 조직 특성에 맞는 고유의 인증작업자 부재 시 대응 프로세스를 가지고 있으면 더할 나위 없다.

작업자 스킬 사후관리

　작업자 인증부여 현황에 대해 '작업자 숙련도 현황판'을 제작하여 비치한다. 비치 장소는 현장 회의 구역 또는 현장 종합 게시판이 가장 좋다. 인원들의 왕래가 잦고 눈에 잘 띄기 때문이다. 반별 또는 조별로 단위조직 내 모든 인원에 대한 작업자 인증 레벨을 관리해야 한다. 현황판은 '문차트$^{moon\ chart}$' 형태로 만드는 것이 일반적이다. 인증 레벨이 낮은 인원과 4레벨 이상 인증 달성이 미흡한 공정 중심으로 교육훈련 계획을 수립하고, 계획에 준해 해당 교육훈련을 제공함으로써 지속적으로 스킬업을 시도해야 한다.

[사례] 숙련도 현황판

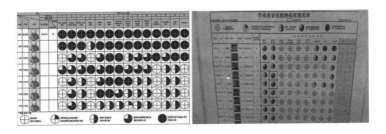

　현황판은 조직원들 간의 갈등을 조장할 수 있으므로 선의의 경쟁을 할 수 있도록 분위기를 만들어 주는 것이 중요하다. 예를 들면, 아침 조회 시간에 신규 인증취득자나 레벨업 인증작업자에게 전원의 축하 박수를 보내는 식이다. 최고 레벨을 달성한 경우 또는 다공정 담당이 가능한 경우 포상과 연계하면 가장 좋다.

L전자는 매년 사원 '달인 선발 대회'를 한다. 한때 TV 개그 프로그램에서 '달인'이라는 코너가 유행하여 그 이름을 붙인 듯하다. 달인이란 그 분야에서 일인자라는 의미다. 달인 인증을 받으면 주위의 부러움은 물론, 해외연수 포상의 자격도 주어진다. 안산에 있는 K코리아는 직접 부문의 Multi Player 인정 제도로 '마이스타^{MEISTER}' 선발 대회를 매년 개최한다. 추천서를 접수받고 필기시험, 실기시험을 거쳐 인정서와 가슴에 달수 있는 배지를 지급한다. 인정서 수여식은 전 사원이 모인 자리에서 실시하며, 포상도 따르지만 포상보다는 이 분야에서 최고라는 자부심이 더 값지다. 소위 어깨에 힘 잔뜩 주고 다닐 수 있다.

숙련도 현황판은 통상 6개월 단위로 업데이트하고, 갱신 개념의 재인증 주기는 업종에 따라 3년 또는 5년으로 설정한다. 전 공정의 레벨을 평균하여 종합 레벨을 산정할 수 있다. 이 종합 레벨을 현재 수준^{baseline}으로 놓고, 차기년도 목표 수준을 정하면 된다. 추가적으로 KPI를 관리하고자 하는 조직에는 '다기능 작업자 비율$_{(다기능율)}$'을 추천한다. 다기능율은 숙련된 작업자가 확보된 공정수를 총 공정수로 나누거나, 숙련된 작업자 수를 총 작업자 수로 나눔으로써 계산할 수 있다.

제조현장에서는 인증된 작업자가 작업을 수행하고 있는지 알 수 있도록 명확히 눈으로 식별 가능해야 한다. 신입 직원과 같은 스킬이 부족한 작업자를 현장에 투입할 경우, '인턴^{intern}' 마크가 표시된 조끼나 근무복을 별도로 입히는 것도 좋은 방법이다. 현장감독자는 이 조끼를 입은 작업자가 보이면 그 공정에 특별히 신경을 더 쓰고 밀착해서 지도한다. 한 번 가볼 거 두 번 가보라는 말이다. 마찬가지로 공정순회검사자도 한 개 검사할 거 두 개 검사하는 식으로 품질에 신경을 쓰면 된다.

[사례] 신입 작업자 현장 식별관리

《일상의 경영학》(이우창 지음)에서는 환경을 조금만 바꿔줘도 사람의 행동을 크게 변화시킬 수 있다는 것을 강조한다. 사례를 하나 소개한다. 미국의 카이저퍼마넨테 병원은 한 해에 250건이나 발생하는 투약 실수 때문에 고민이 많았다. 간호사들이 하루에도 수십 명의 환자와 수백 종의 약을 다루다 보니 생기는 실수지만, 환자들에게는 치명적인 결과를 가져올 수 있다. 그래서 간호사들에게 틈만 나면 강조했다. 투약이란 환자의 생명이 달린 중요한 업무니 약을 다루는 동안엔 절대적인 집중을 해 달라고. 하지만 약을 섞고 있는 줄 모르는 동료가 지나가다 말을 걸면? "308호 환자 상태는 별 문제 없지?" 자신도 모르게 대답이 나오고, 그러다 보면 투약 실수가 생기게 된다.

이런 문제는 사람을 변화시켜 해결하기보다는 환경을 바꿔주는 것이 훨씬 효과적이다. 고심 끝에 병원이 택한 방법은 약을 섞는 간호사들에게 노란 조끼를 입게 만드는 것이었다. 시행 초기에는 반발이 적지 않았다. '우리가 초등학생인 줄 아느냐', '노란 조끼라니 환자들 보기 창피하다'는 등 이유도 다양했다. 하지만 멀리서도 눈에 확 띄는 노란 조끼는 '지금 나 투약 중이니까 말 걸지 말라'는 메시지를 강력하게 전달했다. 작은 조치였지만 조끼를 입게 한 이후 투약 실수는 40퍼센트가 넘게 감소했다고 한다. 직원들이 몰입할 수 있는 환경을 만들어준 것이 주효했던 것이다.

노란 조끼를 입은 직원은 스스로도 빨리 '인턴' 딱지를 떼기 위해 노력해야 한다. 노란 조끼 자체가 눈에 잘 띄고, '나는 신입입니다' 또는 '나는 미숙련공입니다'라는 것을 드러내기 때문이다. 인턴을 조기에 졸업하고 숙련도 레벨이 점점 올라갈수록 본인이 하는 일에 대한 자부심도 올라갈 것이다. 덤으로 '회사가 나의 성장을 도와주는구나' 하는 마음이 생겨 조직에 대한 로열티가 높아질 수 있다.

본 실천안에서 마지막으로 당부하고 싶은 말이 있다. 한 공정을 담당하는 직원보다는 다수의 공정을 담당할 수 있는 직원에게 뭔가 더 이익이 가야 한다는 것이다. 산업용 지게차를 만드는 어느 기업에서 현장 반장과 대화를 할 때 있었던 일화다. 맡고 있는 현장에서 애로사항이 뭐냐고 물으니, 직원들이 다기능화에 대해 거부감이 많다는 것이다. 한 작업자는 이렇게 이야기했다고 한다. "내가 저 사람보다는 여러 공정을 할 수 있는데, 저 사람과 나는 동일하게 대우받고 있다. 이런 상황에서 내 전문 공정이 아닌 다른 공정에 투입되었을 때 불량이라도 나면 나보고 책임지라고 할 것 아닌가?" 누가 들어봐도 일리가 있는 말이다. 《경영은 전쟁이다》(고야마 노보루 지음)에서는 "평등과 공평은 다르다. 뭐든지 평등하다고 해서 공평한 것은 아니다. 기회는 평등하게 주되 성적에 따라서 차등을 두어야 한다. 이것이 올바른 공평이다. 성적에 차이가 있으면 당연히 상여금에 차이가 생겨야 옳다. 차별과 구별도 다르다. 기회를 균등하게 주지 않는 것은 차별이고, 성적에 따라서 차등을 주는 것은 구별이다"라고 말했다. '내가 차별화가 되었는데 차별화된(남보다 나은) 대우를 못받았다'고 생각하는 순간 작업자 다기능화는 순탄히 진행되기 힘들다.

중소기업에 용역직, 계약직이 많다는 것도 다기능공 육성에 장애가될 수 있다. 심한 경우 어떤 기업은 현장작업자의 50% 이상을 용역직이나 계약직으로 커버하는 경우도 보았다. 오너나 관리자 입장에서는용역직이나 계약직에게 체계적인 교육훈련을 제공할 필요성을 못 느낄테고, 반대로 용역직원이나 계약직원은 '어차피 잠깐 일하는 건데'라는생각 때문에 본인 스킬업에 대해서는 관심이 없다. 필드에서 뛰는 컨설턴트 입장에서 조언해주고 싶은 것은 "종업원 급여 조금 아끼려다 안정적인 인력 운영에 큰 차질을 가져올 수 있다"는 것이다. 소위 소탐대실(小貪大失)하는 경우다. 회사에 로열티를 가진 직원만이 혼을 담아 제품을 만들 것이고 본인의 스킬업을 위해 노력할 것이기 때문이다. 요즘 세태를보면 용역직이나 일용직 비용(일당)이 결코 작지 않다(싸지 않다는 의미). "요즘 용접공이 모자라 일용직을 고용하는데, 따져보니 하루 일당이 정규직보다 더 비싸게 들어갑디다"라고 하소연하는 중소기업 오너의 말을 들은적이 있다.

결국, 안정적인 인력 운영과 다기능화를 통한 양질의 제품을 만들어내기 위해서는 정규직이 여러모로 유리하다는 말이다. 2015년 초에 경기도 군포에 있는 Y사의 '성과관리 및 평가보상체계 구축' 프로젝트를 진행한 적이 있었다. LCD에 들어가는 접착테이프 부품을 생산하여 대기업에 납품하는 회사다. 게시판에서 우연히 회사 직원들의 차량 목록을 보게 되었다. 목록에 직급이 '고문'인 직원의 차량이 이름만 들어도 아는 고급 대형차였다. 개인적인 호기심으로 그분이 누군지 물어보았는데, 의외로 회사 직원식당의 책임자란다. 후에 대표이사와 면담 중에 알게 된 사실인데, "우리 회사에는 계약직이 없습니다. 회사 직원식당 책임자인 A고문도 정규직이고, 식당에서 조리하는 아주머니들, 심지어 청소하는 아주머니(하루 중 반나절만 일했다)도 우리는 모두 정규직입니다. 계약직을 쓰면 당장은 비용이 조금 덜 들지는 모르겠지만, 회사에 대한 로열티가 생길 수 없기 때문입니다. 로열티가 있어야 일도 열심히 하고 제품도 더 잘 나오는 거 아니겠습니까? 실제로 작년에 회사가 잠깐 자금사정이 어려운 때가 있었는데, 직원들이 알아서 원가절감 하더라구요"라고 말하였다. 여러 수많은 경영자들을 만나 봤지만, 이분처럼 직원 고용에 대해 확고한 철학을 가진 경영자는 보지 못했다. 조금만 어려워도 직원 자르고 용역 쓸까 고민하는 경우가 많은데, 참 현명한 판단을 했다는 생각이 들었다.

15

문제 해결 능력을 키워라

– PSP(Problem Solving Procedure), 문제 해결 절차

　돌을 던지면 호랑이는 그 돌을 던진 사람에게 달려들고, 어리석은 개는 돌을 쫓아간다는 말이 있다. 문제의 원천을 쫓아가야지 문제 자체를 쫓아 이리저리 뛰어다니기만 해서는 문제가 해결되지 않는다는 뜻이다. 일상 업무에서 우리는 많은 문제에 부딪히게 되나, 이러한 문제를 해결하려고 할 때 체계적이고 근본적인 문제 해결이 잘 되지 않는 경우가 많다. 대부분의 조직들은 그들의 능력을 꾸준히 향상시키고자 노력한다. 기본적으로 지속적인 개선을 위해서는 효과적인 문제 해결이 요구된다. 그러나 불행히도 대부분의 조직은 당면하는 일상적 혹은 반복적으로 되풀이되는 문제를 다루는 데 있어 지속적인 효과를 보지 못하는 것이 현실이다. 각자가 부딪히게 되는 문제는 그때그때 상황에 따라 매우 다를 수 있으므로 해결책도 각각 경우에 따라 완전히 달라진다. 하지만 어떠한 경우에도 문제 해결 전체 과정상의 프로세스는 어느 정도 공통적이라고 생각한다. 문제 해결 방법론은 품질 분야의 권

위자인 에드워드 데밍W. Edwards Deming이 고안한 Plan-Do-Check-Action에 기초한다. PDCA식 사고방식은 지속적인 개선을 위한 실천적 도구이자 문제 해결의 배후가 되는 기본철학이다. 아쉬운 점은 불행히도 많은 관리자들이 PDCA에 익숙하지 않으며, 익숙한 사람들 중 상당수도 이 PDCA를 진정으로 이해하고 적용하지 못하는 것이 현실이다.

계획Plan 단계는 누가, 언제, 무엇을 할 것인지 사후활동 계획을 포함하며, 이를 통해 합리적으로 성과의 변화까지 예측한다. 실행Do 단계는 어떠한 변화가 일어나도록 완수하는 것을 의미한다. 확인Check 단계는 관련자들이 그들의 현재 이해 수준을 확인하는 것으로서 학습 과정에 있어 아주 중요한 단계이다. 마지막으로 조치Action 단계는 확인 단계 학습 내용 중에서 미해결 부분 또는 개선되어야 할 부분이 무엇인지를 구분해내는 과정이다. PDCA는 지엽적인 문제 해결보다는 장기간에 걸친 시스템 성과 개선에 목표를 두고 있다.

본 실천안은 조직으로 하여금 문제 해결의 일반적인 프로세스를 체계화하여 이를 현장에서 이해하고 쉽게 활용함으로써, 복잡하고 고질적인 품질 문제 해결에 실질적인 도움을 줄 것이다. 효과적인 문제 해결을 중요시하는 만큼이나 훌륭한 문제 해결사를 육성하는 것도 중요하다.

먼저 '문제'란 무엇이며, '문제 해결'이란 무엇인가에 대해 알아보자. 문제란 어떤 목표와 현실(현상) 사이에 존재하는 장애를 말한다. 문제는 어떤 기준에서 정상상태가 아닌 이탈된 현상이다. 다시 말하면 '어떤 바람직한 현상에서 이탈하여 무엇인가 대응이 요구되는 상황'으로 정의할 수 있다. 정상상태와의 차이를 갭으로 표현하며, 이 갭이 바로 문제이다. 갭이 크면 문제의 심각성이 크다고 말할 수 있으며, 반대로 갭이 작으면 문제가 그다지 심각하지 않다고 말할 수 있다. 이 갭을 제거하는 활동이 바로 문제 해결이다. 《맥킨지식 사고와 기술》(사이토 요시노리 지음)에서는 "제약조건 하에서 현재 상태와 목표 상태와의 차이gap를 인식하고 그것을 메우기 위한 해결안을 찾는 일련의 과정"으로 문제 해결을 정의하고 있다. 문제 해결이란 현실을 명확하게 인식하고 그 문제의 해결을 방해하는 장애들을 하나씩 제거해 나가는 것이다.

어떤 사람이 친구들과 술을 한잔하고 집에 가는 도중에 갑자기 폭설이 내려 길이 미끄러워졌고, 때마침 나타난 도로의 움푹 팬 구덩이를 피하려다 그만 사고를 내고 병원에 실려 가야 했다. 무엇이 문제인가? 집에 도착하는 것이 정상적인 상황이고, 병원에 실려 간 것이 이탈된 상황이다. 이 둘의 갭이 바로 문제이며, 무사히 집에 도착하지 못하고 사고가 발생했다는 것이 문제다. 그렇다면 문제가 발생한 원인은 무엇인가? 원인을 알아야 문제를 해결할 수 있다. 원인 후보는 음주운전, 도로 결빙, 운전 미숙, 도로 불량 등이 있을 수 있다. 여기에서 생각해 볼 점은 문제를 발생시킨 원인을 무엇으로 판단하느냐에 따라 대책 방안이 달라진다는 것이다.

- [원인] 음주운전 → [대책] 대중교통 이용, 대리기사 이용
- [원인] 도로 결빙 → [대책] 도로 결빙 시 지하철 이용
- [원인] 운전 미숙 → [대책] 돌발 사태에 따른 위기 상황을 대비하여 충분한 운전 연습

- [원인] 도로 불량 → [대책] 이용 가능한 우회도로로 돌아감

하나의 원인을 보고 대책 방안을 수립할 수도 있지만, 원인이 한 개가 아니라 두세 개가 있다고 판단되는 경우에는 그 대책 방안도 여러 개가 될 것이다. 보통 문제는 여러 요인이 복잡하게 얽혀 있는 상황에서 발생되기 때문이다. 갭이 클수록, 심각한 문제일수록 그러한 경향을 띤다고 보면 된다.

공장에는 우리가 모르는, 겉으로 드러나 보이지 않는 문제가 곳곳에 숨어 있다. 재작업, 폐기, 고객 클레임, 결함검사 등 저품질로 인해 비용을 유발하는 인자들이 무수히 많다. 특히 우리 현장을 괴롭히는 것은 고질적인 문제다. 한두 개의 원인으로 발생되는 문제는 해결하기도 쉽고 재발도 거의 없다. 반대로 고질적인 문제는 해결도 어려울뿐더러, 해결되었다 하더라도 조만간 다시 재발할 확률이 높다. 문제의 근본 원인을 정확히 찾아서 제거하지 못했기 때문이다. 근본 원인을 찾지 못한 채 기존의 지식, 선입견만으로 문제를 해결한다면 문제는 다시 재발할 것이다. 핵심을 찌르지 못하는 단기적이고 임시방편적인 해결책은 우리가 바라는 만큼 효과를 주지 못한다. 품질 결함은 근본 원인을 찾아 뿌리를 뽑지 않으면 반드시 반복해서 발생하는 속성이 있기 때문이다.

도요타자동차에 근무하는 사람은 유난히 문제 해결 능력이 뛰어나다. 그 이유를 미국의 대학교수, 컨설턴트들이 연구한 적이 있다. 도요타에 입사하게 되면 어떤 업무를 하든 간에 관계없이 'A3 리포트'를 써야 한다. A3 리포트는 도요타의 구조화된 문제 해결 방법론으로써 A3 한 장짜리 문서

를 조직의 모든 부서와 모든 레벨에 걸쳐 사용하게 되어 있다. 10단계로 정의된 전체 개선 활동 결과를 정리하기에는 A4 용지는 크기가 너무 작기에 11×17인치의 A3 용지를 사용한다고 해서 A3 리포트라고 부른다. A3 용지한 장에 모두 담아야 하기 때문에 A3 리포트는 데이터의 통합, 추출, 시각화를 통해 디자인이 매우 간결하다.

[사례] 도요타자동차의 A3 리포트

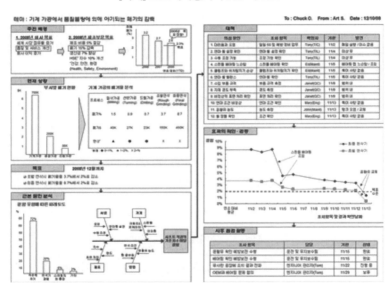

A3 리포트는 '문제 해결 A3 리포트', '제안 A3 리포트', '상황 A3 리포트'로 나뉜다. 이 세 가지 문제 해결 방법론은 《A3 씽킹》(드워드 소백·아츠 스몰리 지음)에서 자세히 소개하고 있다. 불량, 비가동, 결품과 같은 현장에서 낭비를 제거하고 당면한 문제의 근본 원인을 찾아 개선할 때에는 문제 해

결 A3 리포트를 사용한다. 제안 A3 리포트는 정책, 경영 관행, 조직 프로세스와 같은 일반적인 문제뿐 아니라, 조직이 결정을 내리거나 어떤 조치를 내리기 전에 권장사항에 대해 신중히 고려하고 계획하며 합의를 이끌고자 하는 모든 상황들에 관련한 문제를 다룬다. 상황 A3 리포트는 조직 내 다양한 수준의 근무 기간이나 지위에 있는 개인들에 의해 이용될 수 있다. 일반적으로 지위가 낮고 경험이 많지 않은 사람들일수록 상황 A3 리포트를 통해 기본적이고 지엽적인 문제를 구체화하는 데 사용한다.

도요타자동차 직원은 한 장을 완성해 가는 데 평균 3~4개월 정도 소요되는 A3 리포트를 의무적으로 작성해야 한다. 1년으로 따지면 평균 3~4건 정도 문제 해결을 진행하는 셈이다. 이 활동을 신입사원부터 관리자가 될 때까지 꾸준하게 한다고 상상해보라. 싫어도 어쩔 수 없이 해야 하는 체제 덕분에 도요타 직원은 문제 해결 전문가가 될 수밖에 없다. 도요타를 소위 '인재양성소'라고 부르는 이유이기도 하다. 도요타에 근무하는 직원은 늘 타 기업의 스카우트 대상 최우선순위에 올라 있다고 한다.

문제 해결 능력은 무엇으로 정의할 수 있을까? 첫째, 문제가 무엇인지 파악하는 힘이다. 문제를 제대로 파악하기 위해서는 객관적인 시각이 있어야 한다. 사람의 관찰력은 본래 주관적이기 때문에 모든 개개인은 공장 내에서 일어나는 일들을 조금씩 다르게 본다. 《A3 씽킹》에서는 객관적으로 문제 상황을 봐야만 하는 이유를 다음의 사례를 들어 설명하고 있다.

"설비 중심의 작업장에서 설비의 기계적 고장으로 작동 정지 시간이 긴 작업장이 있다. 작업장의 누구나 설비의 고장 시간이 문제라고 여긴다. 그러나 해결을 위해 무엇을 해야 할 것인가에 대한 합의는 별개의 문제이다. 생산팀은 설비보전팀의 느린 대응 시간, 부족한 기술력, 급박함의 부족에 대해 비난한다. 반대로 설비보전팀은 생산팀이 기계를 매일 청소하지 않고, 사전 점검할 시간을 주지 않으며, 문제의 징후에 대해 빨리 알리지 않는다고 비난한다. 양측 모두 문제 상황에 대해 매우 주관적이며 감정적인 관점을 가지고 있다. 이 때문에 둘 다 상황을 객관적으로 보지 못하고 논리적으로 사고하지 못한다. 사람들은 자신의 표현이 옳다고 느끼면, 자연히 다른 사람들의 표현은 틀렸다고 본다. 이 때문에 여러 부서가 참여하는 상황에서는 서로를 비난하는 상황으로 흘러가는 것이 일반적이다."

하나의 관점에서 보는 것보다 다양한 관점으로 사태를 관찰하는 것이 더 객관적이며, 객관성에 바탕을 두고 현재의 상황을 이해하는 것이 중요하다는 말이다. 문제를 정확하게 파악하면 현재 상황과 문제점을 잘 정리하는 기술이 필요하다. 이를 '문제정의'라 하는데, 읽는 사람이 이해하기 쉬운 방법으로 현재 상황을 구조화하는 것이다. 현재 상황의 주요 목적은 읽는 사람에게 간단히 현재 프로세스를 개관할 수 있도록 하고, 문제를 사실에 근거하여 이해할 수 있도록 하는 것이다.

IGM 세계경영연구원 정영학 교수는 "우선 문제에 대한 정의가 명확해야 한다. 해결해야 할 문제를 제대로 이해하지 못하면 과녁 없이 활을 쏘는 것과 똑같은 상황이 발생한다. 조직원은 각자 쏘고 싶은 곳으로 화살을 쏠 것이고, 아까운 시간과 에너지만 낭비하게 되는 상황에 부닥치게 된다. 문제를 정확히 찾기 위해선 무엇이 결핍됐는지부터 찾아야 한다"라고 문제 정의의 중요성에 대해 말했다.

둘째, 원인을 찾아내는 힘이다. 문제의 본질을 찾기 위해서는 근본 원인을 찾아야 한다. 근본 원인을 찾아내기 위해서는 문제가 생긴 현장에 직접 찾아가서 상황을 관찰해야 한다. 관찰할 때는 사실에 초점을 맞춰야 한다. 이것은 또한 정확히 언제, 어떤 조건에서, 어느 곳에서 문제가 발생하는지 알아내기 위해 관련되는 사람들과 이야기하는 것을 의미한다.

품질 문제가 발생한 현장은 살인 사건이 발생한 현장에 비유할 수 있다. 현장이 훼손되기 전에 수사관이 전문적 시각을 가지고 곧바로 조사하지 않는다면, 범죄자를 잡기 위해 필요한 증거를 확보할 수 없다. 한때 많은 인기를 누렸던 미국드라마 《CSI: 과학수사대》(2000년 시즌1을 시작으로 2015년 시즌16까지 방영되었다)를 기억할 것이다. 수사관은 범죄 현장에 도착하면 가장 먼저 펜스부터 친다. 증거를 보존하기 위해서다. 사람들이 하나둘 왔다 갔다 하면 지문도 섞일 것이고, 범인 발자국도 지워질 것이다. 공장으로 말하면 물건이 계속 흘러가기에 불량 현상이 숨겨져 버리는 상황이 된다.

문제 해결사는 모든 미래의 문제 발생 가능성을 제거할 수 있는 바로 그 근본 원인root cause을 찾아낼 때까지 조사를 계속해야 한다. 근본 원인을 찾아내는 일반적인 방법이 '5why' 접근법이다. '왜why'라는 질문을 최소 5번 반복하는 방법으로 더욱 심층적인 원인을 찾아낼 수 있다.

셋째, 다른 사람과 협업해서 개선하는 힘이다. '너 살고, 나 살고' 상생의 철학이 필요한 이유다. 복잡한 문제, 고질적인 문제를 해결하기 위해서는 어떻게 해야 할까? 혼자 힘으로는 무리다. 먼저 호흡이 중요하다. 호흡은 팀워크와도 일맥상통한다. 옛말에 "도둑질도 손발이 맞아야 잘 된다"라는 속담이 있다. 현장 개선 활동, 문제 해결 활동을 움직이는 세 개의 톱니바퀴는 바로 작업자, 현장감독자, 엔지니어다. 이 세 개의 톱니바퀴가 잘 맞물려 돌아가야, 즉 손발이 잘 맞아야 문제 해결이 원활히 진행될 수 있다. 이 세 개의 톱니바퀴 중 한 바퀴만 따로 놀아도 전체가 헛돌게 된다. 이는 곧 문제의 본질에 다가가지 못해 문제의 근본적인 원인이 제거되지 못한다는 것을 의미한다.

'문제 해결 절차(이하 PSP로 부른다)'는 생산 현장에서 발생한 문제에 대해 근본 원인을 제거함으로써 재발을 방지하는 체계적인 과정이다. 전체 구성원들이 누구나 쉽게 이해하고 따라갈 수 있는 문제 해결 프로세스를 제공해야 한다. 다양한 문제 해결 절차와 사용 툴에 대한 습득으로 구성원들의 문제 해결 역량을 증대할 필요가 있다.

PSP의 필요성은 문제 해결 프로세스를 적용함으로써 문제 재발을 방지하여 반복되는 실수나 동일 문제를 예방하는 데 있다. 조직 내 모든 사람들에게 개선 노하우에 대한 지식을 공유하는 활동에 도움을 준다. 문제 해결 절차와 툴 활용 능력이 향상되어 궁극적으로 조직원들의 문제 해결 역량이 향상된다. 생산 현장에서 발생되는 모든 문제들에 대해 체계적인 문제 해결 절차와 양식을 사용함으로써 조직의 문제 해결 역량을 증대시켜 지속적 개선 활동이 가능하게 지원하는 것을 목표로 한다.

PSP 실천안을 조직 내에 잘 접목시키기 위해서는 문제 해결에 대한 기본 사고와 문제 해결 절차, 양식 작성에 대한 사전 교육이 실시되어야 한다. 교육은 집합교육, 순회교육, 멘토링으로 구분된다. 집합교육은 기본교육과 고급교육으로 나눌 수 있다. 기본교육은 PSP 운영지침에 대한 이해와 '4D'와 같은 문제 해결 방법론을 교육하면 된다. 고급교육은 기본교육 내용에 추가로 '8D'와 같은 문제 해결 방법론과 문제 해결 툴이 포함된다. 문제 해결 툴은 7대 낭비, 5why, QC 7 Tools 등이 있다. QC 7 Tools는 종래에 너무나 잘 알려진 기초 통계 수법으로 파레토도$^{pareto\ diagram}$, 특성요인도$^{cause\ and\ effect\ diagram}$, 히스토그램^{histogram}, 체크시트$^{check\ sheet}$, 그래프^{graph}, 산포도$^{scatter\ diagram}$, 관리도$^{control\ chart}$를 말한다. 이들 기법은 품질 문제 해결에 있어서 매우 유용하므로 별도로 공부하여 꼭 익혀 두기 바란다.

순회교육은 PSP 운영 상태별로 맞춤 교육 개념이다. 실제 작성한 문제 해결 보고서에 대해 맞춤 코칭을 제공하면 된다. 멘토링은 작성된 문제 해결 보고서의 문제점이나 보완할 사항을 피드백하는 것으로 본 실천안의 마지막 부분에서 자세히 다룰 것이다.

교육 대상은 기본 집합교육의 경우 작업자, 현장감독자, 관리직 모두를 대상으로 해야 한다. 고급 집합교육과 순회교육의 경우 관리직은 필수, 현장감독자는 권장 대상이다. 멘토링은 작업자를 제외하고 감독자, 관리직은 필수로 받는 것이 좋다.

조직의 개선 활동 체계는 일반적으로 문제 발견, 문제 등록, 문제 해결, 추적관리의 4단계로 진행된다. PSP는 전체 개선 활동 체계 중에서 '문제 해결' 활동을 의미한다. 그렇지만 조직은 문제 발생에서부터 등록, 개선, 유효성 검증에 이르는 전체 운영 절차에 대한 프로세스를 정립하는 것이 바람직하다. 양식은 알기 쉽고 작성하기 쉬운 표준 양식을 제공해야 한다.

PSP 활동

　세상에 알려진 문제 해결 방법론은 아주 많다. 맥킨지식 문제 해결 방법론인 'Logic Tree', 창의적 문제 해결 방법론인 '트리즈$^{TRIZ'}$, 제너럴일렉트릭의 '식스시그마', 포드자동차에서 시작된 '8D Report', 앞에서도 소개한 도요타자동차의 'A3 Report' 등이 있다. 대부분의 문제 해결 방법론은 지속적인 개선을 위한 툴킷^{toolkit} 역할을 한다.

　현장의 품질 문제를 해결하는 데 있어서 가장 널리 알려진 기법은 식스시그마이지만, 이 책에서는 그 개념과 단계만 간략히 소개하려고 한다. 식스시그마를 다루는 책은 서점에 부지기수로 많이 있고, 규모가 크지 않은 기업에서 식스시그마를 능통하게 사용하는 사람은 많지 않을뿐더러, 현장요원들이 식스시그마를 적용하여 문제를 해결하기는 쉽지 않기 때문이다. 본 실천안에서는 문제 해결 방법론으로 8D Report를 중점적으로 다룰 것이다. 8D를 간략화(일부 단계를 생략한다는 의미)한 방법론이 4D Report이며, 이는 현장에서 조금만 익숙해지면 무난히 사용할 수 있기 때문이다.(8D는 현장에서 사용하기 어려운 측면이 있다).

■ 식스시그마

'시그마(σ)'란 그리스 문자 중 영어 알파벳의 's'에 해당하는 문자다. 통계에서는 자료가 분산된 정도를 나타낸 수치, 즉 표준편차를 의미한다. 시그마는 통계적 용어로 모집단의 산포를 나타내는 단위이며, 제품이나 서비스 수준이 고객의 요구를 만족시키는 정도를 나타내는 지표이다. 이 수치가 클수록 높은 요구수준을 만족시킨다는 것을 의미한다. 시그마 앞에 있는 숫자가 커질수록 확실성이 더 크다는 뜻이다. 통계용어 시그마에서 유래한 식스시그마는 100만 개 제품 중 불량품을 3.4개 이하로 유지할 정도의 고른 품질을 확보하는 것을 목표로 한 경영혁신 기법이다. 이를 위해 데이터를 수집하고 통계적으로 분석해 문제의 원인을 찾아내고 개선하는 것이 식스시그마의 기본 골자다.

식스시그마 활동은 편차와 불량을 줄이기 위한 방법론일 뿐만 아니라, 탁월한 성과$^{performance\ excellence}$를 얻기 위해 업무 프로세스와 문화 등을 변환시키는 조직적 활동이다. 식스시그마는 통계적 사고를 바탕으로 하여 경영 활동 전반의 업무 프로세스를 혁신하는 활동이라는 점에서 단위업무 개선에 주안점을 두고 있는 여타 기법과 차이가 있다. 식스시그마는 DMAIC 순서 즉, 정의^{Define}, 측정^{Measurement}, 분석^{Analysis}, 개선^{Improvement}, 관리^{Control} 단계로 전개한다.

■ 8D 리포트

8D 리포트는 포드 자동차에서 1987년에 처음으로 사용한 문제 해결 방법론이다. D는 'Discipline'의 약자이며, '규칙에 따라 행동하게 하

는'이라는 의미다. 총 여덟 번 사용되기에 8D 리포트다. 여덟 가지 정해준 룰대로 문제점을 분석하고 작성해 나가면 좋은 개선 결과를 얻는다는 의미다.

8D 문제 해결 접근은 품질 문제의 재발을 확인하고 수정하며 제거하는 데 사용될 수 있다. 8D는 제품과 프로세스 개선을 위한 문제 해결 방법론이다. 8D는 팀의 시너지 효과를 강조하며 8가지 부분으로 구조화되었다. 전체로서 팀은 개인들 품질의 합보다 더 낫고 좋다고 여겨진다. 8D는 Global 8D, Ford 8D, 또는 TOPS 8D로도 알려져 있다. 8D 개념의 유래를 살펴보면, 미국 정부는 2차 세계대전 중에 'Military Standard 1520(불량품에 대한 수정조치 및 처분시스템)'이라고 불리는 8D와 같은 프로세스를 처음으로 사용하였다. 포드자동차社는 1987년에 'Team Oriented Problem Solving'이라고 불리는 과정의 매뉴얼에서 8D 방법을 처음으로 문서화했다. 이 과정은 매년 발생하는 동일한 문제로 어려움을 겪고 있던 Power Train이라는 조직의 최고경영진 요청에 따라 쓰였다.(출처: www.12manage.com). 지금부터 8D 리포트의 각 단계별 정의와 실행 요령에 대해 알아보자.

[그림] 8D 문제 해결 방법론 개요

구분	항목	내용	작성 내용	8D	4D
문제 정의	1	팀 구축	- 문제 해결을 위한 팀 구성	●	-
문제 정의	2	문제 정의	- 문제의 본질적인 정의 및 발생 내용	●	●
문제 정의	2	문제 정의	- 발생하지 않은 내용 비교 작성	▲	-
문제 정의	3	임시조치 / 통제	- 임시조치 내용	●	-
원인 분석	4	근본 원인 분석	- 근본 원인 분석 TOOL	●	●
대책 수립	5	개선 대책 수립	- 근본 원인에 대한 개선 계획 및 실행	●	●
대책 수립	6	효과성 검증	- 개선 결과에 대한 효과성 검증	●	●
유지 관리	7	재발 방지	- 재발 방지	●	-
유지 관리	7	재발 방지	- 작업표준, OPL 등 개정	●	-
유지 관리	7	재발 방지	- 수평전개	●	-
유지 관리	8	공유/전파	- 공유 및 전파	●	-

D1은 '팀 구축' 단계이다. 문제 해결을 위한 지식, 시간, 권한과 스킬을 갖춘 부서 간 팀을 구성한다. 유능한 팀을 구축하기 위한 구조, 목표, 역할, 절차와 관계를 설정한다. D1 내용 작성 방법은 등록번호를 기입하고 문제 개요를 기술한다. 개요에는 대상, 발생 장소, 품명, 문제 발생일, 작성 일자 등이 포함된다. 다음으로 리더, 서기, 지원 멤버를 작성하면 된다. 지원 멤버는 응급조치, 분석, 근본 대책 실행, 표준화와 수평전개를 실행할 때 지원하는 인원을 모두 포함해야 한다.

[사례] D1. 팀 구축

D1		문제 해결 Report [8D]					등록번호: 생산-0001	
문제점 : 내경 치수 작아짐.								
개 요	발생처	기종	제품명			발생일	작성일	
개 요	G31	XXX	YYYYYY			08월 23일	09월 07일	
개 요	No.	부서명	팀 원	업무분장	No.	부서명	팀 원	업무분장
개 요	1	지원팀	홍길동 과장	기계파트 원인분석	4			
개 요	2	지원팀	임꺽정 대리	전기파트 원인분석	5			

D2는 '문제 정의' 단계이다. 측정 가능한 용어로 문제를 정의한다. 5W2H 분석(Who, What, When, Where, How, How many)과 같은 구체적이고 계량화할 수 있는 용어를 사용하여 내부 및 외부고객 문제를 구체화한다. 사람들에게 리포트의 내용을 표현할 수 있는 테마를 제공하는 것이다. 테마란 리포트에서 이야기하는 문제를 표현하고 사람들에게 이야기하고자 하는 전체 스토리의 주제를 나타낸다. 문제정의만 딱 읽어봐도 직관적으로 큰 고민 없이 문제가 무엇이고 어떻게 개선될지를 예상할 수 있어야 한다. 비슷한 예가 바로 책 제목이나 교육과정명이다. 책 제목만 봐도 무슨 내용인지 단번에 알 수 있는 책이 많이 팔린다. 교육기관에 근무하는 어느 지인은 동일한 내용의 과정인데 수강생들이 너무 없어서 과정명을 한 번 바꾸었더니 대박이 났더란다. 문제 정의도 읽는 사람이 내용을 재빨리 파악하는 데 도움을 주어야 한다.

이 단계에서는 문제에 대한 현상을 정확하게 정의하는 것이 중요하다. 현상을 어떻게 정의하느냐에 따라 문제 해결 방향이 달라질 수 있기 때문이다. 문제를 세부적으로 구체화시켜 분리하고 문제의 크기(중대성), 시급한 정도(시급성), 확산 크기(확대성) 등에 따라서 우선순위를 평가하기 위해 상황을 명확하게 정리한다. 이를 위해 파레토도, 체크시트, 히스토그램 등을 사용하는 것이 유용하다. 문제의 정보를 '일어난 사실(IS)'과 '안 일어난 사실(IS NOT)'로 구분하여 정리한다. 경험이 많은 사람일수록 현장에 도착해서 순식간에 일어난 사실에 관한 정보 수집부터 시작한다. 무엇이(What: 대상, 결함), 어디서(Where: 장소, 부분), 언제(When: 시간, 경우), 정도(How: 수량, 경향) 순서로 정리하면 된다.

[사례] D2. 문제 정의

D2	현 상		일어난 사실(IS)	안 일어난 사실(IS NOT)	차이점(단서)
문제 정의 / 현상	무엇이 (What)	대상	ASS'Y	xxxx	대유량 사용
		결함	토르크, 히스테리 불량	리크, 좌우차	A기종에서만 히스테리 불량 오판
	어디서 (Where)	장소	B라인	-	-
		부분	특성검사기	특성검사기	-
	언제 (When)	시기	3월 15일 ~ 4월 15일	그 이전까지 이상 없음	신기종
		경우	유량이 변동 시	단독 작업 시	사용 유량 차이
	얼마나 (HOW)	빈도	10개 생산 시 9개 발생	-	-
		경향	지속적	-	-

D3은 '임시조치 및 통제' 단계이다. 이 단계는 '봉쇄조치' 또는 '긴급 조치'라고도 부른다. 임의적인 수정을 행하는 단계이다. 영구적인 시정 조치가 실시되기 전까지 고객에게 문제가 발생하지 않도록 중간 단계 활동을 정의하고, 중간 견제 활동에 대해 자료를 가지고 효과성을 검증한다.

진짜 원인을 찾는 것은 시간이 걸리고 어려우므로 우선 현장의 트러블을 긴급히 차단하는 것이 필요하다. 발생 장소에서 문제가 멈추게, 즉 확산되지 않게 하는 일시적인 해결책이다. 억제 활동을 수립하고 억제 활동이 효과적인지 검증한다. 일단 문제가 확인되면 즉시 일시적인 억제 활동을 실행한다. 안전하지 못한 상황의 조성, 일시적 재작업 계획 수립, 수작업 보완 수행 등이 억제 활동의 내용이다. 단기 억제 대책은 임시방편이다. 문제가 공정 밖으로 유출되는 것을 막고 발생된 지역 안에서 억제한다. 단기 억제 대책의 목적은 문제를 해결하는 것이 아니라 문제라고 의심되는 자재·제품을 파악하여 유출을 억제함으로써 소비자를 보호하고 문제를 일시적으로 봉쇄하는 데 있다.

문제가 발생되면 관련자에게 신속히 통보하고 정지·선별·전수검사 등 긴급조치를 먼저 취한다. 임시조치 결과에 대한 검증 결과, 더 이상 문제가 발생되지 않고 있고 임시조치로 인해 또 다른 문제를 발생시키지 않고 있다는 확인이 필요하다. 임시대책은 트러블의 근본적인 대책이 될 수 없으므로 임시대책으로는 안심할 수 없다.

[사례] D3. 임시조치 및 통제

D3 임시조치	No.	임시조치 내용		조치 결과	책임자		일정	비고
	1	오일 빼기 오일 공급 밸브 잠금		전과 동일	xxx		04월 07일	
	2			-				
		문제점 전파			발송자	접수자	일 시	
	내용	작업자와 제조기술 담당자에게 특성 오판 내용 및 조치 사항 그리고 NG 발생 시 재검할 것을 통보함.			xxx	xxx	보수 완료 시 (4/7)	

D4는 '근본 원인 분석' 단계이다. 근본 원인을 규명하는 것을 말한다. 문제가 발생한 이유를 설명할 수 있는 모든 잠재적인 원인을 확인한다. 문제 기술과 자료에 대한 각각의 잠재적인 원인을 테스트하고, 근원을 제거하기 위한 대안의 수정조치를 확인한다.

이 단계는 문제의 원인을 찾는 과정으로 다양한 기법을 사용할 수 있으나, 핵심은 'why'에 대한 질문이다. 가장 가능성이 있는 것부터 '왜'라는 질문을 시작한다. 왜 이러한 현상이 일어나는지, 왜 이런 상태가 존재하는지에 대해 생각하면서, '왜'라는 질문을 3~5회 반복한다. 문제 해결을 위해서는 점차적으로 더 어려워지고, 좀 더 많은 고민이 필요하다. 초반 질문은 보통 피상적이고 일반적인 질문이다. 후반으로 갈수록 점차 본질적인 문제를 다루게 된다. D4 내용 작성 요령은 문제가 발생한 원인에 대해 4M 또는 5M 측면에서 문제가 발생한 구조와 그 원인에 대해 분석한다. 원인 분석은 최소한 3번 이상 'why'에 대한 물음이 중요하다. 가장 명확해 보이는 원인이 근본 원인인 경우는 드물기 때문이다.

잠재 원인에 대한 검증은 논리적, 현상해석 등이 있으나 현장 검증이 가장 중요하다. 원인 검증은 원인 분석의 말단 원인에 대해 조사 방법을 선택하여 실시한다. 말단 원인 조사 방법은 각종 계기의 측정, 테스트 등이 있다. 예를 들면, 상위 원인에 연결된 말단 원인이 'Spring 탄성이 약하다'로 파악된 경우, Spring 압력계로 확인해보는 것이다. 조사 결과는 판정 기준의 적합성 정도에 의거해 진원인과 거짓원인으로 판정한다. 특히 근본적인 해결이 불가능한 원인은 조사에서 제외한다.

[사례] D4. 근본 원인 분석

D4 NO 1	펌프 용량 부족	원인 NO 2	밸브 세팅 MISS	원인 NO 3	유량 LEAK 발생
Why ~	초기 작업 시에는 정상적으로 작업함. → 이상 없음.	Why ~	오일 빼기의 사용 유량이 많다.	Why ~	펌프, 밸브 불량 및 배관 누유 → 교체 및 점검 결과 이상 없음.
Why ~		Why ~	작업자가 유량 세팅값을 모른다.	Why ~	
Why ~		Why ~	유량 표시계가 설비 뒷면에 있다.	Why ~	
Why ~		Why ~		Why ~	
Why ~		Why ~		Why ~	

D5는 '개선 대책 수립' 단계이다. 근본적인 대책을 수립하는 것을 말한다. 선택한 수정 조치가 고객 문제를 해결하고 바람직하지 않은 부작용을 일으키지 않도록 확인한다. 필요하다면 부작용의 잠재적인 심각성에 기초하여 임시활동contingency actions을 정의한다. 개선 대책은 그 목적에 따라 재발 방지 대책, 검출 대책, 예방 대책, 실수 방지 대책으로 구

분된다.

이 단계에서는 브레인스토밍을 이용하여 근본 원인을 제거하거나 줄일 수 있는 대안을 탐색한다. 개선안을 도출하기 위해서는 다양한 관점과 내부 이해관계자들의 해결안을 잘 정리해야 한다. 개선 아이디어는 자유로운 발상을 통해 여러 개의 개선안을 도출한다. 아이디어 발상은 원인 제거 방안, 대체 보완 방법 등을 고려하여 진행한다. 로직트리^{logic} ^{tree}를 이용하여 근본 원인과 해결안을 비교한 후 다시 그 해결안을 통합한다. 근본 원인별로 해결안을 매칭하여 단편적인 해결안을 도출하는 방법을 'Coin Approach'라고 부르고, 단편적인 해결안들로부터 통합된 해결안을 도출하는 방법을 'Creative Approach'라고 부른다.

도출된 개선안에 대해서는 평가가 이루어져야 한다. 해결안이 요구하는 노력의 양과 예상되는 성과를 비교하여 대안들을 평가한 후 선정한다. '이득행렬$^{pay\ off\ matrix}$'은 해결안을 평가하고 선정할 때 유용한 툴이다. 선정된 개선안은 무엇을, 언제, 누가, 어떻게 할지 등을 고려하여 작성하면 된다.

[사례] D5. 개선 대책 수립

D5 개선 대책 수립	No.	원인 NO	조치 계획	담당	계획 일자	완료 일자
	1	2	유량 인디게이터 전면 설치	홍길동	04월 25일	
	2	2	유량 세팅법 작업자 재교육	임꺽정	04월 22일	
	3					

D6은 '효과성 검증' 단계이다. 근본 대책을 실행하고 유효성에 대한 검증을 하는 것이 주요 활동이다. 근원이 확실히 제거될 수 있도록 지속적인 통제 방법을 선정한다. 일단 생산이 진행 중인 경우, 장기적인 효과를 모니터하고 필요시 추가적인 통제 활동과 임시 활동을 실시한다.

이 단계에서는 성과가 시간이 경과함에 따라 어떻게 변화하는가를 측정한다. 시간에 따른 측정치의 변화를 나타냄으로써 공정의 개선 정도에 대한 이해를 도와준다. 단, 너무 짧은 시간 동안 측정할 경우 공정의 변화 내용을 잘못 이해할 수 있다. 추이도에 목표나 목적을 적용시키면 매우 효과적으로 개선의 증감 상태를 바로 알 수 있다. 좋은 추이도란 보는 즉시 어떤 상황인가를 알 수 있어야 한다. 해결안의 적용 성과를 금액으로 산정해봄으로써 개선안의 유효성을 검증한다. 검증 결과는 런차트$^{run\ chart}$, 그래프, 관리도 등으로 표현하는 것이 효과적이다.

[사례] D6. 효과성 검증

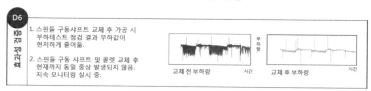

D7은 '재발 방지' 단계이다. 표준화와 수평전개가 주요 활동이다. 동일하거나 비슷한 문제가 향후에 발생하지 않도록 취해야 하는 조치를 확인하고 실시한다. 유지 관리가 안 되는 중소기업일수록 사람이 바뀌거나 시간이 조금만 흘러도 기존의 문제가 자연스럽게 고개를 들이미

는 경우가 많다. 스펙 수정, 훈련 업데이트, 작업 흐름 검토 및 관리시스템, 운영시스템, 실무 방법, 절차 개선 등을 진행한다.

이 단계에서는 잠재적으로 동일한 결함 유형을 생산할 수 있는 유사 제품과 공정을 파악하고 전 조직에 걸쳐 해결책을 수평 전개한다. 개선 성과가 일관되게 유지될 수 있도록 계획된 표준을 만든다. 관리계획서는 약간의 형식은 다르나 지켜야 할 항목과 방법에 대해 표준화한 것이다. 관리계획서가 갱신되면 변경 사항에 해당하는 작업표준, 검사표준, 설비표준을 개정한다. 지속적으로 시스템이 표준에 따라 일관되게 운영되는지를 검증하기 위해 '계층별 공정감사^{LPA}'를 시행한다. 계층별 공정감사에 대해서는 마지막 확산실천안에서 자세히 다룰 것이다.

[사례] D7. 재발 방지

D7 재발 방지 계획	1. 전 설비 스핀들 연결 샤프트 슬립 여부 정기 점검 실시 (1회/6개월)
	2. 동일 증상 발생 설비 조사 후 구동 샤프트 개선품 교체 계획 수립 및 교체 실시 (10/30 恨).

D8은 '공유 및 전파' 단계이다. 팀원들을 격려하고 과제를 종료하는 마지막 단계다. 팀 공동의 노력을 인식하고, 각각의 성취 내용 공개와 함께 조직 전체에 지식과 학습 결과를 공유한다. 발생된 품질 문제로 인해 획득한 지식을 최대한 활용하여 유사 부품, 제조공정, 공장, 사업부 단위에서 동일한 품질 문제가 재발되는 것을 방지하기 위함이다.

[사례] D8. 공유 및 전파

D8 공유/전파	
	현장 및 보전 작업자 문제 현상 및 조치 사항 교육 실시 (~10/20)

　　이상으로 8D 리포트의 각 단계별 주요 내용과 작성 요령을 살펴보았다. 8D 리포트의 8단계를 4단계로 축소한 형태가 4D 리포트다. 4D 리포트는 8D 리포트에서 '문제 정의', '근본 원인 분석', '개선 대책수립', '효과성 검증'만을 진행하는 것이다. 먼저 관리자와 현장감독자에게 교육하고 품질 문제 해결에 있어서 4D 리포트를 작성하게 한다. 현장작업자까지 확대해서 실행하면 가장 좋다. 현장작업자는 개인 PC가 지급되어 있지 않고 PC 작업에 곤란함을 겪는 등 PC 사용 문제가 있기 때문에 쉽지는 않겠지만, 빈 양식을 주고 그림도 그려 가며 수기로 작성하게끔 하는 공장도 있다.

[사례] 4D 리포트

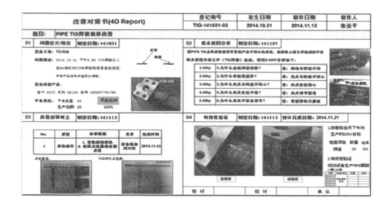

위 사례는 필자가 2014년에 중국 업체를 지도할 때 작성된 4D 리포트이다. 중국말로 되어 있지만 단계별 전개 및 작성 방식을 이해하는 데 도움을 줄 것이다. 간략히 내용을 소개하면 문제 정의는 "TIG 용접작업자의 자주검사에서 용접 편심이 발견되었다"는 것이고 근본 원인 분석은 "동심도 치우침 현상이 근본 원인으로 파악되었다"는 내용이다. 개선 대책 실시는 "수평이송대를 교환하고 작업표준서를 수정하겠다"는 것이고, 유효성 검증은 "2014년 11월 21일에 샘플 10개 정도를 생산한 결과, 이상이 없어서 개선안이 효과가 있다"고 판단한다는 그런 내용이다.

PSP 활성화

PSP를 활성화시키는 방법으로 현장에서 쉽게 적용할 수 있는 두 가지 활동을 설명하고자 한다. 'PSP 릴레이'와 'PSP 멘토링'이 바로 그것이다. PSP 릴레이는 근본 개선이 필요한 문제에 대해 현장작업자와 감독자들이 문제 해결 과정에 직접 참여할 수 있도록 유도하는데 효과가 있다. PSP 릴레이 보드를 이동식으로 제작하고 라인 단위로 이동하면서 2주 단위로 PSP 릴레이 보드를 운영하는 방식이다. 그렇게 되면 선정된 문제의 해결에 있어 전원이 참여하는 PSP 활동으로 정착될 수 있다.

먼저, A3 용지가 최소 네 개 정도가 부착될 수 있는 면적 크기로 PSP 릴레이 보드를 설계한다. 설계안대로 샘플을 제작하고 시범운영을 해보는 것이 좋다. 보드 높이가 적절한지, 보드가 흔들거리지는 않는지, 보드 크기가 너무 크거나 작지는 않은지 등을 파악하면 된다. 필요하면 보완해서 PSP 릴레이 보드를 현장 내 지정된 장소에 비치한다. 모든 라인에 비치해도 좋지만 처음부터 너무 무리하게 진행할 필요는 없다. PSP 릴레이는 이후에 설명할 PSP 멘토링 활동과 연계해서 진행해야 하기 때문에 부서별로 한 개면 족하다. 부서 내 라인 단위로 2주 또는 한 달씩 운영하면서 선정된 문제에 대해 문제 해결 절차(8D 또는 4D 리포트)를 밟아 나가는 것이다. 정해진 기간이 지나면 옆 라인으로 옮겨 가면 된다.

[사례] PSP 릴레이

PSP 멘토링은 문제 해결 절차를 적용하여 문제를 해결해 나가는 과정에서 의문 사항이 발생할 경우, 멘토에 의해 문제 해결을 지원하는 것이다. 멘토가 PSP 보고서 내용을 확인하고 피드백하는 것으로 이해하면 쉽다. 멘티는 선정된 문제의 해결을 전개하는 멤버들이 되고, 멘티는 문제 해결에 능통한 현장감독자 또는 부서장이 역할을 맡으면 된다.

멘토 역할을 수행할 만큼의 역량 있는 관리자가 부족한 경우는 컨설턴트와 같은 외부 전문가의 도움을 받는 경우도 있다.

멘티는 의문 사항이 발생하면 즉시 멘토를 호출하여 도움을 받거나, 정해진 주기로 PSP 릴레이 보드 앞에서 만나 문제점 지원 등의 멘토링을 받는다. 멘토는 8D 또는 4D 리포트 작성 상태를 보고 문제점 여부를 확인한다. 주로 단계별로 작성 내용이 적합한지를 판단하면 된다. 예를 들면, 문제 정의가 명확하게 되었는지, 데이터는 적절한 통계적 기법을 사용하여 비주얼하게 정리가 되었는지, 원인 분석 단계에서는 5why 기법을 사용하여 근본 원인까지 도출이 되었는지, 대책수립 단계에 관련 부서 누락은 없는지, 효과 검증이 타당성 있게 진행되었는지 등을 중점적으로 보는 것이다.

부족한 부분이 있다고 판단되면 수정 또는 보완 사항을 직접 멘티에게 피드백해줄 수도 있고, 업무가 바쁜 경우에는 포스트잇에 간략히 메모하여 부착해 두고 이후에 멘티가 그 내용을 확인하는 방법도 있다. 멘토링은 문제를 해결하는 과정에서 팀워크를 발휘하고 있는지와 멘티의 문제 해결 역량 향상에 중점을 두면 된다. 여하튼 PSP 릴레이를 통해 8D 또는 4D 리포트 작성 체험을 제공하고, 현장에서 즉석으로 멘토링 서비스하는 형태가 가장 효과적으로 PSP를 활성화하는 방법이다.

[사례] PSP 멘토링

    마지막으로 필자는 여러분들이 이 PSP 실천안을 공부한 후 PDCA 의 한층 더 깊은 의미에 대해 숙고해보기를 추천한다. 8D 리포트_(최소한 4D 리포트)를 여러분의 PDCA 능력을 발휘하는 수단으로 사용하고 지속적인 개선을 위한 도구로 활용하라고 권하고 싶다.

16

목표를 세우고 추적하라
·······························
- KPI(Key Performance Indicator), 핵심지표관리

피터 드러커는 "측정할 수 없으면 관리할 수 없고, 관리할 수 없으면 개선시킬 수도 없다"는 명언을 남겼다. 이 말을 보충하기 위해 그는 다음과 같이 말했다. "측정은 당신의 기록에서 비롯됩니다. 어제보다 나아진 오늘을 발견하기 위해서는 어제의 기록이 반드시 필요하고, 이를 기반으로 오늘의 성과를 판단할 수 있습니다. 어제와 비교한 오늘의 수치는 관리의 측면에서 정말 중요한 데이터이고, 이것은 결국 구체적인 개선의 목표로 나타납니다. 오늘의 성과를 기록하세요. 그리고 내일의 성과와 비교해보시길 바랍니다. 당신의 발전은 측정 가능한 기록으로부터 출발합니다." 측정의 중요성을 강조하는 말이다.

'핵심지표 관리KPI'의 정의는 기업이 의도한 경영 목표를 정확하고 효율적으로 달성하기 위해서 Top-Down, 중점주의 자세를 기본으로 조직의 전체 활동이 그 목표에 직결되도록 목표 달성에 어떻게 공헌할까

를 명확히 하고, 의욕적으로 활력 있는 실행 체제를 효과적으로 구축해서 전원이 한 덩어리가 되어 공장 경영의 본질을 혁신적으로 신장하는 활동이라고 할 수 있다. 제조현장의 생산성, 품질, 원가, 납기, 안전 등_(일반적으로 P, Q, C, D, S라고 부른다)과 관련한 핵심 관리 지표를 선정하고, 핵심지표에 대한 목표·실적 관리와 개선 과제 도출을 통한 프로세스 운영을 말한다.

목표 관리의 중요성은 매번 이야기해도 지나치지 않는다. 목표는 직원들로 하여금 내면에서 무언가 하고자 하는 열정을 불러일으킨다. 가슴속의 뜨거운 그 무엇 말이다. 2002년 한일 월드컵 때를 우리는 모두 잊지 못할 것이다. 4강 신화라는 위대한 업적을 달성하기까지 국가대표 축구선수들의 피땀 어린 노고도 당연하겠지만, 국민 모두가 한마음이 되어 펼친 거리 응원이 필드에서 뛰는 축구 선수들에게 전달되었기 때문이리라. 무엇이 우리 모두를 그렇도록 열광하게 했을까? 그것은 우리가 모두 한마음이 되었기 때문이다. 4강이라는 성과를 차치하고서라도, 너와 내가 같은 곳을 바라보고 한결같은 마음으로 무언가를 갈망했기 때문이다. 이렇게 목표는 사람들의 마음을 하나로 뭉치게 하는 마력이 있다.

야구장에 전광판이 없는 상황을 상상해보라. 정말 야구가 재미없어질지도 모른다. 전광판은 상대방과의 전적, 현재 스코어, 투수의 현재 실적_(방어율), 타자의 현재 실적_(타율, 홈런수, 도루수 등) 등을 보여준다. 점수 차이가 많이 벌어진 상황에서도 이닝이 지날수록 조금씩 따라붙는 재미, 어느덧 "홈런 한 방이면 동점이다"라는 식으로 간절히 홈팀을 응원하게끔 하는 것이 전광판의 힘이다. 공장 경영도 일종의 게임이다. 목표는 우리가 어떻게든 달성해야 할, 무찔러야 할 상대방이 되는 것이다. 상대방을 무찌른 순간 즉, 목표를 달성한 순간 우리는 보람과 희열을 느낀다. 보람과 희열을 바탕으로 차기 목표를 또다시 설정하고 도전하는 것이다.

위대한 정복자, 알렉산더 대왕을 모르는 사람은 별로 없다. 그렇다면 알렉산더 대왕의 리더십을 아는가? 알렉산더 대왕은 단순히 우리가 아는 위대한 정복자를 넘어서 위대한 경영자라고 할 수 있다. 알렉산더 대왕은 마케도니아의 왕^{B.C.356~B.C.323}으로서 그리스, 페르시아, 인도에 이르는 대제국을 건설하기까지 수많은 전투를 했다. 그러나 그 많은 전투를 하면서 단 한 번도 패하지 않은 것으로 알렉산더 대왕의 위대함을 말한다. 역사상 전쟁에서 결코 패배한 적이 없는 가장 훌륭한 군 지휘관일 것이다. 32살이라는 젊은 나이에 죽기까지_(전투에서 죽은 것이 아니라, 정복 중에 전염병으로 죽었다) 어떻게 단 한 번도 전투에서 패하지 않을 수 있을까? 그 성공 비결은 무엇일까? 이유는 여러 가지가 있겠으나, 알렉산더 대왕은 매 전투마다의 상황을 면밀히 간파해서 정확한 목표를 정한 후, 그것을 전 군사와 공유했다고 한다. 각각의 전투에서 그의 군대가 달성하고자 했던 목표가 절대적으로 명확했기 때문이다.

K 방송사의 《개그콘서트》가 꾸준한 인기를 얻고 있다. 1999년 9월에 첫 방송을 시작으로 대한민국 코미디 프로그램 중 가장 오랜 기간에 걸쳐 방영되고 있다. 과거에 대학로에서 시범적으로 운영되던 공연 형식의 코미디 쇼를 텔레비전으로 고스란히 옮겨 온 형태로, 방청객 앞에서 개그를 펼치는 공개 코미디 프로그램이다. 한때는 최고 시청률 30퍼센트, 평균적으로 15%의 시청률을 기록하였는데 그 인기 비결이 무엇이었을까?

개그콘서트는 일요일 밤 9시가 넘어서 시작한다. 직장인들이라면 정도의 차이가 있겠지만 조금씩은 월요병이 있다. 일요일 밤이면 다음날이 월요일이니 기분이 우울해지기 마련이다. 딱 그 타임에 멍하니(?) 웃을 수 있는 개그 프로그램을 보면서 조금이라도 위안을 삼을 수 있다. 그러나 개그콘서트가 그토록 오랫동안 시청자들의 사랑을 받게 된 이유는 따로 있다. 17년 이상 개그콘서트가 성공한 이유는 끊임없는 변화, 무한 경쟁을 추구했기 때문이다.

개그콘서트는 능력우선주의다. 아이디어만 좋으면 누구든 무대에 설수 있다. 개그맨들의 역할을 고정시키지 않고 수시로 변화를 준다. 그리고 철저한 고객중시주의다. 즉석에서 고객 반응을 감지하고 반응이 좋지 않은 코너는 편집되어 TV에 방영되지 못한다. 심한 경우에는 코너를 내려 버리기도 한다. 최근에는 TV에 방송되는 코너별 시청률을 측정하고 이를 반영하여 편집할지 말지를 결정한다고 하니, 실로 무한 경쟁인 셈이다. 개그맨들은 고작 10분이 채 되지 않는 하나의 코너를 위해 매주 20번 이상 반복해서 연습한다. 그렇게 죽기 살기로 연습해서 무대에 섰는데, 시청자 반응이 좋지 않아 통째로 편집된다면 심정이 어떨까? '개그 전쟁'이라는 말까지 나온다. 개그맨들 간, 코너들 간 선의의 경쟁이 전체적인 프로그램의 질을 올렸고 시청률을 올린 것이다. 목표관리는 개그콘서트 사례처럼 하위 조직들 간, 부서 간, 라인 간 선의의 경쟁을 유발하여 전체 공장의 목표 달성 확률을 높인다.

핵심지표 관리는 최고경영자부터 단위조직까지 전개하여 각 단위조직의 역할을 명확화하는 데 기여한다. 꼭 필요한 일을 분담한다는 확신과 전원 참여에 의한 일체감을 형성시켜준다. 목표 중심 활동으로 부서 간 견해 차이를 극복할 수 있고, 바텀업bottom-up 활동 방향을 개별 목표와 연계시켜서 체질 개선을 도모할 수 있다. 핵심지표 관리는 직원들의 변화 관리와 연결해서 진행하는 것이 효과적이다. 객관적인 평가 기준과 상벌 기준을 정하고 공정한 평가를 통해 인센티브 제도를 운영하거나 진급·승진과 연결시키는 것이다. 무슨 일이든 당근과 채찍이 함께 있어야 기량이 효과적으로 발휘된다.

핵심지표 관리는 공장 운영과 관련된 제반 활동의 효과성, 효율성을 관리하기 위한 지표를 선정하고, 조직별(공장~부서~직) 목표를 설정하여 KPI 현황판을 통해 실적을 관리함으로써 공장 운영 성과창출을 목표로 한다. 핵심지표 관리의 실행 단계는 크게 '지표 선정', '지표 정의', '지표 실적 관리'로 구분할 수 있다. 지금부터 각 단계를 어떻게 실행해야 하는지 자세히 살펴보자.

참고로, 기업의 미션, 비전 설정, 중장기 경영전략, 전략과제 도출 및 사업계획 수립 등의 제반 활동을 일반적으로 경영에서는 BSC^Balanced Score Card (전략적균형성과표) 또는 MBO^Management By Objectives (방침관리)라고 부른다. 이는 조직의 내부 시스템에 따라 자체적으로 수행하는 것으로 본 실천안의 범위에서는 제외한다.

지표 선정

'지표 선정' 단계에서는 공장 KPI와 그에 따른 Sub KPI를 선정하는 것이 핵심이다. 공장 KPI를 선정하기 위해서는 먼저 조직의 공장 운영 목표를 달성하기 위해 무엇을 관리할 것인지, 해당 지표의 관련 부서는 어디인지(책임성, 연관성), 또 얼마나 자주 관리할 것인지(관리 주기)에 대한 검토가 필요하다. Sub KPI를 선정하기 위해서는 공장 운영 지표의 목표를 달성하기 위해 직·반 단위조직에서는 무엇을 관리할 것인지를 검토해야 한다. 이를 통해 Sub KPI 후보를 도출해서 지표 간 로직트리를 구성해 보고, 마지막으로 KPI 관리 Layer를 정의하면 된다.

공장 단위 운영지표는 회사의 경영 목표, 추진 전략과 연계된 지표 중에서 대표적인 지표를 선정한다. 일반적으로 품질 측면에서는 고객 불량율, 공정불량율, 품질실패 비용 등이 있고, 생산성 측면에서는 대당 MH$^{Man\ Hour}$(1대를 만드는 데 들어간 공수), MH당 생산대수(1시간당 1사람이 만든 생산수량), 설비종합효율, 재고회전율 등이 있다. 납기 측면에서는 제조리드타임, 납기준수율 등이 있고, 환경 측면에서는 재해율, 근태율 등의 후보가 있다.

[그림] 공장 운영지표 후보

구분	관리지표명	지표 정의	공장장	부서장
품질(Q)	*고객불량률	고객으로 납품한 제품이 고객의 수입검사 또는 공정에서 불량 제품이 얼마나 발생되었는가를 판단하는 지표	●	●
	공정불량률	공정 검사에서 불량 제품이 얼마나 발생되었는가를 판단하는 지표		●
	품질실패비용	품질 불량으로 인하여 손실 비용의 발생 금액을 평가하는 지표		●
생산성(P) 원가(C)	*대당 MH	제품 1개를 생산하는 데 공수(MH)의 소요 정도를 평가하는 지표	●	●
	설비종합효율	계획된 시간 동안 설비가 얼마나 효율적으로 가동되었는지를 나타내는 지표		●
	재고회전율	얼마나 많은 원재료, 재공품, 완제품이 적치되어 있는지를 알려주는 지표		●
납기(D)	준비교체시간	준비교체에 소요된 시간으로 주어진 기간에 얼마나 다양한 제품을 생산할 수 있는지를 알려주는 지표		●
	*납기준수율	고객으로부터 주문 받은 제품을 납기 기한 내에 전달한 비율 지표	●	●
환경(S)	*재해율	안전성 평가지표로 공장 운영을 위해 투입된 종업원 중 산재 및 재해가 얼마나 발생했는가를 나타내는 지표	●	●
	근태율	제조현장의 생산작업과 관련된 종업원의 근태 현황을 나타내는 지표		●

공장 KPI 목표를 어느 특정 부서의 노력만으로 달성한다는 것은 불가능한 일이다. 공장 KPI별로 조직의 관련 부문이 어떻게 기여할 수 있는지를 워크숍 등을 통해 정의하는 활동이 필요하며, 이러한 활동을 통해 KPI에 대한 관리 주인의식을 갖출 수 있고, 전원 참여에 의한 목표 달성 가능성이 높아진다. 선정된 KPI는 관리 주기를 어떻게 가져가야 할지 결정한다. 관리 주기는 일간, 주간, 월간, 분기, 반기, 연간 중에서 적절하게 정하면 된다.

관리 주체도 정해야 한다. KPI 관리책임자를 'KPI 오너^{owner}'라고 부른다. KPI에 대한 관리 주체를 결정할 때 주의할 점은 인과관계 100%의 담당자는 없다는 것이다. 많이 관련된 사람이 관리책임자다. 단순하게 생각하는 것이 좋다. 너무 많은 것을 고려하다 보면 서로서로 관리책임을 미루게 된다. 지표에 따라서 관리 주기별 관리 주체도 달라질 수 있다. 예를 들면, 공정불량률 일 단위 관리는 현장감독자가 수행하고, 주 단위 관리는 부서장이, 월 단위 관리는 공장장이 책임을 지는 식이다.

Sub KPI는 공장 KPI에서 탑다운$^{top\ down}$ 방식으로 정해서 내려줄 수도 있고, 체계적인 하부전개$^{break\ down}$에 의거하여 선정한다. Sub KPI는 직·반 단위조직의 미션 달성과 고유 기능(업무)의 효율적 실행을 위한 핵심 업무를 고려해서 선정한다. 먼저 단위조직원들이 브레인스토밍 방식을 통하여 Sub KPI 후보들을 도출한다. 지표 간 인과관계와 선후관계를 로직트리 형태의 도식으로 작성하여 목표 달성(성과 창출) 구조를 가시화한다. Sub KPI 결정 시 먼저 소속 공장(또는 부서)의 KPI는 무엇인지 확인하고, 그 공장(또는 부서) KPI를 달성하기 위해서 직·반 단위조직에서는 무엇을 관리할 것인지를 검토한다. Sub KPI가 선정되면 그것을 보고하는 주기를 결정하고, 보고 담당자와 어느 계층까지 보고할 것인가를 결정하면 된다.

[그림] Sub KPI 선정 방식

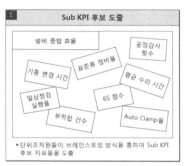
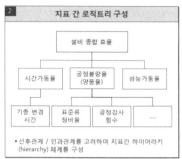

지표 정의

선정된 공장 KPI와 Sub KPI에 대한 '지표 정의서'를 작성한다. 지표 정의서에는 정의, 목적 등을 정리한 개요 부분, 계산식, 측정 방법과 측정 주기가 명확히 기술되어야 한다. 지표 정의서는 KPI별로 작성해서 관련 인원들과 공유한다. Sub KPI의 경우 각 KPI별로 지표 정의서를 작성하는 것이 번거로우면 리스트업[list-up] 형태로 '지표 정의 시트'를 작성해도 무방하다.

구분		DESCRIPTION
KPI 명칭		공정불량률
KPI 의미		• 품질 강화와 공정품질의 향상을 위해 제조공정에서 생산한 제품 대비 불량제품 비율을 나타내는 지표이며, 측정 단위는 금액이나 수량으로 나타낼 수 있음 • 공정별로 불량률을 나타낼 수 있으며, 공정 전체를 포괄하는 품질지표는 직행률로 나타낼 수 있음
KPI 산출 목적		공정에서 품질을 보증함으로써 기업의 품질경쟁력 강화를 통해 매출증가로 이어질 수 있으며 공정불량으로 인한 재료비, 노무비, 경비 등을 절감시키는 효과가 있음
OWNER		(생산) 부문, (홍길동) 공장장
산출 방법	산출공식	• 공정불량률(kppm) = ((불량수량/생산수량) X 1,000,000) ÷ 1,000
	용어설명	• 불량수량 : 공장에서 발생하는 모든 종류의 불량 제품의 개수 • 생산수량 : 공장에서 생산한 모든 제품 수량
VM 주기(4RED 표시)		주(WEEK), 월(MONTH), 분기(1/4), 반기(1/2), 년(YEAR)

　　다음 해야 할 일은 선정된 KPI의 목표 설정이다. 목표를 설정할 때에 활용할 만한 기법으로 'SMART 원칙'이 있다. 기법이라고까지 할 것도 없는 것이 각 이니셜의 의미만 이해하면 된다. 먼저 'S'는 'Specific'을 뜻한다. 목표는 구체적으로 설정하라는 말이다. 가령 '좋은 부모가 되어야겠다'보다는 '퇴근 후에 아이에게 20분씩 책을 읽어주겠다'가 더 잘 만든 목표이다. 'M'은 'Measurable'을 뜻한다. 목표는 측정 가능해야 한다는 말이다. 가령 '몸매에 신경 좀 써라'보다는 '몸매를 36-2-26으로 만들어라'가 더 낫다. 'A'는 'Aggressive and Attainable'을 뜻한다. 공격적이고 달성 가능한 목표가 좋다는 말이다. 흔히들 '스트레치 골stretch goal'이라는 말이 있다. 별 힘 안들이고 손 뻗어 달성할 수 있는 목표보다는 팔을 있는 힘껏 쭉 뻗어도 손끝에 닿을 듯 말 듯한 목표가 좋다는 의미다. 가령 '결함을 줄여라'보다는 '3년 이내에 불량을 8분의 1로 줄여라'가 더 좋은 예다. 'R'은 'Relevant'를 뜻한다. 경영 목표와 관련 있는 것이어야 한다는 의미이다. 가령 '중국 지역 매출 증대'보다는

'중국 지역에서 시장점유율 50% 확대'가 더 좋은 예다. 마지막으로 'T'는 'Time-bound'를 뜻한다. 완료시한을 설정해야 한다는 의미다. 가령 '체중 감량'보다는 '6개월 이내에 10kg 감량'이 더 잘 만든 목표이다. 이렇게 SMART 원칙을 적용해서 수립한 목표는 말 그대로 스마트하다. 잘 만들어졌기 때문에 달성 가능성이 높다는 말이다. 조직 목표는 물론이려니와 개인 목표를 수립할 때도 적용하면 도움이 되니 꼭 기억하기 바란다.

목표는 직원들의 역량을 한곳으로 모으는 힘을 가지고 있다. 혼자만 목표를 알고 있다면 조직원들 간에 상충되는 목표로 인해 각자 다른 방향을 바라보게 된다. 주인의식이 결여됨은 당연하다. 반대로 모든 사람이 목표를 알고 있다면 공동의 목표, 명확한 지침을 통해 한 방향으로 집중할 수 있다. 자원 활용 측면에서도 이득을 볼 수 있다.

선정된 공장 KPI별로 현재 수준을 측정하고 벤치마킹이나 사업계획을 참조하여 공장 KPI 목표를 수립한다. 목표치를 설정할 때는 현상치^{baseline}를 정확하게 측정하는 것이 중요하며, 가급적 선진업체 수준을 조사하여 반영하는 것이 좋다. 벤치마킹 대상은 업계 선두그룹, 직접적인 경쟁업체, 다른 산업 내 우수기업, 조직 내 우수 부문 등이 될 수 있다. 목표치 설정을 위한 가이드라인을 경영층에서 내려줄 수도 있다. 예를 들면 생산성 향상은 전년도 대비 30%, 품질 향상은 전년도 대비 50%, 이런 식이다. 가장 좋은 방법은 목표 설정 워크숍과 같이 관련 부서 합의가 이루어지는 형태다.

목표가 설정되면 그 결과를 정리하여 '공장 KPI 목표 설정 시트'를 작성한다. 이때 전년도 실적 대비 향상율을 반드시 포함한다. 지표는 성격에 따라 망대특성과 망소특성으로 나뉜다. 망대특성은 설비종합효율, 납기준수율, 근태율처럼 높을수록 좋은 항목을 말한다. 망대특성의 향상율 계산 공식은 '{(목표치−실적치)/실적치}×100(%)'이다. 망소특성은 공정불량율, 재고일수, 재해율처럼 낮을수록 좋은 항목을 말한다. 망소특성의 향상율 계산 공식은 '{(실적치−목표치)/실적치}×100(%)'이다.

목표분배가 필요할 수도 있다. 목표분배(목표전개, 목표할당이라고도 한다)란, 공장 KPI 목표를 달성하기 위해 각 부문이 해야 할 구체적이고 세부적인 하위목표를 설정하는 일이다. 보통 규모가 큰 조직이나 관리력이 높은 공장에서 가능하다. 목표분배는 부서·과의 목표이므로 당연히 부서장·과장이 주체가 되어야 한다. 목표분배를 실시할 때는 조직 내 상하·좌우간의 커뮤니케이션을 활발히 하는 것이 좋다.

[그림] 목표분배 개념도 및 예시

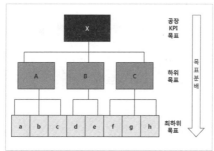
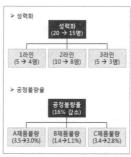

다음으로 공장 KPI 목표를 달성하기 위해 직·반 단위조직이 관리해야 할 Sub KPI 목표치를 설정한다. Sub KPI 목표 설정은 단위조직 리더인 직·반장별로 설정하기도 한다. 그래서 이를 '레이어드^{layered} KPI'라고도 부른다.

지표 실적 관리

KPI 목표 달성 정도를 포함하여 실적을 눈으로 볼 수 있는 'KPI 현황판'을 설계하고 제작·비치하여 운영하는 활동이 필요하다. 이때 중요한 포인트는 담당자나 현장감독자가 정해진 주기에 따라 실적을 직접 KPI 현황판에 타점하는 것이다. 필자는 이를 '타점관리'라고 부른다. 예를 들면 용접라인의 KPI가 '용접 결점수'라고 했을 때, 매일 아침에 전날 실적을 KPI 현황판에 마킹하는 것이다. 단순히 숫자만 기입하는 것이 아니라 꺾은선그래프나 막대그래프까지 그려서 용접반원들이 보기 쉽게 해주어야 한다.

[사례] KPI 현황판

지표실적을 관리하기 위해서 선행되어야 할 것이 실적데이터를 집계하는 것이다. 열악한 중소기업일수록 데이터 창출에 약하다. 데이터가 전혀 없는 공장도 있다. 현장담당자가 실적데이터를 정해진 양식, 예를 들어 작업일보나 검사일보 등에 기록함으로써 생산 현장의 기초 실적 정보를 수집해야 한다. 그러나 수준이 낮은 중소기업일수록 이 행위를 잘 못한다. 첫째 이유는 작업자나 검사자가 일지 작성하는 일을 부수적인 일로 여긴다. 본인은 작업만 하면 되지, 일지 작성하는 일은 내 일이 아니라고 생각하는 편이다. 둘째 이유는 양식을 주고 교육을 하더라도 데이터 누락이 많거나, 데이터를 신뢰할 수 없는 경우가 많다. 가령 설비 고장 시간을 작업일보에 기록한다 치면, 고장 난 시간과 수리가 완료되어 복구된 시간을 정확히(최소한 5분 단위) 기록해야 하는데, 대충 2시간 고장 났다고 기록해 버린다.

　실적데이터가 정확히 나오지 않는 상황에서는 KPI 관리가 별 의미가 없다. 헛일 하는 상황인 것이다. KPI를 아무리 잘 선정하고 목표를 멋들어지게(?) 설정해 놓은들 무슨 소용이 있는가. 그 목표를 달성하고 있는지 못 하고 있는지를 판단해줄 현재 데이터가 없는 것을. 실적데이터 입력은 엑셀 활용을 기본으로 하되, 'KPI 관리시스템'과 같이 전산화해서 관리하는 것이 효율적이다. 데이터 입력이 되지 않으면 다음 단계 작업으로 넘어갈 수 없도록 구조적으로 만들어 놓는 것이다.

　실적이 기록되고 집계되면 달성율을 분석할 수 있어야 한다. 달성율 계산 공식도 앞서 향상율 계산 공식에서 설명한 망대특성과 망소특성 별로 구분해서 적용한다. 망대특성의 달성율 계산 공식은 '{(실적치-현수준)/(목표치-현수준))×100(%)', 망소특성의 달성율 계산 공식은 '{(현수준-실적치)/(현수준-목표치)×100(%)'이다.

 달성율이 저조한 경우 즉, 목표와 실적의 차이^{gap}는 문제로 인식되어야 한다. 해당 라인 또는 작업장에서는 목표를 달성하고 있는지, 달성하고 있지 않다면 그 갭은 얼마나 큰지를 파악하여 개선 과제로 발굴한다. KPI 목표 미달에 따른 문제가 발굴되면 개선 과제로 등록하고 추적관리한다. KPI 개선 과제는 KPI 현황판에 게시하여 관련 인원들과 공유함으로써 눈으로 보는 관리를 하는 것이 좋다. 개선 과제별 담당자, 목표일, 종료일을 기입하고, 현재 상황을 GYR 관리 또는 문차트$^{moon\ chart}$를 통해 관리한다. 등록된 개선 과제의 진척 상황을 한눈에 볼 수 있으면 어떤 방식도 무방하다. 등록된 개선 과제는 앞서 소개한 실천안 '문제 해결 절차^{PSP}'를 적용하여 해결해 나갈 수 있다.

[그림] 실적 데이터 분석을 통한 개선 과제 도출

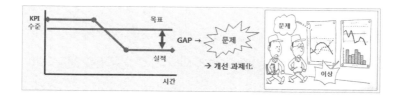

 진정으로 핵심성과지표^{KPI} 운영체계의 성공을 바란다면 성과지표 운영체계를 개선해야 한다. 성과지표 관리는 성과 획득보다는 체질 개선에 효과가 큰 관리체계다. 이는 거짓 없는 정직한 자세가 전제되어야 가능하다. 성과지표는 투명한 업무 체질을 구축하는 것이며, 성과지표 관리는 방향성에 초점을 맞추어야 한다. 관련 인원들이 정례적으로 만나서 직접 공유하는 느낌이 중요하다. 미팅은 올바른 방향으로, 실무는 성과를 위한 것이어야 한다.

앞서 KPI 실적관리를 위한 데이터 수집에 대해 이야기한 바 있다. 데이터도 사람이 만들다 보니 정확성에 한계가 있는 것이 사실이다. 100% 정확한 데이터를 추구하는 미련함을 버려야 한다. 90% 신뢰도를 가지더라도 취득한 데이터 혹은 정보를 통한 통찰력이 더 중요하다.

성과지표가 없다면 성과보상은 기대하지 않는 것이 좋다. 경영자는 "성과보상을 하지 않기 위해서, 성공한 지표는 필요 없다"는 식의 왜곡된 성과보상이 조직에 끼치는 악영향을 깨달아야 하고, 실무자는 "성과보상에 불리하다면, 성과지표 집계는 필요 없다"는 식의 소극적인 태도를 버려야 한다.

규모가 있는 공장이라면 KPI 관리를 추진하기 위한 준비의 일환으로 최고경영자 또는 공장장이 목표관리 도입을 결의하고, 전 사원 교육과 추진 조직을 구성하는 것이 좋다. CEO가 전 사원에게 목표관리 도입을 선언하게 되면, 그 결의 표명에 의해 CEO가 무엇을 생각하고 기대하고 있는지를 전 사원이 명확하게 알게 되는 장점이 있다. 품질·원가·납기·생산성을 향상시키기 위해서 전략적으로 목표를 설정하고 그 달성을 위해 필요한 시책을 종합하여 중요한 부분에 관계되는 사람들을 움직이게 할 수 있다. 이를 위해 목표관리 도입에 대한 교육을 실시하여 직원들의 이해를 돕고, 추진하기 쉬운 풍토와 환경을 만드는 것이다. 전사적으로 전개하는 경우 전사 목표관리 추진위원회, 추진사무국을 설치하고 사무국 담당자를 선임하여 운영하기도 한다.

끝으로 목표관리의 성공은 지속적인 추진과 팔로우업follow-up이 관건임을 강조하고 싶다. 이를 위해서는 눈으로 보는 관리, 패트롤patrol을 포함한 진단, 정기 회의체, 주기적 평가 등 네 가지가 유기적으로 연결되어 실행되어야 한다.

눈으로 보는 관리는 KPI 문제점이나 정상·이상, 대책과 진적 상황을 한눈에 척 봐도 알 수 있게 하기 위함이다. 의사소통 수단이 되며 단위 조직의 회합 자료로 활용된다. 정보 공유가 잘되어 참여 공감대가 마련된다. KPI 현황판 자체를 보고 수단으로 대체하는 경우 많은 시간이 절약될 수도 있다.

사장 혹은 공장장 패트롤을 통해 목표관리 진행 상태를 점검하고 평가해야 한다. 부족한 부분에 대해서는 명확하게 지적하고 개선 지침 또는 방향을 내려주어야 하며, 잘하고 있는 부분에 대해서는 패트롤 하는 과정에서 공개적으로 칭찬하고 격려해주는 것이 좋다.

회의체는 목표관리의 실행에 대한 과정을 점검하는 것으로 일일·주간·월간·분기회의로 나뉜다. 기존 유사한 회의와의 회의 개최 주기, 빈도수, 주요 논의 내용 등에 대한 조정이 필요하다. 회의체는 경영자가 무엇에 관심이 있고, 그것에 대한 실행 의지가 강하다는 것을 중간관리자에게 보여주는 것 자체로도 그 가치를 지닌다.

분기회의체에서는 목표관리 활동의 가속화를 위하여 부문별 목표 진척도를 평가하고, 활동 성과에 대하여 상응한 포상을 실시한다. 포상 제도는 모든 임직원이 인정할 수 있도록 공정하고 합리적이어야 한다. 평가 결과를 공표하는 자리는 단순히 상을 주고 상을 받는 형식에서 벗어나 개선축제 분위기로 만들어야 하며, 연간 단위로는 해외연수와 같이 파격적인 격려 포상 방안이 제공되면 더할 나위 없이 좋다. 이 모든 것이 최고경영자의 커미트먼트하에 이루어진다면 목표관리에 대한 부정적인 시각은 시간이 흐르면서 점점 사라질 것이며, 경영진의 리더십 표출을 통해 하부조직의 실행력은 점점 더 강화될 것이다.

계층별로 공정을 모니터링하라
··
— LPA(Layered Process Audit), 계층별 공정감사

　'공정감사^process audit'라는 용어는 대부분의 기업에게 익숙한 단어이며, 많은 기업들이 이를 실행하고 있다. 일반적으로 공정감사는 품질요원이 빨간 조끼를 입고 정해진 주기로 현장을 순회하면서 정해진 룰과 표준을 작업자가 준수하고 있는지 여부를 체크하는 행위다. 일부 작업자는 뭔가 본인의 영역에 감시와 지적을 받는다는 느낌 때문에 약간의 거부감을 가지기도 한다. 이런 경우에는 공정감사 요원이 아무리 열심히 공정감사를 수행하고, 그 결과를 상위계층으로 보고하더라도 그 활동의 성과는 예상처럼 잘 나타나지 않는다. 그 이유는 경영층의 관심과 솔선수범이 빠져 있기 때문이다. 경영자가 표준 준수에 지속적인 관심을 보이면 작업자는 어차피 변할 수밖에 없다. 경영자가 책상에서 훈시하는 듯한 분위기로 표준 준수가 중요하다고 백 번 말하는 것보다는, 한 번이라도 직접 현장에 가서 행동으로 보여주는 편이 낫다.

품질이 취약한 조직의 상황을 보면 대체로 비슷하다. 첫째, 현장에서 작업자가 준수해야 할 표준이 없다. 작업표준이 있다고는 하지만 초기모델 한 종류 정도밖에 없거나 공용으로 가지고 있는 기업이 많다. 제조 형태와 공정 순서가 동일하더라도 모델마다 작업 방법이나 순서, 특정 사양이 100% 같을 수는 없기 때문에 공용이 아닌 모델별로 작업표준, 검사표준을 준비해야만 한다.

둘째, 표준이 있다고 하더라도 부실하다. 표준을 작성하는 주체가 정확히 내용과 현장을 온전히 모르는 상태에서 작성하다 보니 허점이 많은 것이다. 작업표준을 품질부서에서 만드는 상황을 본적이 있다. 품질 담당자도 어느 정도 현장을 잘 알고는 있을 테지만, 작업을 정확히 어떤 순서로 어떤 도구와 조건을 가지고 진행해야 하는지에 대해서는 현장 사람보다는 모른다. 하지만 인력이 부족하다는 이유로 품질부서에서 작성해서 외부_(고객, Audit 등) 대응용으로밖에 사용하지 못하는 일이 비일비재하다. 이렇게 만들어진 작업표준을 현장작업자가 따르겠는가. 실제 작업과 다르기 때문에 표준을 무시하고 작업하기 일쑤다.

셋째, 표준이 있고 잘 작성되어 있더라도 현장의 준수도가 떨어진다. 작업표준에 엄연히 작업 순서와 방법이 명시되어 있더라도 이것을 무시하고 본인의 경험이나 편한 방식으로 생산을 하는 경우가 있다. 작업 이후 주요 포인트에 대해 검사를 하게끔 되어 있어도 생략하는 경우가 흔하다. 모두 표준을 소중히 여기고 준수하고자 하는 의식이 부족하기 때문이다.

이 중에서 가장 개선하기 어렵고 장기간이 소요되는 문제가 바로 세 번째, 표준 미준수이다. 필자는 품질 향상과 관련된 혁신 프로젝트를 할 때면 늘 공통적으로 경영자에게 물어보는 질문이 있다. "사장님께서는 얼마나 현장에 자주 가보십니까?"이다. "영업이나 비즈니스 하느라 마음은 늘 있지만 자주 못 가는 것이 현실입니다"라고 대답하는 경영자도 더러 있으나, 대부분의 경영자들은 거의 매일 현장에 가본다고 답한다. 어떤 경영자는 현장에서 아예 산다고 할 정도로 자주 가본다고 자랑삼아 이야기하는 분도 더러 있다. 그러면 필자는 다시 되묻는다. "사장님! 그러시다면 현장 가실 때 뭔가 점검해야 할 사항을 가지고 가십니까?" 들려오는 대답은 100이면 100 "노ⁿᵒ"이다. 뭔가 체크리스트 같은 형태를 가지고 현장을 가보지는 않는다는 것이다. 뭔가 특이사항이 있는지, 직원들이 게으름은 안 부리는지 한번 쭉 둘러보는 목적이 크기 때문이다.

경영자는 말이 아니라 행동으로 보여주어야 한다. 직원들에게 아무리 표준이 중요하다고 말해도, 관리자들에게 점검을 자주 하라고 몇 번이나 강조해도 직원들의 변화를 이끌어내기에는 효과가 별로 없다. 잔소리처럼 들리기 때문이다. 필자는 이렇게 조언한다. "사장님! 조만간 제가 체크리스트 하나 만들어 드릴 테니, 다음부터는 그것 가지고 가시기 바랍니다. 그리고 일주일에 한 번은 꼭 빠지지 말고 가셔야 합니다. 사장님이 솔선수범을 보이지 않으면 직원들이 변하지 않기 때문입니다." 이 말을 들은 사장님은 이제야 무슨 말인지 알겠다는 표정을 짓는다.

경영자가 직접 체크리스트를 가지고 현장을 매주 순회하기란 쉽지 않은 일이다. 시간이 흐르면 사장님도 조금 지치게 된다. 그러면 사장님은 부서장을 부른다. 부서장에게 체크리스트 일부(상대적으로 덜 중요한 체크 항목)를 넘기고 본인은 한 달에 한 번 현장 점검을 할 테니, 부서장에게는 매주 순회 점검을 지시한다. 이제 부서장까지 Layer(계층)가 늘어났다. 부서장도 매주 순회하기가 만만치 않은 일이다. 시간이 흐르면 부서장도 조금 지치게 된다. 그러면 부서장은 현장감독자인 직반장을 부른다. 직반장에게 체크리스트 일부(작업자의 실행여부를 점검하는 항목)를 넘기고 직반장에게 매일 순회 점검할 것을 요구한다. 이렇게 Layer가 자연스럽게 완성된다.

공정감사와 계층별 공정감사의 차이점을 알겠는가? 글자 그대로 이 둘의 차이는 '계층별'에 있다. 공정감사를 전 계층이 모두 참여하는 형태로 진행하는 것이 계층별 공정감사다. 그 정의와 필요성에 대해 자세히 알아보도록 하자.

계층별 공정감사는 표준화와 자공정 품질보증 활동을 지속적으로 강화하기 위해 모든 계층이 체크시트를 활용하여 주기적으로 표준 준수 정도와 적합성을 검증하는 활동이다. 계층별 공정감사를 효과적으로 실행하게 되면 이상 발생 시 신속하게 공정 피드백이 가능해진다. 결함을 사전에 발견하게 되어 불량이 후공정으로 유출되거나 다량으로 결함이 발생하는 상황을 방지할 수 있다. 관리자와 작업자 간의 지도나 교습에 의해 표준이 지속적으로 적용되고 작업자 품질의식을 높일 수 있다. 제대로 된 계층별 공정감사를 통해 부적합품 생산의 위험이 있는 고위험 공정에 대해 산포를 파악할 수도 있다. 궁극적으로 계층별 공정감사를 통해 지속적인 개선을 할 수 있는 공장문화를 만들 수 있다.

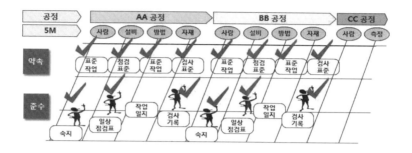
[그림] 계층별 공정감사 개념도

　　계층별 공정감사 실천안은 표준 준수 여부와 적합성을 검증하는 활동이기 때문에 작업표준이 없거나, 있더라도 완성도가 떨어지는 공장은 작업표준 정비 활동을 우선적으로 실시하는 것이 바람직하다. 앞서 소개한 8개 실천안의 준수 여부와 정착화를 위해 계층별 공정감사를 활용하는 것도 하나의 방법일 수 있다. 이에 대해서는 본 실천안의 마지막 부분에서 따로 설명하겠다.

　　계층별 공정감사를 추진하기 위해서는 몇 가지 원칙을 가지고 실행되어야 한다. 작업자는 지원하는 모든 상위 관리자 계층을 포함해야 하며, 고위험과 중요공정 요소를 파악하고 관리하여 공정관리 수준의 향상을 보장할 수 있어야 한다. 규정된 표준의 적절한 적용과 실행을 유지 관리해야 하며, 개선 기회의 파악과 효과성 확인을 위한 프로세스를 제공해야 한다. 또한 하위 계층에서 수행된 공정감사를 검증해야 하는 원칙이 지켜져야 한다. 계층별 공정감사는 현장에서 지켜지도록 바라는 기준(표준)을 훈련(교육)하고 습관화되도록 지켜보고(관찰) 격려하며 지도하는 일로서, LPA 실행 준비, LPA 실행, 지속적 개선의 순서로 실행한다.

LPA 실행 준비

LPA 실행을 준비하기 위해서는 우선 어떻게 LPA를 운영할 것인가에 대한 고민이 필요하다. LPA를 몇 개의 계층으로 수행할 것인가? 계층별로 수행 주기는 어떻게 설정할 것인가? LPA를 어떤 순서와 절차로 진행할 것인가? 각 단계별로 어떤 활동을 할 것인가? 계층별 감사자 후보는 누구인가? 계층별, 월별로 언제 LPA를 수행할 것인가? LPA 활동게시판에서 어떤 사항을 운영할 것인가? 활동게시판은 어떤 형태가 효과적인가? LPA의 수행 성과를 무엇으로 관리할 것인가? 이 모든 것들을 어떻게 준비해야 하는지 하나하나 살펴보자.

LPA 운영 Layer는 생산 직접부서 중심으로 수행하는 것을 기본으로 하고, 경우에 따라 간접부서(품질, 생기, 생관, 구매자재 등)를 포함하여 결정한다. 계층은 공장장부터 작업자·검사자까지 총 4개의 Layer를 기본으로 하고, 조직에 따라 Layer를 3~5개 정도로 가감할 수 있다. 예를 들면, 매출액 천억 이상의 규모가 있는 조직의 경우, 2~3 Layer 사이에 생산기술 엔지니어나 생산과장 등 중간관리자 Layer를 추가하여 5개의 Layer로 운영하는 식이다.

[그림] Layer(계층) 설계

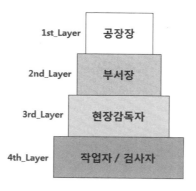

1st_Layer	공장장
2nd_Layer	부서장
3rd_Layer	현장감독자
4th_Layer	작업자 / 검사자

    Layer가 결정되었으면 이제 계층별로 실행 주기를 결정할 차례이다. 일반적으로 대표이사·공장장의 1Layer는 월 1회, 부서장인 2Layer는 주 1회, 현장감독자인 3Layer는 일 1회 주기로 현장에서 일상점검을 하는지 확인하면 된다. 작업자·검사자인 4Layer는 일상적으로 자주검사 체크시트에 의거해 점검하고, 조건관리·설비점검·실수 방지 등의 일상점검을 실시하는 것으로 주기를 설정한다. Layer별로 점검하는 항목이 중복될 수도 있다. 정말 중요한 항목은 Layer를 불문하고 반복해서 점검할 필요가 있기 때문이다. 통상적으로 하위 계층으로 갈수록 해야 할 일을 하고 있는지 준수 여부에 중점을 두고 점검하면 되고, 상위 계층으로 갈수록 시스템이 돌아가는지에 중점을 두고 점검하면 된다. 시스템이 돌아간다는 의미는 계획된 일이 정상적으로 실행되고 있는지, 애로사항이나 보틀넥^bottleneck^은 없는지 등을 파악하는 것이다.

    다음은 계층별 LPA 주기에 맞추어 계층별, 월별이 포함된 '연간 LPA 계획'을 설계한다. 통상적으로 생산부서장의 점검 주기는 공장장 점검

을 대비하여 공장장 감사 수행 직전으로 계획한다. 연간 LPA 계획은
LPA 주기표 개념으로 작성하면 된다.

현장에서 '계층별 공정감사 활동게시판'을 운영하면 보다 효율적으로
LPA를 진행할 수 있다. LPA 현황판은 독립적인 형태일 수도 있고, 현장
에 비치되어 있는 다른 현황판이나 생산 종합 현황판 내에 자리를 확보
하여 운영하여도 무방하다. LPA 현황판은 LPA가 계획된 주기로 실행
되고 있는지, LPA 결과 부적합 사항들은 어떻게 개선이 되고 있는지를
보여주는 등 이른바 활동 사항 공유에 도움을 준다.

[사례] 계층별 공정감사 활동게시판

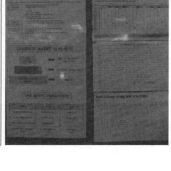

LPA 운영체계 설계에서 가장 중요하면서도 공수가 많이 들어가는 것
이 LPA 체크리스트를 설계하는 일이다. LPA 체크리스트를 만들려면
조직 내부에 있는 모든 표준류를 조사하여 오디트 방향성을 설정해야
한다. 방향성이라고 하면 '점검 포인트'의 의미인데 표준의 적절성, 작업

자 숙지도, 작업자 준수도 등이 해당한다. 조사된 표준류를 검토하여 체크해야 할 항목들을 도출하고, 공정·설비·품질·안전·물류 등의 범주별로 체크 항목을 그룹핑한다. 체크 항목 도출은 조직의 핵심인원key-man들과 워크숍 형태로 진행하는 것이 바람직하다.

핵심인원 워크숍을 통하여 도출된 체크 항목을 분류하여 계층이 포함된 전체 'LPA 체크리스트'를 작성한다. 체크리스트를 작성하고 분류할 때 주의할 사항은 앞서 말했지만, 하위 계층으로 갈수록 그 행위를 하고 있는지 실행에 중점을 두어야 하며, 상위 계층으로 갈수록 PDCA의 준수 여부에 중점을 두어야 한다.

[그림] LPA 체크리스트 도출 방식

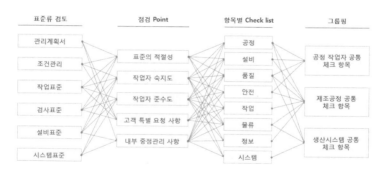

LPA 체크리스트를 설계하는 데 있어서 앞서 제시한 방법은 해당 기업에 최적화된 표준 체크리스트를 만들 수 있는 장점이 있으나, 체크리스트 작성에 시간과 노력이 많이 소요되는 단점이 있다. 한편으로는 다소 복잡하다고 느낄 수도 있다. 현장작업자·검사자의 제반 점검시트가 잘 세팅되어 있는 조직이라면 간단하고 효율적으로 LPA 체크리스트를 도출해낼 수 있는 다음의 방법을 추천한다.

- 현재 표준으로 정의된 현장 작업자 및 검사자의 점검시트(수행 결과 산출물)를 List-up한다.
- 해당 점검시트에 대한 표준준수 여부를 파악할 수 있는 질문을 만든다. (예. ○○○를 하고 있는가?)
- 질문 항목들에 대한 유형을 분류한다.
  (예. 품질, 생산, 물류, 안전, 기술, 시스템 등)
- 각 질문 항목들에 대해 어느 계층layer까지 점검할 것인가를 결정하여 표시한다. (예. 직·반장, 부서장, 공장장)

전체 'LPA 체크리스트'가 완료되었으면 이를 바탕으로 '계층별 체크시트'를 구성한다. 체크리스트와 체크시트라는 용어는 특별한 구분 없이 사용되기는 하나, LPA에서는 그 개념이 약간 다르다. 체크리스트는 LPA 전체 점검 항목에 대해서 계층별로 수행 영역에 맞게 감사자별로 구분해 놓은 마스터 체크리스트 개념이며, 체크시트는 감사자별로 체크해야 할 항목을 분리해 놓은 양식이라고 생각하면 이해가 빠를 것이다. LPA 체크리스트에서 LPA 체크시트를 공장장, 부서장, 현장감독자 용도로 각각 만들면 되고, LPA 체크리스트와 체크시트는 최소 연간 단위로 LPA 담당자 주관 하에 업데이트한다.

LPA 실행 준비 단계에서 마지막 해야 할 일은 '모델라인 활동'이다. 모델라인 활동은 쉽게 말하면 LPA 운영체계를 시뮬레이션해보는 것이다. 작성된 체크시트와 수립된 LPA 운영체계의 유효성을 사전에 검증하기 위한 목적으로 모델라인 활동을 기획하고 실행해본다. 모델라인 활동 결과를 반영하여 기존의 LPA 운영체계를 보완·수정하고, 관련 인원을 대상으로 LPA 교육을 실시한다.

LPA 실행

LPA 실행을 위한 첫 활동으로 'LPA 계획'을 수립한다. LPA 대상 공정과 수행 일정을 포함한 '월별 LPA 계획서'를 월간 단위로 수립하고 실적을 기록할 수 있도록 한다. 대상 공정은 전 라인을 원칙으로 하되, 공장 규모와 가용 감사자^{auditor} 수를 감안하여 유연하게 설정할 수 있다.

[사례] 월간 LPA 계획서

Layer	주기	감사자	구분	월	화	수	목	금	월	화	수	목	금	월	화	수	목	금	월	화	수	목	금
				1주차					2주차					3주차					4주차				
직/반장	일간	홍길동	계획	8/1				8/5				8/11				8/17				8/23			
			실적																				
직/반장	일간	임꺽정	계획		8/2				8/8				8/12				8/18				8/24		
			실적																				
직/반장	일간	이연걸	계획			8/3				8/9				8/15				8/19				8/25	
			실적																				
직/반장	일간	황진이	계획				8/4				8/10				8/16				8/22				8/26
			실적																				
부서장	주간	성룡	계획		8/2										8/16								
			실적																				
부서장	주간	홍금보	계획							8/9										8/23			
			실적																				
공장장	월간	나대팽	계획																	8/24			
			실적																				

LPA 실시에 앞서 월간 단위로 공장 내외의 주요 이슈에 대한 사전 조사를 실시하고 LPA 체크시트에 반영할 수 있도록 한다. 주요 이슈의 예는 고객의 특별 요구 사항$^{VOC, Voice Of Customer}$, 중요 품질 문제 및 개선이력, 안전사고 이력 등이 될 수 있다. 고객 요구 사항은 고객 공정감사 때에 받은 지적 사항과 시스템 요구 사항 변경 내용, 공장장 중점관리항목이나 특별 지시사항이다. 품질 측면에서는 최근 3개월 이내의 고객 라인 불량이나 필드클레임 발생 이력, 최근 자공정 품질 문제와 개선 이력을 반영하면 된다. 안전 측면에서는 안전사고 또는 근골격계 발생 이력을 반영하면 되고, 공정검증 측면에서는 중요 5M 변경, 생산시스템 변경, 관리표준 변경 사항, 제조공정 주요 이슈 사항을 반영하면 된다. 전체 LPA 사전조사 결과를 반영하여 내부 판단을 통해 LPA 체크시트에 추가 점검 항목으로 등재한다.

계층별 감사를 실시하기 전에 해야 할 일이 하나 더 있다. 오디트 대상 공정의 감사 순서를 정해 순회지도$^{route\ map}$를 만드는 활동이다. 순회지도를 작성하는 방법은 물류 흐름을 분석할 때 사용하는 흐름선도 기법과 유사하다. 현장사무실에서 출발하고 동일한 지점에서 도착하도록 한다. 종착점을 LPA 현황판으로 하는 것도 하나의 방법이다. 실제 이동 Route를 고려하여 이동 동선을 통로상에 그린다. 이동 동선은 흐름선도를 그릴 때처럼 직선으로 그린다. 오디트 대상 공정이 실수로 누락되지 않도록 그려야 하며, 이동 거리에 낭비가 없도록 가장 짧은 Route를 고려한다. 순회지도를 그리지 않아도 될 만큼 작은 공장에서는 스킵하여도 무방하다.

[사례] LPA 순회 Route Map

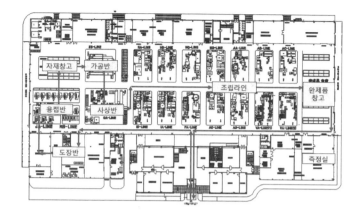

　이제 준비는 모두 다 되었다. 실시만 하면 된다. 수립된 LPA 계획에 따라 공장장부터 부서장, 현장감독자에 이르는 해당 계층은 정해진 주기로 순회 경로에 준해 공정감사를 실시한다. LPA 체크시트의 항목과 주기를 반드시 준수하려는 노력이 필요하다. 자세한 실행 요령^{Tip}을 알려주겠다. LPA 실시 전에 'LPA 실행 배정표' 상에 실시할 대상 라인 칸에 본인 이름을 기재한다. 계획된 순회 경로에 따라 감사를 수행하면서 체크시트에 기록한다. 부적합 사항은 사진 촬영을 같이 하면 추후에 도움이 된다. 작업자와는 조업에 방해가 되지 않는 선에서 간략하게 인터뷰를 하는 것이 좋다. 현상을 있는 그대로 설명하고, 만약 표준과 상이한 점이 있다면 알고 있는 실제 이유를 설명한다. 가능한 경우, 부적합을 제거하기 위한 조치 실행을 현장에서 바로 도와주면 금상첨화다. 표기가 완료된 LPA 체크시트를 게시판에 비치된 '감사함^{audit box}'에 넣는다. 감사함이 없는 경우, LPA 체크시트 작성본을 담당자에게 제출하면 된다. 대상 라인 감사 후 'LPA 실행 배정표' 상의 다음 회차에 이름을 기재하는 것으로 순회감사를 종료한다.

발견된 LPA 부적합 사항의 개선은 일반적인 '부적합개선 프로세스'와 크게 다르지 않다. 즉개선 가능한 사항은 현장에서 바로 조치시키고, 지속적 개선이 필요하거나 타 부서 협조가 필요한 경우 문제를 등록한다. 등록된 문제는 정기회의에서 부적합 처리 방안에 대해 논의하고, 해결이 곤란한 문제는 앞에서 설명한 '문제 해결 절차PSP' 실천안을 활용하여 개선한다. 모든 부적합 사항의 등록, 진행 사항 추적, 공유는 'LPA 현황판'에서 이루어지도록 한다. 부적합이 발견된 라인의 현장감독자는 아침 조회할 때 LPA 현황판 앞에서 전일 지적된 부적합 사항에 대해 반원들과 공유하고 재발하지 않도록 주의를 주면 된다.

지적 사항은 '시정조치' 사항과 '부적합' 사항 두 가지로 구분된다. 현장에서 조치시키고 그 결과가 확인 가능한 경우는 시정조치로 분류하고, 즉조치가 불가능한 사항은 부적합으로 분류한다. 지적된 부적합 사항을 팔로우업 할 수 있도록 'LPA 부적합 관리대장'을 운영한다. LPA 부적합 관리대장에는 지적 사항 중 추후 조치 여부를 확인해야 하는 부적합 사항만 등록한다. 부적합 관리대장에 등록된 문제는 추적이 가능해야 하며, 현황판을 통해 눈으로 보는 관리를 수행한다. 등록된 부적합 사항은 원칙적으로 일주일 이내에 종결시켜야 하며, 목표 기일을 경과한 부적합 건은 상위 관리자에게 보고한다.

[사례] LPA 실행배정표, 부적합 추적관리표

지속적 개선

　필자의 경험상 계층별 공정감사는 LPA 운영체계를 설계하고 준비하는 활동보다는 실제 LPA를 계획대로 실행하는 것이 어려운 숙제다. LPA 주기와 월별 계획을 아무리 잘 수립했다고 하더라도 1Layer인 경영자 레벨에서 한두 번 스킵하기 시작하면, 어느 순간 하위 Layer에서도 게을러지기 십상이다. 계획된 주기를 스킵하는 경우 벌금을 물리는 것도 하나의 방법이다. 필자가 2014년 중국에서 프로젝트를 진행할 때 기억나는 일화가 있다. 처음에는 계획된 주기로 모든 계층이 잘 실행되어서 다행이다 싶었다. 그러나 어느 순간 파악해보니 순회감사를 실시한 날보다 스킵한 날이 더 많은 것이다. 예상대로 공장장이 문제였다. 그렇다고 직원들이 있는 회의실에서 공장장에게 핀잔을 주기에는 모양새가 좋지 않아 한 가지 제안을 했다. "지금 이 시간 이후부터 LPA를 주기대로 실행하지 않는 사람은 벌금을 냅시다." 모든 사람들이 그 자리에서 동의를 했고, 이후 순조롭게 정착되는 모습을 볼 수 있었다. 뒤에 알게 된 사실은 중국은 벌금을 내는 것이 아니라, 벌금을 제하고 월급을 입금해 준다고 한다. 문제의 당사자가 할 말 없게 만드는 것이다. 월급 깎이지 않으려면 무조건 지켜야 하는 웃지 못할 상황이다. 이래저래 중국에는 재미있는 문화가 많다.

주기적으로 LPA 수행 결과에 대해 계층별 실시율과 적합율을 산정하고, 주요 부적합 사항의 조치 결과에 대해 검토회의를 개최한다. LPA 실시율은 {(실시 횟수/계획 횟수)×100}으로 계산하면 되고, LPA 적합율은 {(적합수/점검 항목수)×100}으로 계산하면 될 것이다. LPA 수행 결과에 대해 차트화해서 월별로 현황판에 게시하여 전 임직원이 공유토록 한다. 이는 공유 외에 선의의 경쟁을 유도하기 위한 목적도 있다. 추가적으로 LPA 부적합 개선 사례를 One Point 형태로 작성하여 현황판에 게시하고 공유하면 된다.

이상으로 자공정 품질보증을 위한 5개의 기본실천안과 4개의 확산실천안에 대해 모두 알아보았다. 특히 계층별 공정감사는 나머지 8개의 실천안들이 현장에서 제대로 실행, 준수되고 정착되도록 하는 데 효과적으로 활용할 수 있다. 기본실천안과 관련해서는 설정된 검사게이트에서 정확히 검사 행위를 하고 있는지 여부, 발견된 부적합이 식별·격리되고 품질 신속대응 현황판에서 추적되고 있는지 여부, 설정된 중요특성항목^{CTQ}이 규정된 방법으로 관리되고 있는지 여부, 변경점 신고 항목이 규정된 방법대로 검토 및 신고되고 있는지 여부, 등록된 치공구가 일상점검되고 정기점검되고 있는지 여부 등을 계층별 공정감사를 통해 모니터링하는 것이다.

　마찬가지로 확산실천안과 관련해서는 다기능공 육성을 위한 교육훈련이 제공되고 숙련도가 평가되고 있는지 여부, 문제 해결 절차를 통해 규정된 방법으로 등록된 문제를 팀워크를 형성하여 해결해 나가고 있는지 여부, 선정된 핵심지표가 현장에서 타점관리가 되고 있는지 여부 등을 계층별 공정감사를 통해 모니터링할 수 있다. 표준이 제대로 쓰이고 반드시 지켜진다면, 이에 의하여 생산된 제품은 조직의 기술력으로 만들어질 수 있는 최고의 제품이 될 것이다.

에필로그

　"流水之爲物也　不盈科不行^{유수지위물야 불영과불행}" 맹자^{孟子}의 《진심상^{盡心上}》
편에 나오는 말이다. 흐르는 물은 웅덩이를 채우지 않고서는 앞으로 흘
러 나가지 못한다는 의미다. 품질도 이와 다를 바 없다. 품질은 웅덩이
같은 것이라 골치 아프다고 건너 뛰어가 무시하고 지나치면 안 되는 것
이다. 물건을 만드는 공장에서 품질이 좋지 않아 어려움을 토로하는 경
영자를 많이 봐왔다. 대부분 어디에서부터 손을 대야 할지 모르는 경
우가 많다. 행여나 문제점을 알더라도 "중이 제 머리 못 깎는다"는 말처
럼 실행으로 옮기지 못하는 경우도 다반사다.

　좋은 품질을 위해서는 물건을 만드는 종업원의 품질의식이 중요하다
고 강조하였다. 필자의 경험으로 보면 의식이 절반 이상을 차지한다. 그
러나 의식만이 모든 품질 문제를 해결해주지는 않는다. 나머지 절반을
이 책에서 소개한 9개의 실천안이 채워줄 것이다. 조급한 마음을 가지기
보다는 흐르는 물이 웅덩이를 채우듯이 실천안들을 하나하나 조직의 형

편에 맞게 실행해 나간다면 어느 순간 웅덩이가 다 차서 물이 앞으로 흘러 나아가듯이, 제품의 품질도 부지불식간에 좋아질 것임을 확신한다.

흔히들 대학교수는 자기가 쓴 교재로 수업을 하는 것이 가장 좋고, 강사는 자기가 쓴 책으로 강의를 하는 것이 가장 최상이라고 한다. 엄청난 독서량은 아니지만 컨설턴트라는 직업상, 생활 속에서 습관적으로 책을 가까이 하다 보니 몇 년 전부터 문득 '나도 책을 써볼까' 하는 마음이 생겼다. '내가 책 쓸 능력이나 있을까?'란 자조^{自嘲}가 생겨서 차일피일 미루다 보니 몇 년이 후딱 지나갔다. 책을 낸다는 것 자체가 쑥스러웠던 모양이다. 책을 쓰기에는 스스로가 너무 부족하다고 느꼈었고, '과연 쓸 수 있을까' 하는 의구심도 있었다. 큰마음(?) 먹고 글쓰기를 시작했다. 어느 날인가 1993년 노벨문학상 수상자인 미국 소설가 토니 모리슨^{Toni Morrison}이 한 말을 접한 순간 바로 가슴에 꽂혔기 때문이다. "당신이 정말로 읽고 싶은 책이 아직 쓰이지 않았다면, 그것을 써야 할 사람은 바로 당신이다." 이 말은 필자에게 큰 영감을 주었다. 없던 용기도 함께.

시중에 품질을 주제로 한 책은 많다. 하지만 대부분 품질관리기사 자격증 같은 전공서적이 많고, ISO 품질경영 또는 식스시그마를 주제로 다룬 책들 이외에는 찾아보기가 힘들다. 물건을 만드는 제조기업에 있어서 가장 기본이 되는 것이 품질이고, 생존하기 위한 혁신과 연결하여 책을 쓴다면 독자들에게 미약하나마 적지 않은 도움이 될 것이라는 확신이 들었다.

필자는 제조업체의 '품질 혁신'과 '좋은 물건 만들기'를 주제로 수 없이 많은 강의를 진행해 왔다. 코레일의 의뢰로 진행한 협력업체 품질 교육과 한국서부발전 협력업체 사장단 품질 특강이 특히 기억에 남는다. 2013년도에는 산업자원부의 개발도상국 지원정책으로 바다 건너 캄보디아에서 강의를 하기도 했으며, 2015년에는 인도의 중소기업 사장단이 우리나라를 벤치마킹하러 왔을 때 품질을 주제로 한 특강이 보람 있었다. 이 책은 필자가 15년 동안 공장 경영 컨설턴트로서, 그리고 전문 강사로서 품질과 혁신에 대해 기업과 같이 고민한 내용을 다루었다. 공장에서 좋은 제품을 만들기 위한 철학과 인사이트를 담았고, 기업에서 적용하기 쉽도록 생생한 사례와 Best Practice를 수록했다.

책을 쓰면서 또 하나 느낀 것은 책을 쓰는 작업 자체가 필자에게도 많은 도움이 되었다는 점이다. 혁신에 대한 생각, 품질에 대한 여러 가지 실천안들을 정리해보는 작업이 컨설턴트로서 가지고 있는 콘텐츠들을 정리하는 계기가 되었고, 보완할 부분이 구체적으로 무엇인지를 알게 된 것은 큰 수확이었다. 그리고 도전하지 않았다면 결코 느끼지 못했을 '글을 쓴다는 창작의 즐거움'은 그 어떤 것과도 바꿀 수 없으리라.

앞서 말했다시피 이 책은 필자의 처녀작이다. 산 날보다 살아갈 날이 더 많이 남아서 앞으로 더 몇 권의 책을 쓰게 될지는 모르겠지만, 누가 그런 말을 했다. 책 여러 권 쓴 사람도 제일 처음 책에 가장 애정과 심혈을 기울인다고. 공장에서의 품질과 혁신이라는 딱딱한 주제를 다루다 보니 선택하는 단어 자체가 다소 과격하고 생소할 수도 있어 의미 전달이 쉽지 않았다. 가능하면 독자가 편히 읽고 쉽게 이해할 수 있도록 책을 쓰고자 노력하였으나 군데군데 부족한 부분이 많다. 너그러이 양해를 바란다.

　일 년을 가까이 씨름하던 책을 마무리하면서 평소 도움을 주신 분들에 대한 고마움을 빠뜨릴 수 없다. 필자에게 공장 경영 컨설턴트의 길을 밝혀 주신 김석은 회장님, 정장우 대표님께 감사드린다. 항상 성장과 발전의 기회를 주시는 한국생산성본부 제조혁신컨설팅센터 전문위원님들께도 감사의 마음을 전한다. 과거의 부족함과 현재의 혼돈, 그리고 미래의 불확실성 속에서 우왕좌왕하는 필자에게 이분들이 있었다는 것은 천운이었다. 아울러 부족한 이 책이 세상 밖으로 나와 빛을 볼 수 있도록 도와주신 '좋은땅' 출판사에 감사드린다. 끝으로 존경하고 사랑하는 부모님과 눈에 넣어도 아프지 않을 두 딸 연서, 연우, 그리고 늘 곁에서 묵묵히 힘이 되어준 아내에게 지면을 빌려서 고마운 마음을 전한다.